KB104699

폐허의 대학

폐허의 대학

The University in Ruins

새로운 대학의 탄생은 가능한가

빌 레딩스 지음 | 윤지관 · 김영희 옮김

cum libro
책과함께

이 책을 읽는 독자들에게

빌 레딩스는 이 책의 최종 수정을 하던 중인 1994년 10월 31일 아메리칸 이글 4184호의 추락 사고로 고인이 되었다. 나는 빌의 메모들과 함께 나눈 수많은 대화를 안내자 삼아 그의 수정 작업을 완료하였다.

한때 빌과 나는 예사로 서로의 작업을 편집해주곤 했다. 당시에는 특별한 일처럼 보이지도 않았다. 굳이 왈가왈부할 필요도 전혀 없었거니와, 이번처럼 삶과 죽음의 경계선을 의미하는 일이라 생각한 적도 없었다. 나나 친구 및 동료들, 그리고 학생들과 함께 수정하고 대화를 나누는 것은 함께 사유할 가능성을 만들어내려는 빌 나름의 방식이었다.

이 책이 어떻게 발전되어왔으며 앞으로 어떻게 발전되리라고 빌이 상상했는지에 대해서 내가 할 수 있는 말이 조금이나마 있다면, 이 책에 스며들어 있는 수많은 대화들과 그가 이 책 이후로 이어질 것이라 희망했던 더 많은 대화들에 기대서일 것이다. 대학의 폐허

속에 거주함이란 대개의 경우 빌에게는 입 다물고 지내는 것이 아니었다. 동의로 이어지든 아니든, 진지한 내용이든 객담 수준이든, 말을 한다 함은 그가 일하고 생각하고 또 대학의 미래를 구상하는 방식과 전적으로 연관된 일이었다.

빌과의 대화가 다시는 이루어질 수 없게 되었다고 말하는 것은 그의 죽음이 돌이킬 수 없는 고통스러운 현실임을 인정하는 것이다. 그리고 이 책을 이루는 피륙의 일부로 '말하기'를 강조하는 것은 아마도 대학과 따로 떨어져서는 존재하지 않았을 한 목소리, 한 장소, 한 시간의 특이성을 인정하는 한 걸음이리라.

1995년 몬트리올
다이앤 엘럼*

---

* Diane Elam. 빌 레딩스의 부인이자 동료 학자.

감사의 말

수월성을 갖는다는 것은 어려운 과업이다.
경우마다 중간이 무엇인지 찾아내는 것이 어려운 과업이기 때문이다.
—아리스토텔레스, 《니코마코스 윤리학》

이 책은 무엇보다도 '연구 육성 및 연구 지원을 위한 퀘벡 기금'과 '캐나다 사회과학 및 인문학 연구위원회'의 연구비 지원을 통해 집필될 수 있었다. 이 연구비들 덕분에 연구 기반을 마련할 수 있었을 뿐 아니라, 몬트리올 대학교의 '대학과 문화: 한 제도의 정체성 위기' 연구팀의 학생과 교수를 아우른 다른 구성원들과 협력하여 작업하고, 그 그룹이 초청한 연사들과 나눈 많은 중요한 대화에서 도움을 받을 수 있었다. 이 책의 주된 주장은 몬트리올 대학교에서 '문화와 그 제도들'이라는 주제의 다학문적 세미나를 이끌어가는 과정에서 발전되었으며, 여기에 참여한 학생과 교수 등 모임 구성원 들에게 감사드린다. 문화의 제도로서 대학이라는 문제의 시급성에 대한 나의 절박감은 이보다도 더 오래된, 제네바 대학교와 시러큐스 대학교에서 당시 동료들과 많은 토론을 벌이기 시작한 때로 거슬러 올라간다. 뉴욕 주립대학교 버펄로 캠퍼스의 영문학·비교문학학과 대학원생들의 초청은 내가 이 주제에 대해 하고 싶은 말이 있다는 것을 처음으로 깨닫게 해주었다. 전반적인 논지를 점검해볼 또 다른 생산적인 기회를 여러 학술대회에서 가질 수 있었다. 웨스턴 온타리오 대학교, 뉴욕 주립대학교 스토니브룩 캠퍼스, 버지니아 대학교의 '문학 및 문화의 변화를 위한 영연방 센터', 트렌트 대학교, 캘리포니아 주립대학교 어바인 캠퍼스 및 샌디에고 캠퍼스, 카디프의 웨일스 대학교, 스털링 대학교 및 제네바 대학교다. 마지막으로 색인을 준비해준 질 뒤피와 신 스퍼비에게 감사한다.

이 책에 포함된 글들의 이전 판본들은 아래 저널들에 발표되었고 재수록을 허락받았다. 수록지와 발표 당시 제목은 다음과 같다. "Privatizing Culture", *Angelaki*, 2, no. 1(1995); "The University without Culture", *New Literary History* 26, no. 3(1995); "Dwelling in the Ruins", *Oxford Literary Review* 17, nos. 1~2(1995); "For a Heteronomous Cultural Politics", *Oxford Literary Review*, 15, nos. 1~2(1993); "Be Excellent: The Posthistorical University", *Alphabet City*, 3; "Identity Crisis: The University and Culture", *Association of Canadian College and University Teachers of English Newsletter*, June 1993.

이 책에 영향을 준 분들을 일일이 거명하는 일은 삼갔는데, 너무나 많은 분들이 있었거니와 그분들께 좋은 일이 될지 확신이 없어서다. 그렇지만 대학이 사유의 장소가 될 수 있다는 점을 처음 깨닫게 해준 사람의 이름을 밝히기를 피할 수는 없으니, 바로 앤 워즈워스(Ann Wordsworth)다. 그녀는 나에게 옥스퍼드에서 '비평 이론'이라고 부른 것에 대해 가르침을 주었고, 그것도 단기 계약으로 노스 옥스퍼드의 한 벽돌 저택의 정원에 있는 오두막에서 가르치면서 그리했다. 이 책을 그녀에게 바친다.

빌 레딩스

차례

1장

서문

인문 교육(liberal education: 좁은 의미의 인문학뿐 아니라 대학 수준의 일반 교육을 지칭한다―옮긴이) 기획의 '배신'과 '파산'을 탄식하는 목소리는 차고 넘친다.1 연구를 중시하는 가운데 교육이 평가절하되는 한편, 연구는 연구대로 실제 세상의 수요나 '일반 독자'의 이해 범위를 벗어나 있다고들 한다. 이것은 비단 학계라는 성림(聖林)에 입장권을 얻지 못한 언론계 해설자들이 심통이 나서 중급 매체들을 통해 쏟아내는 한탄만은 아니다. 학계 일각에서 그렇게 믿는 듯하기는 하다. 대학 교원인사위원회에 앉아볼 기회를 영원히 박탈당한 식자(識者)들이 엄청난 봉급과 안락한 근무 조건에 마지못해 안주하면서 좌절감을 이런 식으로 대학에다가 풀어낸다고들 하면서. 그러나 대학에 대해 언론이 퍼붓는 비난은 개인적 악감이 아니라, 대학의 역할이 불확실하다는 조금 더 일반적인 문제 그리고 대학을 하나의 기관으로서 평가할 기준의 성격 자체에서 비롯되는 것이다. 이와 같은 공격이 대학 기관의 구조가 변하고 있는 것과 때를 같이하여 북아메리카에서 심해지고 있다는 것은 우연이 아니다.

이는 교수가 하나의 집단으로서 프롤레타리아화하고 있고 주요 대학들에서 단기 계약이나 시간제 계약이 (고액 연봉을 받는 소수 스타 교수들의 등장과 맞물리며) 늘어났다는 문제만이 아니다.[2] 대학 내의 지식 생산 또한 마찬가지로 불확실하다. 예컨대 인문학에서 산출되는 지식의 성격에 대한 대학 내부의 정당성 투쟁은 외부의 정당성 위기를 동반하지 않는다면 위기로까지 비화하지는 않을 것이다. 개별 학문 분야 안에서 이루어지는 연구 방법과 이론을 둘러싼 논쟁은 현재 연구 과제라는 개념 자체가 문제되지 않는다면 신문 머리기사를 장식할 일은 없을 것이다. 따라서 이 책을 쓰게 된 충동은 분자물리학이나 문학 연구에서 이루어진 새로운 이론적 진전이 연구나 교육의 낡은 패러다임을 철 지난 것으로 만들고 있으니 대학이 이를 인정해야 한다는 주장을 펼치는 데 있지만은 않다. 이 책은 또한 단순히 현재 대학을 둘러싸고 일어나는, 서로 부딪치고 종종 상충하는 복잡한 감정의 얽힘에 개입하려는 또 하나의 시도만도 아니다. 그보다는 하나의 제도로서 대학의 기능에 일어나고 있는 현재의 변화들을 구조적으로 진단하고, 하나의 제도로서 대학의 더 넓은 사회적 역할을 시급히 재정립해야 할 시기라고 주장하려는 것이다. 사회 속에서 대학의 자리가 무엇인지 그리고 그 사회의 정확한 성격이 무엇인지 더 이상 명백하지 않으며, 대학기관의 형태가 변하고 있다는 것은 이제 지식인들에게 무시할 수 없는 현실이 되었다.

그러나 우선 몇 가지 짚어둘 것이 있다. 이 책에서 나는 특정한 서구적 대학 개념에 초점을 둘 것이다. 이 개념은 널리 수출되어왔고 그 현재의 변형태가 앞으로도 계속 초국적 토론의 틀이 될 공산이 크기 때문이다. 또한 내가 북아메리카 대학에서 현재 일어나고 있는 변화에 특히 주목한다면, 이는 '미국화' 과정이 단순히 미국의 문화적 헤게모니의 팽창으로만 이해될 수 없는 것이기 때문이다. 사실 나는 현재 형태의 '미국화'는 지구화(세계화)와 동의어라고 주장할 것이며, 이는 지구화가 워싱턴과 다카르가 동등하게 참여하는 중립적 과정이 아님을 인정한다는 말이다. 이 불균등한 동전의 이면은 지구화로 명명되는 초국적 자본에 의한 징발 과정이 미국과 캐나다가 현재 겪고 있는 고통의 양상이라는 점이다. 그 과정은 영화 〈로저와 나*Roger and Me*〉에서 미시건 주 플린트 시에 대한 연구가 생생하게 묘사하고 있다. 이 영화의 감독 마이클 무어(Michael Moore)는 제너럴 모터스 사가 공장 폐쇄 시점에 경제 사정이 웬만큼 좋았음에도 불구하고 자본이 이윤을 더 낼 수 있는 지역으로 옮겨간 결과, 한때 부유했던 플린트 시가 어떻게 심각한 궁핍을 겪게 되는가를 추적한다. 결국 플린트 시는 황폐해져 ('오토월드' 테마파크를 개장해서 관광지로 만들려는 시도들이 실패한 후) 오늘날 그곳에서 구할 수 있는 새 일자리는 대부분 최소 임금을 받는 서비스 업종이다. 오늘날 '미국화'란 한 국민국가의 제국주의적 과정이기보다, 사회적 삶에서 투자의 모든 측면을 결정짓는 인자로서 민족 정체성의 개념 대신 현금 관계(cash nexus: 돈으로 이루어지는 비인간적인 자본주의 사회의 인간관계를 가리킨다—옮긴이)라는 규칙이 도입되는 일반화된 경향을 가리킨다. 즉 '미국화'는 민족문화의 종언을 함축한다.

대학의 역할이 현재 겪고 있는 변화는 무엇보다도 지금까지 대학의 존재 이유를 제공해왔던 민족문화적 사명이 쇠퇴한 결과이며, 나는 유럽연합이라는 전망이 생겨남으로써 유럽연합 국가들과 동유럽 모두에서 유럽의 대학들이 유사한 지평에 놓이게 되었음을 주장하고자 한다. 이들 지역에서는 조지 소로스의 것과 같은 기획들이 대학을 국민국가 개념에서 분리하는 유사한 구상을 제시하고 있는 것이다.[3] 한마디로 대학은 과거와는 다른 기관이 되어가고 있다. 다시 말해 이제 더 이상 대학은 민족문화의 이념을 생산하고 보호하고 주입하는 역할을 통해 국민국가의 운명과 맺어지는 기관이 아니다. 경제적 지구화의 과정은 전 세계에 걸쳐 자본 재생산의 주된 기반으로서 국민국가의 쇠퇴를 불러일으킨다. 대학은 대학대로, 유럽연합과 같은 초국적 정부 형태와 결부되든 아니면 초국적기업과 다를 바 없이 독립적으로 기능하든, 초국적인 관료적 기업이 되어가고 있다. 최근 유네스코가 출간한 알폰소 보레로 카발의《오늘날 제도로서의 대학》은 이 같은 관료적 기업의 위치로의 변화가 어떻게 일어나는지를 보여주는 좋은 사례다.[4] 보레로 카발은 대학의 주역으로 교수보다는 **행정가**에 초점을 맞추며, '책무성(accountability)'이라는 일반화된 논리의 맥락에서 대학의 과제를 그려내는데, 그 논리에 따르면 대학은 기능의 모든 면에서 '수월성(秀越性, excellence)'을 추구해야 한다는 것이다. 서구 대학에 닥친 현재의 위기는 그것의 사회적 역할과 내적 체계의 근본적 변화에서 비롯된 것이며, 이는 곧 전통적인 인문학 분야들이 대학의 삶에서 갖는 중심성이 더 이상 확고하지 않다는 말이다.

이렇게 광범위한 진단을 내리다 보면, 아무래도 불균등하고 복합적인 발전 과정을 간과하는 경향이 있을 수도 있겠다. (민족)문화의 이데올로기를 '수월성'의 담론이 대체하는 속도는 기관이나 나라에 따라 다를 것이다. 이를테면 영국 보수당은 현재(이 책이 출간된 당시인 1990년대 중반을 의미한다―옮긴이) 획일적인 '국정 교과과정'을 도입하려 하고 있는데 이런 조치는 국민국가에 대한 나의 주장과는 반대 방향으로 움직이는 것처럼 보인다. 그렇지만 영국의 교육 '개혁' 제안은 내가 펴고자 하는 주장과 상충하지 않는다. 이 책은 고등교육이 국민국가로부터 분리되는 과정을 다루며, 이런 움직임은 모름지기 중등교육과 대학들 사이의 구조적 차이, 특히 이들이 국가와 관계 맺는 방식에서의 차이를 더 심화시키게 될 가능성이 크다. 나아가 옥스퍼드 대학교의 뉴 칼리지 같은 유서 깊은 기관이 채용 광고 같은 모든 공고문에 '수월성'에 전념하겠다는 내용을 넣기 시작했다는 사실이야말로 고등교육의 장기적 흐름을 한결 분명하게 보여준다고 생각한다.

이 책은 대학을 국민국가와의 직접적 연계에서 더 멀어지게 만드는 특정한 '미국화'에 초점을 두지만, 또한 현재 대학에서 벌어지고 있는 일을 이해하기 위해 인문학 분야에도 남다른 관심을 기울이게 될 것이다. 여기에 대해서도 마찬가지로 미리 몇 마디 설명해둘 필요가 있겠다. '교양(culture)' 개념('culture'는 주로 '교양'이나 '문화'라는 두 가지 의미를 갖는데, 이 책에서는 문맥에 따라 적절한 용어를 선택하거나 병기하였다.―옮긴이)에 초점을 맞추기로 한 만큼, 인문학이 대학의 본질이며 대학의 사회정치적 사명이 완수되는 자리라고 본다는 인상을 줄지도 모르겠다. 그렇게 된다면, 적어도 두 가지 중요한 이유에서 불행한 일일 것이다. 첫째, 자연과학이 중립적인 지식 축적의 실증주의적 기획, 따라서 원칙적으로 사회정치적 곤경으로부터 안전한 기획이라고 보지 않는다. 앞으로 논의하겠지만, 국민국가의 **쇠퇴**— 민족주의가 여러 곳에서 되살아나고 있음에도 불구하고 국민국가 는 쇠퇴하고 있다고 보는데—와 냉전의 종식은 자연과학의 지원 금과 조직에 심대한 영향을 미치고 있다. 둘째, 인문학과 과학의 분 리는 대학에서 학문 분야 사이에 벽이 쳐져 있어서 그러할 뿐이며 생각만큼 절대적인 것은 아니다. 자연과학이 대학에서 지극히 강력 한 자리를 차지하는 경우가 많은데, 이럴 때 자연과학은 인문학과 의 유비를 활용한다. 가르치는 일의 틀을 이루는 서사의 원천을 따 져보면 특히 그러하다. 예컨대 내가 한 노벨 물리학상 수상자에게 학부 과정에서 물리학 교육의 목표가 무엇이라고 생각하느냐고 묻 자, 그는 학생들에게 '물리학의 문화'를 소개하는 것이라고 대답했 다.[5] 그가 C. P. 스노(과학과 문학이라는 '두 문화'의 소통을 주장한 영국의 과학저술가이자 문학인―옮긴이)를 끌어들인 것은 매우 기이하면서도 정당하다고 할 수 있다. 물리학 지식의 불안정한 지위―즉 학부생 들이 학문을 계속하다 보면 결국 폐기하게 될 것들을 배운다는 사 실―로 말미암아 사실의 단순한 집적이 아니라 한 공동체 내의 대 화라는 지식 모델이 요구되기 때문이다. 대학에서 자연과학이라는 제도는 인문학, 특히 철학과와 국민문학 학과들이 역사적으로 수호 해온 지식의 제도화 모델을 통해서 이해되어야 하는 것이다. 이런 의미에서는, 근대 대학을 정당화하는 이념으로서 교양/문화개념의 용도가 종언에 다다랐다는 내 주장의 전반적인 취지가 인문학뿐 아니라 자연과학에도 해당되는 것으로 이해될 법하다. 비록 교양이

정당성을 상실한 것이 가장 직접적인 위협으로 인식되는 분야는 인문학이지만 말이다.⁶

한 인문 분야 학과(내가 '훈련받은' 학과와는 닮은 점이 거의 없는 곳이지만)에서 가르치는 사람으로서 대학 기관에 대해 깊은 양가감정을 느끼며 이 책을 썼다. 이 책은 전투적 급진주의와 냉소적 절망 사이의 꽉 막힌 골목에서 벗어나는 길을 찾으려는 시도다. 나는 동료들과 토론할 때 아직도 "**진정한** 대학에서는……"이라고 시작하는 문장들을 끼워 넣게 되는데, 실은 그들도 알고 있고 또 그들이 알고 있다는 것을 나도 아는 것처럼 그런 기관은 한 번도 존재한 적이 없다. 이것은 별 문제가 아닐 것이다. 대학 기관의 진정한 모습에 대한 이 같은 호소가 더 이상 나에게 정직해 보이지 않는 점만 아니라면 말이다. 이제 우리는 대학의 자기실현이라는 역사적 지평에서 대학을 생각할 수 없게 된 것이다. 대학은 계몽시대의 유산이었던 인류를 위한 역사적 기획, 즉 교양의 역사적 기획에 더 이상 참여하고 있지 않다고 나는 주장할 것이다. 이 주장은 또한 그것대로 몇 가지 중요한 질문을 불러일으킨다. 즉 지금은 하나의 기획으로서 대학을 위한 새 시대의 새벽인가 아니면 대학의 비판적이고 사회적인 기능이 저물어가는 황혼인가? 그리고 지금이 황혼이라면 이는 무엇을 뜻하는가?

혹자는 내가 거론하고 있는 이 국면을 대학의 '탈근대성'이라고 부르고 싶을지도 모른다. 탈근대성에 관한 책 가운데 가장 많이 논의된 것 중에는 장 프랑수아 리오타르의 《포스트모던의 조건》이 있는데, 이 책은 지식을 정당화하는 근거에 대해 탈근대성이 제기한 질문들이 가지는 의미를 탐구한 연구서다. 리오타르의 책은 퀘벡 주 정부를 위해서 쓴 대학에 대한 보고서라는 분명한 틀을 가지고 있는데, 나중에는 성공을 거두었지만, 연구를 맡긴 사람들에게는 실망스러웠을 법하다. 리오타르는 이 책이 "대학이 종언일지도 모를 곳을 향해 다가가고 있는 이 탈근대적 순간에" 집필되었다고 주장한다.[7] 탈근대의 문제는 대학 내에서는 물론이고 대학에 대해 바깥에서 제기하는 문제이기도 하다. 그러나 탈근대는 대체로 하나의 질문으로 기능하기를 그쳤고 지식인들이 자기들의 기대대로 움직이지 않는 세상을 비난할 때 내세우는 또 하나의 알리바이가 되었기 때문에, 이 용어를 버리는 편을 택하겠다. 이 용어로 초래될 위험은 명백하다. 마치 그것이 무슨 상상 가능한 기관, 더 새롭고 더 비판적인 기관, 이를테면 근대 대학보다도 **훨씬** 더 근대적인 대학이기나 하듯이 '탈근대적 대학' 논의로 빠져들기 십상인 것이다. 나로서는 대학이라는 기관이 이제 제 생명을 다했다는 점, 이제는 대학이 민족문화의 **역사적** 발전, 확인, 주입이라는 기획이 중심이 되던 시대의 유물처럼 남게 되었다는 점을 강조하기 위해서라도, 현재의 대학을 '탈근대적'이라기보다는 '탈역사적'이라고 부르고 싶다.

　내가 보기에 여기서 분명해지는 점은, 대학과 국가에 대해 말한다는 것은 교양 개념의 등장에 대해 이야기하는 것이기도 하다는 사실이다. 우리가 알고 있듯이 대학과 국가란 본질적으로 **근대적** 기구이며, 교양 개념의 등장은 이 두 근대성의 기구들 사이의 긴장을 다루는 특정한 방식으로 이해되어야 한다. 그렇지만 오해를 미연에 방지할 겸, 이러한 주장이 대학에 맹공을 퍼붓기 위해서는 아님을 밝혀둔다. 나는 대학에서 일하고 있으며, 어떨 때는 그 속에서 살고 있다는 느낌도 갖는다. 대학에 그저 비판을 가하는 것은 매우 쉬운 일이고 새로울 것도 거의 없다. 따지고 보면 독일 관념론자들이 수립한 근대 대학의 특수성이란 것도 비판의 터로서의 대학의 자리였다. 피히테가 말하다시피 대학은 정보를 가르치기 위해서가 아니라 비판적 판단력을 행사할 힘을 길러주기 위해 존재한다.[8] 이런 점에서 보면, 근대 대학에 대한 모든 비판은 사유의 제도화라는 심층 구조에는 아무 영향도 미치지 않는 내부 정책 문건처럼 보일 수도 있겠다.

또한 내가 말하는 '근대' 대학이란 독일 모델을 가리킨다는 점도 처음부터 밝혀두는 편이 좋겠다. 광범하게 모방되어온 이 모델은 훔볼트(Wilhelm von Humboldt)가 베를린 대학교에 제도화한 것으로, 서구에서 전후 고등교육의 팽창에도 큰 역할을 하였다. 내가 펴고자 하는 주장은 대학이 탈역사적이 되면서 우리가 현재 이 모델의 황혼기에 처해 있다는 것이다. 이런 맥락에서는, 앨런 블룸의 《미국 정신의 종말》이, 인문 교육의 잃어버린 소명으로의 복귀를 호소하는 야로슬라프 펠리칸의 《대학의 이념》의 자유주의적 처방보다 더 현실과 닿아 있는 것 같다.[9] 적어도 블룸의 보수적 한탄은 그 자체 목적으로서 지식의 자율성이 위협당하고 있음을 인식하고 있다. 이 자율성의 원리를 구현하는 **주체**가 이제 존재하지 않으며, 그래서 블룸은 대학에서 진행되는 것 대부분이 어느 학생들한테나(실은 젊은 백인 남성 미국 학생을 가리킨다) 알아먹을 수도 없고 적실하지도 않은 것이라고 거듭 조소하는 것이다. 반면 펠리칸은 서문에서 뉴먼(John

Henry Newman)을 끌어들여 '대학의 이념' 대신 '그의 생애를 위한 변호(*Apologia pro vita sua*)'라고 제목을 붙여도 무방하겠다는 말장난을 편다(후자는 뉴먼의 자서전 제목이다―옮긴이). 이 말장난은 내가 보기에 미심쩍은데, 나는 블룸의 결론, 즉 그가 말하는 "인문 교육의 모험" 이야기에서 이미 영웅이 사라졌다는 결론에 동의하는 쪽이기 때문이다.[10] 그 모험에 착수할 학생 영웅도 없고, 그 목적지가 될 교수 영웅도 없다.

어쩌다가 이 지경이 되었는지는 자크 바전의 《미국의 대학: 어떻게 운영되며 어디로 가고 있는가》 같은 책을 읽으면 어느 정도 감이 잡힐 것이다.[11] 1968년에 나온 이 저작은 최근 시카고 대학교 출판부에서 중판이 나왔는데, 1990년대에도 그 논의의 현재성을 인정받은 셈이니 처음 출간할 때 이미 철지난 이야기라는 자의식을 가지고 있던 책으로서는 대단한 위업이다. 바전은 1968년 1월의 서문에 붙인 1968년 5월의 후기에서(서문의 후기라니 전례 없는 아이러니인데)[12] "컬럼비아 대학교의 업무를 거의 마비시킨 [1968년] 5월 23일의 (학생 시위) 발발"에 6주 앞서 본문이 완성되었지만 그 "내용을 변경하거나 거기에 덧붙일 아무런 이유가 없"(xxxvi)다고 본다고 쓴다. 이런 무심함은 행정가가 어떻게 행동해야 하는가 하는 문제에 초점을 둔 책으로서는 매우 이상하게 보일 것 같다. 그러나 바전이 다루는 서사가 대학 이야기의 새로운 주인공으로서 계몽된 자유주의적 행정가의 산출에 관한 서사라는 점을 생각하면, 그리 역설이랄 것도 없겠다. 바전은 대학에 '제2의 층'으로 자율적인 비학자 행정가 층을 형성할 것을 분명히 한다. "젊었을 때부터 훈련을 받는다면 이들은 최고위 공무원이 될 수도 있고, 학자가 아니더라도 전문가로 인정받을 수 있다. 또한 나름의 특권을 누릴 수 있고 캠퍼스 생활에 따라온다고들 하는 다양한 편의를 온전히 누릴 수 있다. 그리고 이 거대한 기제가 효과적으로 굴러가게 만드는 점에서는 인간이든 전자 장치든 그 어떤 다른 행위자보다 더 많은 역할을 할 수 있다."(19) 대학의 주역은 더 이상 학자이자 선생인 교수가 아니라 이 행정 간부들과 교수들을 총괄하는 프로보스트(provost), 즉 경영부총장이다. 바전과 뉴먼의 차이는, 바전은 새로운 대학을 구현할 인문적인 개인이 대체 누구인지를 깨달았다는 점이다. 행정가도 물론 한때 학생이고 교수였겠지만, 지금 맞닥뜨린 대학의 도전은 그에게 **행정가로서** 접근하기를 요구하고 있다.

다음 장에서 논의할 수월성 이념의 기원이 바로 여기에 있다. 그렇지만 바전이 수월성 개념에 의존할 필요성을 느끼지 않고 수월성이 '허상'임을 인식해낸다는 점(222)은 짚어두어야겠다. 반면 허버트 I. 런던(Herbert I. London)은 25년 후 바전의 텍스트를 재발간하면서 붙인 서문에서 이제 '수월성'이 바전의 시대만큼 **실재**하지 않는다고 탄식한다(222). "그렇게 외쳐대던 수월성이라는 목표가 사실상 포기되었다"(xxviii)는 것이다. 그렇다면, 바전은 옛것('기준들')의 언어로 새로운 법칙('수월성')을 위한 길을 예비하는 세례 요한이고, 런던은 새 법칙은 옛것만큼 엄격하게 적용되는 경우에만 실재할 것이라고 가르치는 사도 바울 같다고 말할 수도 있겠다. 그리스도의 시대 이후로 모든 게 빨라졌으니, 메시아의 기약을 다시 연기하는 데 소요되는 시간은 이제 35년에서 25년으로 줄어들었다(세례 요한

과 사도 바울의 전도 시기의 차이를 35년으로 보고 이런 비유를 한 것으로 보인다—옮긴이).

그러나 바전과 지금 그를 불러내는 사람들을 비교하면서 무엇보다 어조의 문제에 주목하고 싶다. 바전의 작업(그리고 펠리칸의 작업)을 앨런 블룸의 비난 혹은 심지어 1993년 바전의 책에 다시 붙인 서문에서 허버트 런던의 비난과 구별 짓는 것은 그 어조다. 두드러진 차이는 완전한 자기만족에서 비롯된 달변의 거드름이 사라지고 그 대신 독설적인 불평이 자리 잡았다는 점이다. 이는 성차별주의 문제에서 특히 선명히 드러난다. 바전은 그의 책에서 교수들을 일관되게 '남자들'이라는 환유로 지칭한다. 한 예로 바전이 젊은 대학원생의 곤경을 기술한 부분을 들어보겠다. "구두시험을 마친 후에는 학위 논문을 써내야 하는데, 무엇에 대해 어떻게 쓰느냐보다 얼마나 빨리 해내느냐가 더 중요하다. 많은 논문 주제의 경우 유럽이나 다른 외국에 체류하는 것은 불가피하면서도 낙심천만한 일이다! 풀브라이트 장학금, 자식들, 일하는 아내(혹은 남편과 같은 박사 후보생), 추가의 도서관 작업, 그것도 외국어로 해야 하니—악몽이다."(228) 바전이 사실 여성은 대학에서 비서 역할을 적절히 수행할 수 있으며 심지어 상대 남성의 자식들을 낳아줄 준비를 하느라고 대학원 공부까지 한다는 이야기를 넌지시 한다면, 블룸과 런던은 그들의 대학이 미쳐 날뛰는 하르피이아(Harpyia: 고대 그리스·로마 신화에 나오는, 여자의 머리와 새의 날개와 발을 가진 괴물—옮긴이)에게 위협당하고 있다고 본다.[13] 바전이 어리석음을 보고 그것을 '허장성세(preposterism)'라고 부른다면, 런던은 '오염'(xxviii)을 본다. (남성적)

생산물에 대한 엄청난 자기만족을 드러내는 대학 관련 책들이 여전히 쓰이고 있다는 사실(펠리칸이 바로 그런 사례인데)에도 불구하고, 하나의 중대한 변화가 일어났다는 것은 분명하다. 우리 시대에 문제가 더 커졌다는 것은 아니다. 바전은 아예 자기는 1968년에 별로 영향 받은 바가 없다고까지 하지 않는가. 그보다, 블룸과 런던 두 사람 다 씨름하고 있는 문제는 우리 중 아무도 스스로를 진심으로 대학 이야기의 주인공이라고, 그 거대한 기제 전체가 밤낮으로 작동하며 생산해내는 교양 있는 개인의 사례라고 여길 수 없다는 점이다.

선행 학자들 대다수가 편안하게 여겼을 법한 자기만족적 어조를 쓰고 싶지는 않은데, 겸손의 소치여서가 아니다. 사실 내가 교수 생활의 황혼기까지 기다렸다가 대학에 대한 책을 쓰는 것도 아니지 않은가. 중요한 것은, 그리고 오늘날의 혹독한 비난의 어조를 특징짓는 것은, 교양 있는 이성적인 주체의 생산을 중심으로 하는 대학의 대서사가 우리에게는 더 이상 가능하지 않다는 점이다. 따라서 나로서는 기다린다는 것이 의미가 없다. 내가 자크 바전이 되지는 못할 것이다. 대학 체제는 그런 주체들을 더 이상 필요로 하지 않는다. 더 이상 교양 있는 개인이 기관을 환유적으로 구현할 수 없다. 이제 우리 가운데 누구도 진심으로 스스로를 대학 교육 서사의 중심 주체라고 생각할 수 없다. 여기서 페미니즘은 성차에 대한 근본적 인식을 도입한 점에서 모범적인 사례이며, 몸이 인종에 따라 달리 표시되는 방식에 주목하는 분석들도 그렇다. 둘 다 과거 수호대의 과녁이 되는데, 어떤 교수 개인도 대학을 체현할 수 없다는 점을 환기시키기 때문이다. 그 체현하는 몸 역시 보편적이지 않고 성별화되어 있고 인종적 표시가 각인되어 있는 것이다.

상황이 이러하지만 대학을 포기해버리자고 충고하면서 냉소적 절망에 빠질 이유들을 제시하는 짓은 하지 않겠다. 이 책에서 나는 인문 교육의 이야기가 그 조직 중심을 상실해버린, 즉 인문과학의 목적―기원이자 도달점―으로서 교양 이념을 상실해버린 시기에 대학을 어떻게 재사유할 수 있는지 논의할 것이다. 이런 의식이 더 날카로워지는 것은, 내가 재직하는 대학이 오늘날 특이한 위치를 차지하고 있기 때문이다. 퀘벡에 위치했다는 것부터가 한물간 것처럼 보일 수도 있으나, 그것은 북아일랜드처럼 퀘벡 또한 산업화된 국가들의 G7 그룹 구역 안에 속하면서도, 갈수록 지구 경제로 통합되면서 국민국가적 성격이 흔적만 남은 것이 아니라 여전히 중요한 당대의 정치 이슈가 되는 지역이라는 것을 모르는 사람들에게나 그렇다. 몬트리올 대학교는 퀘벡 문화의 기함(旗艦)으로, 최근에 와서야 교회를 대신하여 북아메리카의 프랑스어권 문화를 책임지는 일차적 기관이 된 것이다. 한 국민국가의 기함인 대학교에서 (그것도 근자에 그렇게 된 대학에서) 일한다는 것은 엄청난 혜택을 얻고 있다는 말이다. 즉 우리의 교육과 연구 활동이 아직은 시장 원리의 자유로운 행사에 완전히 종속되지는 않았으며, 아직은 최적의 성능이나 자본 수익률로 스스로를 정당화해야 하는 신세는 아니다.

이런 내 의식이 더 강해진 것은 시러큐스 대학교에서 일한 적이 있기 때문인데, 그 대학은 완전히 시장 논리에 따르려는 야심을 실제로 가지고 있으며, 이런 생각을 행정 본부는 '수월성의 추구'라 부른다. 그래서 당시 부총장이던 멜빈 에거스(Melvin Eggers)는 시러큐스는 담쟁이가 덮인 담장(미국 아이비리그 대학을 염두에 둔 표현이다— 옮긴이)에 매달리기보다 기업을 모델로 하는 공격적인 기관이라는 말을 거듭했던 것이다. 흥미롭게도 내가 시러큐스에 재직하던 시기에 대학 로고가 바뀌었다. 대학의 편지 양식이나 다른 문서들에 붙어 있던 라틴어 좌우명으로 조합된 학구적인 문장(紋章) 대신에 새롭고 명백하게 '기업적'인 로고가 개발되었고, 문장은 학위증과 같은 공식적인 학술 관련 문서에만 남아 있게 되었다. 내가 보기에 이것은 대학을 하나의 기업으로—즉 문화적 공신력을 지닌 학위증 수여가 그 기능(그 산물?) 중 하나이지만 그 전체적인 성격은 문화적이라기보다 기업적인 기관으로—재개념화하는 직접적 징후다.

그렇지만 대학을 문화 자본의 맥락에서만 분석하는 것은 이것이 이제는 한 가지 사업 영역에 불과하다는 점을 놓치는 격이 될 것이다. 시러큐스가 수사적으로 상징 자본을 거부하고 '순수익' 회계(본부의 의사결정 과정이나 학장들이 선호하는 기업 경영적 기풍에 스며들어 관철되는)를 택한 결과, 대학에 기부하는 졸업생의 비율이 다른 유사한 대학들에 비해 상당히 낮아졌다고 해도 놀랄 일은 아니다. 대학 생활의 모든 면에서 학생들은 스스로를 한 공동체의 구성원이라기보다 소비자로 생각하게끔 되었던 것이다. 예를 들어, 1990년의 '공식' 졸업생 티셔츠는 상당히 비싼 값을 매겨 학생들에게 팔았는데, 내가 이야기를 나누어본 많은 학생들이 이것을 떠나는 졸업생들한테서 한 푼이라도 더 짜내려는 시도로 받아들이고 있었다. 학생들은 들르는 곳마다 소속을 상징하는 표식을 사도록 요구당했다. (그래서 대학 구내 '서점'은 넓은 공간을 디즈니랜드 모델로 만든 로고가 새겨진 물품들을 전시하는 데 할애한다.) 이처럼 상업화된 결과, 대학에 속한다는 것은 이데올로기적 함의를 거의 갖지 않으며 기부를 통해 재확인받을 필요도 없다. (차를 구입한 소비자가 제너럴 모터스 사에 분할 상환금 이상의 금액을 정기적으로 기부할 필요를 느끼지 않는 것과 마찬가지다.) 이런 기부를 하는 학생들이 일부나마 있다는 것은 자기들이 '수월성의 대학'이 아니라 '문화의 대학'에 다녔다고 믿고 싶은 격세유전적 욕구를 보여주는 흥미로운 징후다. 물론 이런 믿음이 그래도 지탱되는 것은 이 기제의 어딘가 한 구석에 개인이든 집단이든 실천이든 과거의 조직 형태를 상기시키는 것이 꾸준히 남아 있기 때문일 것이다.

학생들이 흔히 자신이나 자신의 부모 혹은 양자를 다 소비자로 인식하는 것을 두고 비뚤어진 생각이라고만은 할 수 없다. 오늘날 대학은 국가의 이데올로기적 무기에서 관료적으로 조직되고 상대적으로 자율적인 소비자 중심 기업으로 부지런히 변모해가고 있기 때문이다. 심지어는 국민국가로부터 재정의 대부분을 지원받는 대학들에서조차 이런 과정의 조짐이 발견된다. 예컨대, 노바스코샤 주 케이프브리튼 대학교 총장인 재클린 스콧은 최근 대학을 '통합 산업'이라고 지칭했다.[14] 그녀는 교육과 연구에 대한 훔볼트의 구분을 괄목할 만한 언어로 다시 풀어냈다. 훔볼트가 대학의 위상을 (연구를 통해) 교양의 지식을 창출하는 동시에 (교육을 통해) 배움의 과정으로서의 교양을 심어주는, 즉 과정과 창출의 융합으로 잡았다면, 이 이중적 구분에 대한 스콧의 설명은 현재 추세에 맞게 대폭 갱신

되었다. 그녀는 대학은 '인적 자원 개발'의 터전으로서 (연구를 통해) 일자리를 창출하는 동시에 (교육을 통해) 일자리 훈련을 제공한다고 주장한다. 청산유수와 같은 놀라운 말솜씨로 스콧은 교육과 연구에 대한 훔볼트의 구조적 구분을 유지하면서도 그것을 새로운 장으로 옮겨놓는다. 즉 '민족문화'의 발전이 아니라 시장을 위한 '인적 자원'의 개발이라는 장으로 옮겨놓는 것이다.

전략으로 보자면, 이는 그리 놀라운 전략도 아니다. 북아메리카에서 대학 기관의 동질화가 강화되는 밑바탕에는 기업적 관료화가 자리하기 때문이다. 가령 요즘 홍보책자 같은 데서 대학의 사명이라고 내세우는 것을 보면 두 가지 뚜렷한 특징이 있다. 모두 자기네 대학이 독특한 교육기관이라고 주장하고, 모두가 그 독특함을 완전히 똑같은 방식으로 설명한다는 것이다. 이런 변화를 가장 잘 보여주는 조짐은 모두 하나같이 '수월성' 개념에 호소한다는 것인데, 요즘은 대학 보직자라면 이 말을 입에 달고 다닌다고 해도 과언이 아니다. 이 시대의 대학을 이해하기 위해서는, 우리는 도대체 수월성이 무엇을 의미하는지 (혹은 무엇을 의미하지 않는지) 물어야 한다.

그리고 그런 면에서 이 책은 표면적으로는 다소 단순한 주장을 펼친다. 이 책은 국민국가가 지구적 자본을 재생산하는 주된 층위가 더 이상 아니기 때문에, 국민국가가 추구하는 통합의 기획이라는 상징적·정치적 동반자로서 '교양'이 그 구매력을 잃었다고 주장한다. 국민국가와 근대적인 교양 개념은 함께 성장하였으며, 내 주장은 점점 더 초국적 성격을 띠는 지구 경제에 그것들이 필수적이지 않게 되어가고 있다는 것이다. 대학은 역사적으로 근대 국민국가에서 민족문화의 주된 기관이었던 만큼, 이런 변화가 대학에 갖는 함의는 매우 크다. 나는 그 함의를 평가하고 그 징후를 추적하고자 하며, 특히 대학이 스스로와 세상에 대해 자신을 설명하는 언어로서 문화 이념을 내세우던 이전의 방식 대신 '수월성'의 담론이 등장한 과정을 추적하고자 한다. 또 하나의 징후는 대학의 위상에 대한 현재의 격렬한 논쟁인데, 이 논쟁은 대체로 초점을 벗어났다 할 수 있다. 향수든 거부든—대개는 이 둘이 섞여 있는데—그것에 몰두하느라 초국적 틀에서 대학을 사고하지 못하기 때문이다.

나는 대학에 대해 달리 생각하려는 노력으로 시작할까 한다. 그 일환으로 어떻게 대학 행정 보직자, 정부 관리, 그리고 심지어 급진적 비평가 들이 이제 갈수록 점점 더 '문화'의 맥락이 아니라 '수월성'의 맥락에서 대학을 말하고 있는지 검토할 생각이다. 2장은 어째서 '수월성'이라는 말이 고등교육 정책 문건들에서 그렇게 중요한 것이 되어가는지 그 배경과 원인을 진단하고자 한다. 내 주장은 수월성 추구에 대한 이 새로운 관심은 대학의 기능 변화를 말해준다는 것이다. 대학은 더 이상 민족문화를 지키고 선전할 필요가 없으며, 이는 더 이상 국민국가가 자본이 재생산되는 주된 장소가 아니기 때문이다. 따라서 민족문화의 이념은 더 이상 연구와 교육의 모든 노력이 지향하는 외적 지시대상이 아니다. 민족문화의 이념은 대학에서 이루어지는 것들에 포괄적인 이데올로기적 의미를 더 이상 부여하지 못하며, 결과적으로 지식으로 가르쳐지거나 생산되는 것들은 점점 중요성을 잃어간다.

2장에서 나는 또한 이 과정을 추적하고, 이를 '수월성의 이데올로기'로 생각하는 것은 수월성이 엄밀히 말해 비이데올로기적이라는 점에서 시대착오적임을 주장한다. 무엇을 가르치고 연구하느냐 하는 문제는 수월성 있게 가르치고 연구해야 한다는 사실보다 덜 중요하다. 수월성 담론 같은 일부의 것들이 비이데올로기적이라고 말한다고 해서 거기에 정치적 연관성이 없다는 것은 아니고, 다만 그 관계의 성격이 이데올로기적으로 결정되지는 않는다는 뜻이다. '수월성'은 아무런 내용이 없다는 점에서 현금 관계와 흡사하다. 따라서 그것은 참도 거짓도 아니고 무지하지도 않고 자의식도 없다. 그것이 부당할 수는 있지만 우리는 그 부당성을 진리 체제나 자기인식 체제의 맥락에서 찾을 수는 없다. 그것의 규칙에는 자동적인 정치적 혹은 문화적 지향이 실려 있지 않은데 이는 어떤 식별 가능한 정치적 권력의 층위와 관련하여 규정되지 않기 때문이다.[15] (나도 개인적으로 공감하는) 한 좌익적 비평의 성공이 강의실에서건 경력 프로필에서건 대학의 기관적 규약과 결국 그렇게 잘 맞아떨어지는 이유 가운데 하나가 바로 이것이다.[16] 급진 비평가들이 '팔려나갔다'거나 그들 비판의 '급진성이 불충분'하고 따라서 기관에 의해 회수 가능하다는 말은 아니다. 오히려 문제는 대학 기능의 근간들이 더 이상 근본적으로 이데올로기적이지 않다는 점이다. 그것들은 더 이상 국민국가의 자기재생산에 결부되어 있지 않기 때문이다.

2장에서 수월성 담론을 분석한다면, 3장에서는 그 담론이 참여하는 지구화의 움직임이라는 면에서 수월성 담론의 맥락을 밝히려고 한다. 여기서 나는 수월성 담론이 구매력을 획득하는 것은 바로 대학과 국민국가의 연계가 지구화시대에 더 이상 유효하지 않다는 사실 때문이라고 주장한다. 이처럼 대학은 국민국가의 이데올로기적 기구에서 상대적으로 독립적인 관료 체제로 변화한다. 지구화의 경제학이란 대학이 더 이상 시민 주체들을 훈련하는 역할을 맡지 않음을 의미하며, 냉전시대 종언의 정치학이란 대학이 더 이상 민족문화를 창출하고 정당화함으로써 민족적 위엄을 옹호하지 못함을 의미한다. 따라서 대학은 국가가 점점 약화되어 더 이상 다수 민중의 의지가 투여되는 특권적 영역이 아닌 상황에서 국가로부터의 재정 지원이 엄청나게 축소될 것이 예상되는 수많은—국영항공사 같은—다른 기관들과 비슷한 처지에 놓인다.

이러한 변화의 함의를 이해하기 위해, 이 책의 중간 부분에서는 근대 대학이 스스로 맡고자 애써온 역할에 대한 역사적 탐구를 다룬다. 이제까지 대학의 기능을 이해하는 방식들의 역사를 개략적으로 요약하자면, 근대 대학에는 세 가지 이념이 있었다. 즉 칸트적 이성 개념, 훔볼트적 문화 개념, 그리고 현재의 기술관료적 수월성 개념이다. 그러나 내가 제시하는 역사 서사(이성―문화―수월성)는 단순히 순차적인 것은 아니다. 최근의 논의들 이전에도 수월성에 대한 언급들이 있었고, 마찬가지로 이성과 문화에 대한 언급도 여전히 나오고 있다. 이 책을 통해 내가 강조하고자 하는 것은 대학에 대한 논쟁이 여러 갈래의 비동시대적인 담론들로 구성되어 있다는 점이다. 비록 특정 시기에는 한 담론이 다른 담론들보다 우세하다 할지라도 그렇다.

따라서 우선 4장에서 나는 칸트(Immanuel Kant)가 대학의 근대성을 정의한다고 주장한다. 대학은 그 모든 활동이 한 가지 단일한 규제 이념, 즉 칸트가 이성 개념이라고 주장한 그 규제 이념에 따라 조직될 때 근대적이 된다. 한편으로 이성은 모든 학문 분야의 라티오(정신)를 제공하며, 그것이 이들의 조직 원리가 된다. 다른 한편 이성은 그 자체의 분과학문을 지니며, 칸트는 이를 '철학'이라 명명하지만 대개 우리는 지금 이를 '인문학'이라고 부른다. 대학에 대한 성찰에서 칸트는 또한 어떻게 이성과 국가가, 어떻게 지식과 권력이 통합될 수 있는가 하는 문제를 제기하기 시작한다. 앞으로 밝히겠지만, 중요한 점은 그가 합리적 사고와 공화적 정치의 역량을 가진 주체의 형상을 산출함으로써 그리한다는 것이다.

이어지는 5장에서는 근대 대학의 발전을 계속 추적하여 실러(Johann Christoph Friedrich von Schiller)에서 훔볼트에 이르는 독일 관념론자들을 논의한다. 중요한 점은 이들이 칸트가 규정해놓은 구조에 더 명백한 정치적 역할을 부여한다는 점인데, 바로 이성 개념을 문화 개념으로 대체한 것이다. 이성처럼 문화도 대학에 대해 특히 **통합적인** 기능을 한다. 독일 관념론자들에게 문화란 탐구된 모든 지식의 총합일뿐더러 그 탐구의 결과로서 개개 품성의 수양과 발전이다. 이런 맥락에서 훔볼트의 베를린 대학교 창립 기획은 대학을 문화 이념의 중심으로 삼는 데 결정적인 역할을 하며, 이는 대학을 국민국가에 묶는 일이기도 하다. 이런 일이 독일에서 일어났다는 사실은 물론 독일이라는 민족의 출현과 연루되어 있다. 문화의 우산 아래 대학은 연구와 교육이라는 이중의 과제를 부여받는데, 즉 민족적 자기인식의 생산과 주입이 그것이다. 모름지기 대학은 종족적 전통과 국가주의적 합리성을 화해시킴으로써 이성적 국가의 인민들의 정신생활을 감독하는 기관이 된다. 달리 말해서 대학은 인민의 일상생활에 이성을 부여하는 한편, 인민의 전통을 보존하고 유혈 폭력적인 프랑스혁명의 사례를 피하게 해주는 기관으로 인식된다. 이것이 현재까지 대학에 부여되었던 결정적 역할이라는 것이 나의 주장이다.

6장에서는 영미인들이 어떻게 독일 관념론자들의 문화 개념에 특히 **문학적인 전회(轉回)**를 가하는지를 살핀다. 19세기 말과 20세기 초 영국인들, 특히 뉴먼과 아널드(Matthew Arnold)는 철학 대신에 문학을 대학의 중심 학문으로, 따라서 민족문화의 중심 학문으로 자리 매기면서 훔볼트와 프리드리히 슐레겔(Friedrich Schlegel)의 작업을 진척시켰다. 아널드, F. R. 리비스(Frank Raymond Leavis), 신비평가들의 사례를 논하면서, '문학'이 명백하게 민족적인 맥락에서 대학 학문 분야로 제도화되는 방식과 하나의 통일적인 민족문화의 가능성이라는 유기적 전망이 서로 암묵적으로 연계되는 양상을 추적한다. 민족문학의 전통을 공부하는 일은 학생들에게 프랑스인, 영국인 혹은 독일인이 된다는 게 무엇인지를 가르치는 주된 방식이 된다. 미국의 경우 이 과정은 모범적인 공화적 방식에 따라 전통보다는 **정전(canon)** 공부로 규제된다. 정전이 미국에서 중요한 이유는, 정전의 결정이 공화적 의지를 행사한 결과로 받아들여지기 때문이다. 전통의 맹목적인 무게에 승복하기보다 정전을 자율적으로 선택하는 것은 상속된 군주제에 승복하기보다 정부를 **선택**하는 것과 평행을 이룬다. 민족적 주체의 형성에서 문학 연구의 역할은 결과적으로 문학 학과들이 축적해온 엄청난 제도적 무게를 설명해준다.

이런 축적은 특히 많은 미국 대학에서 필수로 되어 있는 학생 전체의 '작문 과목'을 전통적으로 총괄해옴으로써 이루어졌다. 최근 작문 영역에서 별개의 분과학문으로서 권위를 인정해달라는 분리주의 운동이 자라나고 있는 것은 민족문학 연구를 민족적 시민 주체의 형성과 맺어주는 연계가 느슨해진 징후다. 읽고 쓰는 능력(문자 해독력)의 조건은 더 이상 민족문화를 명시적으로 참조하여 결정되지 않는다.

7장에서는 이와 평행하는 문화 연구 분야의 발흥을 짚어보고 이전 장들에서 제시된 역사적 관점을 통해 미국의 '문화 전쟁'을 살펴봄으로써 현재 우리가 각축을 벌이고 있는 '문화' 개념에서 문제되고 있는 것이 무엇인지 이해해보고자 한다. 독일 관념론자들은 문화의 수호자 역할을 철학에 맡겼지만, 19~20세기에 와서 그 역할은 점점 더 민족문학 학과들에 둥지를 틀게 되었다. 이제 우리는 민족문학 연구가 쇠퇴하고 영미 대학의 인문학에서 가장 강력한 학문적 모델로 '문화 연구'가 점차 등장하는 광경을 목도하고 있다. 이 맥락에서 문화 연구의 급진적 주장은 문화의 문학적 모델이라는 제도적 형식들에는 맞서지만, 그 모델의 밑바탕이 되는 구원(救援)의 주장과는 생각보다 더 큰 연속성을 보여준다. 1990년대에 문화 연구가 거둔 제도적 성공은, 문학이 더 이상 유효하지 않다는 사실은 인식하면서도 문학적 주장의 구조는 유지하고 있다는 사실—말하자면 아이는 버리면서 목욕물은 버리지 않는 격인데—에 빚지고 있다는 것이다. 문화 연구는 문화를 연구와 교육을 위한 규제적 이상(理想)으로 내세우기보다는, 문화가 그런 이념으로 기능할 능력이 없음을 인식하면서도 문화를 통한 구원이라는 주장의 구조는 유지하려고 한다. 까놓고 말하자면—물론 '문화 연구'를 자임하는 어느 특정한 작업이 아니라 문화 연구를 헤게모니적인 제도적 기획으로 만들려는 시도를 두고 하는 말이지만—문화 연구는 수월성의 시대에 적합한 문화관을 제시하고 있는 것이다.

그리고 '수월성' 자체와 마찬가지로, '문화'도 더 이상 구체적인 내용을 갖지 않는다. 모든 것이 기회만 주어지면 문화이거나 문화가 될 수 있다. 문화 연구는 이처럼 무언가 고갈이 일어나면서 등장하게 된다. 문화 연구 작업의 생산성과 다양성이 가능했던 것도 문화가 더 이상 개별적이든 집단적이든 어떤 하나를 특정하여 지시하는 기능을 상실했다는 사실 덕분이며, 문화 연구가 일반적인 이론적 정의를 거부하면서도 그토록 인기를 끈 것도 바로 이 때문이다. 1990년대의 제도적 기획으로 현현된 형태의 문화 연구는 어떤 지식도 더 이상 산출될 수 없다는 것을 어느 정도 의식하면서 진행된다. 애초부터 문화적인 것이 아닌 문화에 대해서는 아무것도 말할 수 없기 때문이며, 그 역도 마찬가지다. 모든 것은 말하자면 문화적으로 결정되어 있고, 문화는 이제 그 자체로는 어떤 것도 의미하기를 멈춘다.

나는 또한 이 과정을 '탈지시화(dereferentialization)'라고 지칭할 것이다. 이 표현으로 나는 '문화'와 '수월성' 같은 (그리고 때때로 심지어는 '대학'과 같은) 용어에서 핵심적인 것은 그것들이 더 이상 특정한 지시대상을 갖지 않는다는 점을 주장하고자 한다. 이들은 더 이상 어떤 특정한 그룹의 사물이나 이념을 지시하지 않는다. 그렇지만 '탈지시화'라는 용어를 사용함으로써 우리의 어휘에 또 하나의 묵직한 특수 용어를 도입하려는 것은 아니다. 다만 대학에 극적인 여파를 미칠 중대한 사고 전환이라고 주장하게 될 것에 하나의 이름을 부여하려는 것뿐이다. 이런 맥락에서 우리는 문화 연구의 발흥은 문화가 탈지시화되고 대학의 탐구 원리이기를 멈출 때에만 가능해진다고 말할 수 있다. 문화 연구의 시대에 문화는 대학 체계가 다루어야 할 많은 대상들 가운데 하나가 된다. 이 논쟁적인 주장은 지금껏 문화 연구에서 이루어진 작업의 역사를 부정하자는 것이 아니라, 문화 연구를 대학에 그 잃어버린 진리를 되찾아줌으로써 대학을 구해낼 학문 분야로 만들어가려는 시도—아무리 뜻이 좋다 해도—를 비판하자는 것이다.

이어지는 8장은 문화 '이후의' 대학을 상상해보려는 시도이자 이 책의 결론부의 시작으로서, 문화의 역사적 기획이 서서히 멈춰선 수월성의 시대에 대학의 제도적 문제를 제기할 일반적인 지점들을 그려볼 것이다. 나는 대학의 공간이 역사적으로 시대착오인 것임을 인식하면서도 그 공간의 전략적 활용을 주장할 수 있는 제도적 실용주의의 지점들을 제시하고자 한다. 그렇게 하는 가운데, 대학에서 현재 벌어지고 있는 특정한 논쟁들에 대해서, 그리고 사유 활동에 호소하는 것이 가능해지는 일반적인 지점들에 대해서 논의한다. 의미심장하게도 이것은 어떻게 대학이 평가되어야 할 것인가 하는 점과 관련된 문제로, 나는 **책무성**(accountability)과 **회계**(accounting)의 개념을 철학적으로 분리하는 것이 필요하다고 주장한다(책무성은 원래 업무나 경비사용에 대해 대외적으로 설명하고 책임을 질 의무를 말한다—

옮긴이). 나는 대학이 그 책임의 성격에 대해서 오로지 회계의 언어 (그 통화 수단은 수월성이다)로만 논란을 벌이는 것을 거부하는 동시에, 대학이 책무성에 대한 요구에 응답하는 것이 절대적으로 필요하다고 주장하는 바다. 가치라는 주제를 엄연한 질문의 자리에 올림으로써 지구화와 자본주의를 자동적으로 동일시하기를 거부하는 것이다. 나는 회계사들이 현재 사회의 지평을 이해할 능력을 가진 유일한 사람들도 아니고 심지어 그 과제에 가장 능숙한 사람들도 아니라고 본다.

9장에서는 내가 제기하고 있는—그리고 오늘날 대학에 대단한 중요성을 지닌—가치의 문제들이 '1968년'을 그 제유(提喩)로 하는 1960년대 말 학생 봉기의 여파로 어떻게 분명해지는지를 논의한다. 그 봉기들로 대학이라는 제도에 대한 불신의 봇물이 터져 나온 셈인데, 이처럼 참여로 표현된 불신은 실제 형태든 이상적 형태든 대학을 믿을 수 없는 가운데서 대학에 있다는 것이 무엇을 의미하는지 상상할 수 있게 해준다. 내가 보기에 다니엘 콘벤디트(Daniel Cohn-Bendit: 학생운동 출신의 독일 정치가—옮긴이) 등이 제시한 학생 봉기의 기록에서 가장 흥미로운 점은 그들에게는 이상주의가 놀랄 만큼 결여되어 있으며, 차후에 그들에 대해 부여된 해석들을 부인하는 경향이 있다는 점이다. 1968년에 대한 성찰을 통해 공공 영역의 부재 가운데서 그리고 개인들을 소비자로 끌어모으는 사회의 틀 바깥에서 대학을 생각할 수 있는 지점들을 찾아본다.

민족문화에 대한 향수에도 소비자주의의 담론에도 의존하지 않으면서 현재 대학이 처한 상황을 이해하는 법을 찾는 것이 마지막 세 장이 짊어진 짐으로, 이 세 장에서는 차례로 교수법의 문제, 제도들의 문제, 공동체의 문제를 다룬다. 10장에서는 교육의 실천 현장에 초점을 두고 교수법(pedagogy)이 교육의 제도적 맥락과 별개로 이해될 수 없다는 점을 강조한다. 현재 교육을 둘러싼 격론은 가르치는 데 드는 시간과 효율적 정보 전달을 우선시하는 행정 논리 사이의 단순한 모순과 관계가 있다. 교수법의 목표가 자율적인 주체들, 습득한 정보에 의해 자유로워진다고 여겨지는 그런 주체들을 생산하는 것이 되어서는 안 된다. 이것이 바로 계몽의 서사다. 오히려, 권위와 자율성을 결합시키려는 주장을 포기할 때, 교육 현장은 책무들의 망으로 더 잘 이해될 수 있다. 교육은 진리의 추구가 아니라 정의의 문제라고 주장하면서, 10장은 함께 생각하는 일에 끈질기게 남아 있는 난점을 환기하고자 한다. 본디 가르치는 일이 갖는 위반의 힘은 내용의 문제라기보다 교수법을 질문을 던질 시간으로 활용하는 데서 나온다. 이를 통해 교수법이 학점 부여나 학위 수여로 마무리될 수 있는 거래로 틀 지워지는 것에 저항한다.

11장과 12장에서는 대학이 스스로를 이처럼 구조적으로 불완전한 사고 행위를 위한 공간으로서 구상할 수 있는 지점들을 검토한다. 우선 대학을 이런 활동들을 위한 자연스럽거나 역사적으로 필수적인 그릇으로 이해해서는 안 되며, 그 **역사적** 존재 이유를 상실한 **폐허**가 된 기관으로 인식할 필요가 있다는 것을 받아들일 필요가 있다. 동시에 근대적 형태의 대학은 폐허라는 관념에 끌리는 근대성의 역설을 공유해왔으니, 이는 곧 실제적으로든 미학적으로든 그런 폐허들을 재통합하려는 형이상학의 전통으로부터 이 폐허화된 상태를 떼어내는 경계와 노력이 필요하다는 것을 의미한다.

계몽적 신념이나 낭만적 향수 대신에 주창하는 제도적 실용주의는 12장에서 대학이 이성적 공동체의 모델을, 즉 순수한 형태의 공공 영역의 소우주를 제공한다는 근대주의적 주장을 재사고할 수 있는 방법에 대한 탐색으로 이어진다. 대학 내의 이상적 공동체에 대한 이런 주장은—교수위원회에 한 번이라도 참석해본 사람이라면 누구나 뻔히 알고 있듯—부정확하다는 것이 너무나 명백함에도 불구하고 여전히 그 힘을 발휘하고 있다. 우리가 알아야 할 것은 대학의 문화적 기능 상실이 공동체 개념을 달리 생각할 수 있는 공간, 즉 통일성, 합의, 소통의 관념들에 의존하지 않고서 생각할 수 있는 공간을 열어주고 있다는 점이다. 이 시점에 대학은 더 이상 이상적 사회의 모델이 아니라 오히려 그런 모델의 불가능성을 사유할—이상적 조건 아래서가 아니라 실제적으로 사유할—수 있는 장소가 된다. 여기서 대학은 사회의 모델이라는 그 특권적 지위를 상실하고, 모델 부재의 모델이 됨으로써 그 지위를 회복하지도 않는다. 차라리, 대학은 **함께 있음의 문제가 제기되는** 여러 터전 가운데 하나가 된다. 이런 문제 제기가 시급해지는 것은 역사적으로 지난 3세기 남짓 동안 그 문제를 감추는 데 기여해온 (국민국가와 같은) 제도적 형식들이 부재하기 때문이다.

2장

수월성의 이념

국민국가의 이데올로기적 무기로서의 근대 대학과 관료주의적 기업으로서의 현대 대학을 구분하는 것이 중요한데, 그럴 때 한 가지 중요한 현상을 관찰할 수 있다. '수월성'은 빠르게 대학의 좌우명이 되고 있고, 현대 기관으로서의 대학을 이해하려면 수월성에 호소한다는 것이 무엇을 뜻하는지 혹은 뜻하지 않는지 생각해볼 필요가 있다.

내가 수월성 개념의 의미에 대해서 첫 강연을 하고 몇 개월 후에 캐나다의 주요 시사 주간지인 《매클린스*Maclean's*》는 올해 들어 3년째 캐나다 대학 특집호를 내놓았는데, 이는 《유에스 뉴스 앤 월드 리포트*U. S. News and World Report*》에서 내놓는 순위매기기와 유사한 것이었다. 다양한 기준에 따라 모든 캐나다 대학의 순위를 매긴다고 하는 1993년 11월 15일자 《매클린스》 특집호는 그 제목이 놀랍게도 '**수월성의 척도**'였다.[1] 이것을 보면 수월성은 단순히 '종합 품질 관리(TQM)'에 준하는 것만은 아니라는 생각이 든다. 그것은 단순히 대학을 마치 기업체인 양 운영하려는 과정에서 기업으로부터 대학에 수입된 것이 아니다. 사실, 수입이라는 말은 대학이 실제로는 기업체가 아니고 단지 몇가지 면에서 기업과 유사할 뿐이라는 전제를 깔고 있다.

포드 자동차가 오하이오 주립대학교와 "캠퍼스 생활의 모든 영역에서 종합 품질 관리"를 하겠다며 "동반자 관계"에 들어갈 때, 이 동반자 관계는 오하이오 주립대학교의 기업 및 행정 부학장인 재닛 피세트(Janet Pichette)의 표현을 빌리면 "대학과 기업의 사명이 그리 다르지 않다"는 전제에 토대를 두고 있다.[2] "그리 다르지" 않을지는 모르나 그렇다고 같은 것도 아니다. 대학은 기업이 되고 있는 중이지만 아직은 그 경험의 모든 측면에 종합 품질 관리를 적용하고 있지 않다. 오하이오 주립대학교 총장 E. 고든 지(Edward Gordon Gee)가 말하는 "대학과 그것이 봉사하는 고객들"이라는 표현부터가 오하이오 주립대학교가 이미 그 길로 한참 접어들었다는 신호이긴 하지만 말이다. '질'을 들먹이는 것부터가 그런 변화의 수단인데, '질'은 "캠퍼스 생활의 모든 영역"에 구별 없이 적용될 수 있고, 그것들을 단일한 한 가지 가치의 저울 위에 묶어둘 수 있기 때문이다. 대학 신문인《오하이오 주립대 랜턴Ohio State Lantern》의 보도에 따르면, "질은 대학과 그것이 섬기는 고객들에게 궁극적인 이슈라고 고든 지 총장은 말했는데, 여기서 고객이란 교수진, 학생, 학부모, 동문을 가리킨다".[3] 이 기사의 필자는 지 총장이 대학의 '고객들'이라고 말할 때 누구를 염두에 두었는지를 분명히 할 필요가 있다고 느낀 것인데, 이런 태도는 이 이슈에 대해 아직도 얼마간 혼란이 야기될 수 있다고 상상하는, 거의 구시대의 유물이 되어버린 교육관을 보여주는 애처로운 신호다.

따라서 우리는 고든 지 총장을 위해, 질은 궁극적 이슈가 아니고 수월성이 곧 궁극적 이슈가 되리라는 점을 분명히 밝혀두는 것이 좋겠다. 왜냐하면 수월성 개념은 대학이 단지 기업체와 유사한 것이 아니라 바로 기업체라는 점을 인정하기 때문이다. '수월성의 대학'의 학생들은 고객과 유사한 것이 아니라 아예 고객이다. 수월성이란 행정 혁신에 따른 대약진을 뜻하기 때문이다. 즉 수월성 개념은 대학 안에서 발전되고 대학이 중심을 설정하고 외부 세계(《매클린스》의 경우, 캐나다의 중산층과 상류층)에 자신을 이해시키는 이념이 된다.

일반적으로 우리는 대학 행정가들로부터 수월성에 대한 이야기를 많이 듣게 되는데 그것이 현재 대학의 통합 원리가 되었기 때문이다. C. P. 스노의 '두 문화'는 '두 수월성', 즉 인문적 수월성과 과학적 수월성이 되었다.[4] 통합 원리로서 수월성에는 특이한 이점이 있는데, 전적으로 무의미하거나 혹은 조금 더 정확하게는 비지시적(non-referential)이기 때문이다. 수월성이 어떻게 언어의 지시성을 파괴하는지를 보여주는 한 가지 사례가 있다. 한 공학부 학장[윌리엄 시리냐노(William Sirignano)]이 자기가 UC 어바인의 총장[로럴 윌크닝(Laurel Wilkening)]에 의해 해임된 것에 불만을 토하는 편지를 교수와 직원 들에게 보냈는데, 대학 신문은 이렇게 보도했다.

시리냐노는 3월 22일자 메모에서 "UC 어바인의 총장실과 행정 본부는 위기관리와 셀프서비스, 그리고 논쟁에 휘말린 나머지 학문적 프로그램에서 수월성을 위한 큰 힘이 되지 못한다"고 썼다. 그는 새 학장과 학과장, 교수 들에게 "학부를 위해서 수월성을 위한 이러한 압력들을 만들어내기"를 권고하였다. 지도부의 교체는 "수월성 추구와 공학부의 상향 이동에 하나의 도전이 될 것"이라고 그는 말했다. "이 재정 위기의 시기에 수월성 있는 학장을 구하기는 쉽지 않을 것이다."[5]

극도의 스트레스를 받는 상황에서, 그리고 대학 총장에 반대하기 위해서, 학장은 수월성의 언어를 일관되게 동원하는데, 이 사실은 이 사건을 다룬 기자가 이를 주목하지 않고 넘어간다는 점에서 더욱 주목할 만하다.[6] 실제로 이 기자가 '수월성'이라는 단어가 포함된 구절들을 택한 것은 그것들이 편지의 취지를 가장 정확하게 요약하고 있다고 보았기 때문이다. 수월성은 여기서 논란의 여지 없는 논거로 등장하며, 일반의 동의를 얻어내기에 가장 적절하다고 보이는 수사적 무기가 된다. 포드 자동차와 오하이오 주립대학교의 동반자 관계로 다시 돌아가면, 짐작건대 상당수 대학 교원들은 바깥으로부터 '종합 품질 관리'가 부과되는 사태를 꿰뚫어보고 질이라는 발상에 숨어 있는 이데올로기에 저항하면서 대학은 포드 자동차에서 주장한 것만큼 사업체와 유사하지는 않다고 주장할 수 있었다. 그러나 시리냐노는 스스로 대학 교원이면서 교원에게 편지를 보냈고 또 교원들을 청중으로 삼는다. 그리고 수월성에 호소할 때 그는 에두르거나 누그러뜨려 말하지 않고, 설명이 필요하다고 느끼지도 않는다. 오히려 정반대다. 수월성이 필요하다는 것은 우리 모두가 동의한 바다. 그리고 우리 모두가 동의한 것은, 이것이 어떤 외부의 지시대상이나 내부의 내용을 가지고 있지 않다는 의미에서 이데올로기가 아니기 때문이다.

오늘날, 대학의 모든 학과들이 수월성을 획득하려 분투하라는 요구에 처할 수 있는데, 이 개념이 일반적으로 적용될 수 있는 것은 이것이 텅 빈 개념이라는 점과 직결된다. 그래서, 예를 들자면, 인디애나 대학교 블루밍턴 캠퍼스의 '연구 및 대학원 연구처'는 여름 교원 펠로우십(연구 지원) 프로그램에서 "제안된 연구의 수월성이 평가 과정에서 사용되는 주된 기준이다"라고 설명한다.[7] 물론 별 뜻도 없는 언명이지만 수월성을 거론하는 것으로 다양한 분야에 속하는 연구들에 대한 가치 평가라는 문제를 극복할 수 있다는 전제가 깔려 있다. 수월성은 어느 분야에서든 훌륭한 연구라면 가지는 공통분모라는 것이다. 설사 그렇다 해도, 이는 곧 수월성을 '평가기준(criterion)'으로 삼을 수는 없음을 의미한다. 수월성은 고정된 판단 기준이 아니라 다른 것과의 관계 속에서만 의미가 정해지는 수식어이기 때문이다. 수월한 배는 수월한 비행기와 같은 기준에서 수월하지 않다. 그래서 수월성이 기준이라고 말하는 것은 위원회가 연구 신청서 평가에 사용되는 기준을 밝히지 않겠다는 말에 불과하다.

　'수월성'이라는 용어 사용은 대학의 학문 분야에만 한정되는 것이 아니다. 예컨대 조너선 컬러(Jonathan Culler)는 코넬 대학교 주차 관리부서가 최근 '주차의 수월성'으로 상을 받았다고 나에게 알려주었다. 이 말이 뜻하는 바는 그들이 자동차의 출입 제한에서 뛰어난 수준의 효율성을 획득했다는 것이었다. 그가 지적한 것처럼 오히려 교수진의 주차 공간을 늘려 생활의 편의를 도모하는 것도 수월성이라고 할 수 있다. 여기서 쟁점은 두 방안 중 무엇이 나은가 하는 문제가 아니라, 수월성이 그 자체로는 내용이 없기 때문에 '주차의 수월성'이 무엇이냐를 두고 갈라지는 두 입장 모두에 공히 가치 규준으로 잘 기능할 수 있다는 사실이다. (걷는 데 소모되는 시간을 줄여 직원 효율을 높이기 위해서) 캠퍼스에 들어오는 차량의 수를 늘리는 문제든 (환경을 위해서) 차량의 수를 줄이는 문제든 아무 상관이 없다. 주차 직원들의 노력은 두 경우 모두 수월성이라는 관점에서 기술될 수 있다.[8] 수월성은 지시대상이 없기 때문에 오히려 근본적으로 다른 용어들 사이의 번역을 가능하게 하는 원리로 작용할 수 있게 된다. 즉 주차 서비스와 연구 기금은 각기 수월할 수 있는데, 이 것들의 수월성은 무슨 특정한 성질이나 효과를 공유하고 있어서 얻어지는 것은 아니다.

《매클린스》기사에서 일어나는 일도 분명 바로 이것인데, 수월성이 순위 평가에서 공통 통화가 되는 것이다. 학생 구성, 강좌 규모, 재정, 도서관 장서 규모처럼 다양한 범주들이 모두 수월성이라는 단일한 저울에 동시에 올라간다. 그렇다고 순위 평가가 맹목적이거나 앞뒤 가리지 않는 식은 아니다. 학문 공동체에서도 자랑 삼을 수 있을 만한 꼼꼼함을 선보이면서 이 잡지는 어떻게 순위를 산정했는지 설명하는 데 두 쪽을 온전히 할애한다. 가령, 학생 구성은 진입 시 평점(높을수록 좋음), 수학 중 평균 평점(높을수록 좋음), '타 지역 출신' 학생의 수(많을수록 좋음), 표준 기한 내 졸업률(표준화되는 것이 좋음)에 따라서 측정된다. 강좌 규모와 질은 학생 대비 교수 비율(낮아야 함), 시간강사 및 대학원생 강의조교(TA) 대비 영년직 교수(tenure) 비율(높아야 함)에 따라서 측정된다. 교수진은 박사학위 소지자 수, 수상자 수, 연방 연구비 수주의 수와 양에 따라 평가되며, 이 모두가 훌륭함의 표지로 간주된다. '재정' 범주는 현재의 지출과 학생 서비스, 장학금을 위해 쓸 수 있는 실행 예산의 규모에 따라 대학의 재정 건전성을 판단한다. 도서관 장서 규모는 학생 일인당 도서 수와 도서관에 투입되는 대학 예산 비율 및 새 책 구입에 충당되는 도서관 비율에 따라 분석된다. 마지막 범주인 '평판도'는 대학에 기부하는 동문 수와 "캐나다 전역의 대학 운영진이나 보직자들 및 주요 기업체의 CEO들의 설문조사" 결과를 결합한다. 최종 결과는 '수월성 척도'로서, 학생 부분 20퍼센트, 강좌 규모 18퍼센트, 교수진 20퍼센트, 재정 10퍼센트, 도서관 12퍼센트, '평판도' 20퍼센트의 비율로 수치들을 합산하여 산정된다.

이 같은 평가 방식에는 여러 가지 의문점들이 있다는 것이 명백하다. 무엇보다 먼저 눈에 띄는 것은 각 요소의 가중치가 자의적이라는 점과 질에 대한 이러한 양적 지표가 미심쩍다는 점이다. 각 범주에 부여된 상대적 비중에 의문을 제기함과 아울러 우리는 교육의 '질'을 구성하는 것이 무엇인지 수많은 근본적인 질문을 던질 수 있다. 평점이 학생의 성취도를 측정하는 유일한 척도인가? 효율성을 우선시하면서 졸업을 '제때' 하는 것이 좋은 일이라고 자동적으로 상정하는 이유는 무엇인가? '교육받은' 사람이 되는 데 얼마의 시간이 드는가? 이 조사는 최상의 선생은 최고 학위를 소지하고 가장 많은 연구비를 따오는 자, 즉 기존 체제를 가장 충실히 복제하는 그런 선생이라고 상정한다. 그러나 그런 것이 과연 좋은 교수의 요건인가? 최상의 대학이 꼭 가장 부유한 대학인가? 지식이 저장된 곳으로 도서관에 초점을 맞추는데, 거기 함축된 지식과의 관계는 무엇인가? 도서관 장서의 중요성에 대한 최상의 척도가 양인가? 지식은 창고로부터 단지 복제되는가 아니면 교육을 통해 산출되는 무엇인가? 왜 대학 총장 및 보직자들과 주요 기업체의 CEO들이 '평판도'를 결정하는 최상의 판관이 되어야 하는가? 이들에게는 어떤 공통성이 있으며, 오히려 이렇게 양립 가능하다는 점이 걱정스러운 일은 아닌가? '평판도' 범주는 편견을 가치 지표의 수준으로 격상시키는 것은 아닌가? 개별 응답자 선정은 어떻게 이루어졌나? 평판도를 확정하기 위해 만든 순위 평가에 왜 '평판도 조사'가 포함되는가?

이상의 질문들 대다수는 그 성격상 인식적 확실성을 담보하거나 결정적 답변을 내놓기가 불가능하다는 점에서 철학적이라고 할 수 있다. 이런 질문들은 또 다른 논쟁으로 이어질 수밖에 없는데, 바로 계량화의 논리와 근본적으로 충돌하기 때문이다. 사용된 범주들(그리고 범주들의 결정 방식)에 대한 비판이 《유에스 뉴스 앤 월드 리포트》의 유사한 조사에 제기된 것처럼, 《매클린스》도 사실상 그런 비판을 받아왔다. 《매클린스》가 '사실에 다가가려는 투쟁'이라는 제목의 세 쪽짜리 분량의 기사를 추가한 것도 아마 이 때문일 것이다. 이 기사는 진실을 숨기려는 일부 대학들의 시도에도 불구하고 진실을 찾아나가는 기자들의 영웅적 투쟁이 묘사되어 있다. 이 기사는 또한 많은 대학들이 제기한 유보, 가령 "대학들이 지닌 많은 개별적 강점들이 《매클린스》의 순위 평가에 반영되지 않았다"는 매니토바 주 브랜던 대학교 총장의 불만도 상세히 다룬다(46). 이 총장

역시 구체적인 기준들에 이의를 제기할 뿐, 수월성 논리나 이 논리로 허용되는 순위 평가 자체에는 이의를 제기하지 않는다. 그리고 이 기사의 필자들이 "이 논쟁은 책무성에 대한 뿌리 깊은 불안의 실상을 불현듯 드러낸다"고 언급할 때, 그들은 회계의 논리에 대한 비판은 언급하지 않는다. 그러기는커녕, 이런 수행 지표들에 의문을 제기하는 것은 무엇이든 공적 책무성에 대한 저항으로, "대학의 수행도를 확정하는 분명한 척도"를 요구하는 현대 자본주의의 논리에 따라 추궁받기를 거부하는 행태로 치부한다(48).

상황이 이렇다면, 평가기준들에 의문을 제기하는 것도 필요하지만, 대학들이 회계 논리에 순응하는 일반적 현상에 대해서도 짚고 넘어가야 마땅하다. 대학과《매클린스》는 말하자면 동일한 언어, 즉 수월성의 언어로 말하는 것처럼 보인다. 그렇지만 '동일한 언어로 말하는 것'이 무엇을 의미하느냐는 물음은 캐나다에서는 특히 까다로운 물음이 된다. 이 조사는 두 가지 언어를 사용하는 나라, 대학에 따라 문자 그대로 다른 언어로 말하는 그런 나라에서 진행되고 있다. 그리고 평가기준들이 영어권 대학들에 심하게 편향되어 있다는 사실 뒤에는, 모든 대학을 평가할 수 있는 단일한 **표준**, 수월성이라는 척도가 있다는 근본적인 전제가 숨어 있다. 그리고 바로 이 수월성이야말로 재정이나 학생 구성처럼 완전히 이질적인 특성들을 단일한 저울에 올려놓고 합산하는 일을 가능케 한다. 수월성이 얼마나 유연한 개념인지는 그것이 사실상 평판을 결정하는 순위 평가에서 평판도 자체를 한 가지 범주로 포함할 수 있게 만든다는 점에서도 알 수 있다. 평판도 측정에 평판도를 20퍼센트로 반영하는 이런 대체환유(metalepsis: 부분의 이름으로 전체의 이름을 대체하는 수사법―옮긴이)는 수월성의 지극한 유연성 덕분에 가능해지는 것이다. 수월성은 범주 오류(category mistake)가 과학적 객관성인 양 행세하도록 허용한다.

무엇보다도 수월성은 폐쇄된 영역 내부에서 통화 단위 구실을 한다. 이 조사는 지시대상과 관련된 모든 쟁점들, 즉 대학에서 수월성이란 **실제로** 무엇이며, 이 용어가 **의미하는** 것은 과연 무엇인지에 대한 일체의 질문들을 선험적으로 배제하게 만든다. 수월성은, 그리고 이 조사는 이 점에서 아주 분명한데, 즉, **완전히 폐쇄된 체계**에 속하는 요소들 사이에서 상대적 순위를 매기는 수단이다. "대학들에게 이 조사는 각기 나름의 전망을 분명히 할 기회―그리고 다른 대학들에 견주어 스스로를 측정할 기회를 제공한다."(40) 분명 수월성은 순전히 내적인 가치 단위로서, 지시성이나 기능의 모든 물음들을 효과적으로 괄호 치고 그리하여 내부 시장을 만들어낸다. 결국 대학의 문제는 단지 상대적인 '비용 대비 가치(VFM)'의 문제이고, 사고하기를 원하는 인간이 아니라 완전한 **소비자**로 규정된 학생에게 제기하는 문제다. ['사고한다(think)'는 것이 무엇을 의미하는지는 뒤에서 다시 다룰 것이다.]

온 세상을 앞에 두고 선택을 하려고 카탈로그들을 훑어보는 학생의 이미지는 그야말로 광범하게 퍼져 있으나 주목을 받은 경우는 별로 없었다. 학생들이 선택할 기회를 가지지 말아야 한다는 뜻으로 읽히는 것은 원하지 않지만, 이 이미지에 함축된 전제들에 대해서는 생각해볼 가치가 있다고 생각한다. 분명한 것은 그것이 지불 능력을 전제한다는 점이다. 고등교육의 접근성 문제는 고려에서 일단 배제된다. 고등교육은 그저 또 하나의 내구성 소비재로 간주되고, 따라서 구입 능력 혹은 비용 대비 가치가 개인의 선택에 영향을 미치는 여러 범주 중 하나가 된다. 무슨 차를 살 것인지에 대한 잡지들의 소비자 보고서를 생각해보라. 가격은 그중 하나의 요소이며, 순위 평가의 이질적 범주들을 단 하나의 '수월성 지수'로 통합하는 효과는 명백해진다. 저 대학이 아니라 이 대학을 선택하는 일은 어떤 특정 연도나 시기에 '링컨 콘티넨털'과 '혼다 시빅'의 손익을 견주어보는 일과 그리 다르지 않은 것처럼 된다.

《유에스 뉴스 앤 월드 리포트》1994년 10월 3일자에서는 자동차 산업과 대학 사이의 이 잠재적 평행 관계를 이용하기까지 했다.[9] '대학에 돈을 지불하는 법'이라는 직선적인 제목을 단 기사에 이어서, "스티커 가격(공지된 등록금)"을 "할인가 등록금(장학금과 보조금을 감안한 실제 등록금)"과 비교하면서 "최고 효율의 학교들"과 "가격 대비 최고 대학들"을 등급화하는 일련의 도표들을 실었다. 학생과 학부모 소비자들한테 이 기사는 차를 ─특히 미국 자동차 산업이 고객을 잡으려고 각축하는 시기에─ 살 때도 마찬가지지만, 처음 고시된 가격을 다 지불할 필요가 없다고 충고한다.《유에스 뉴스 앤 월드 리포트》는 독자들에게 대학 교육에도 유사한 숨은 할인이 있으며, 그리고 ─이제 모든 소득 계층을 아우르는(소비자주의의 논리에 영향을 받는 계층은 더 이상 '덜 유복한 계층'만이 아니다) ─ 현명한 소비자라면 비용 대비 가치에 관심을 기울여야 한다고 충고한다. 갤런당 마일로 계산하든 학생당 학교 재정 지출로 계산하든, 연료 효율이

수월성을 측정하는 데 점점 더 중요한 관심사로 떠오르고 있다.[10]

우리가 이런 전망을 아무리 무섭게 받아들이든 혹은 우리 중 더러는 고등교육에서만큼은 소비자주의 논리에 저항할 수 있다고 아무리 생각하든, 모든 사람이 여전히 수월성에 찬성하는 것 같다.[11] 그것은 단순히 외적 평가의 기준으로만이 아니라, 대학이 스스로를 스스로에게 설명하고 대학이 근대의 지적 자율성을 보장해준다고 상정되는 자의식을 획득하는 일에 가치 단위로 기능한다. 이러한 판국에, 누가 수월성에 반대할 수 있겠는가? 그래서 예컨대 몬트리올 대학교 대학원은 다음과 같이 스스로를 기술한다.

> 1972년 설립된 대학원은 석박사 과정 수준에서 수월성의 기준들을 유지 증진하고, 교육을 조직화하고 대학원 학위 프로그램들을 표준화[프랑스어 표현은 '정상화(normalization)']하고, 대학원 학과들과 연계하여 연구의 발전과 조직화를 촉진하며, 학제적 또는 다학문적 프로그램 창설을 후원하는 임무를 부여받아왔다.[12]

여기서 수월성이 '통합 및 표준화'와 '학제 연구'에 대한 호소와 교차되고 있음에 주목하라. '정상화'라는 프랑스어는 '표준화'에서 관건이 되는 것이 무엇인지 잘 전달해준다. 특히 미셸 푸코의 작업에 친숙한 사람들에게는 그렇다. 대학, 보건 시설, 국제 조직들이 모두 기업체를 닮았는데, 기업체가 이들을 닮는다는 것이 놀라운가? 푸코의 《감시와 처벌》은 18~19세기 국가권력 기제들의 재구성, 특히 범죄자들을 고문과 처형에 의해서 본보기식으로 처벌하

는 대신 감시 및 정상화를 중심으로 재구성된 사법 체계를 추적한
다. 죄수들은 파괴되기보다 치료되지만, 이 겉보기의 해방은 위반
의 여지를 일체 남겨두지 않는다는 점에서 더 끔찍한 지배 양식이
기도 한 것이다. 범죄는 더 이상 자유의 행사, 사회가 감당하지 못하
고 추방해야 하는 잔여가 아니다. 오히려 범죄는 치유되어야 하는,
사회적 규범으로부터의 병적 일탈로 간주된다. 푸코의 '파놉티시즘
(Panopticism, 중앙 감시 체계)' 장은 울림이 큰 수사적 질문들로 끝난다.

> 개인들을 '관찰' 아래 두는 것은 규율적 방법과 심문 절차를 겸비한
> 사법제도의 자연스런 연장이다. 규칙적인 일지, 강제 노역, 감시와
> 등록 당국, 판사의 기능을 계승하고 증식하는 정상성의 전문가들
> 을 갖춘 감방형 감옥이 현대의 징벌 도구가 되었다는 것이 놀라운
> 가? 공장, 학교, 병영, 병원이 모두 감옥을 닮았는데, 감옥이 이들
> 과 닮은 것이 놀라운가?[13]

　시각적 관찰을 허용하기보다는 철저한 회계를 허용하는 식으
로 기능하는 수월성 개념은 대학을 이와 유사한 관료 제도의 망 속
에 묶어둔다. '수월성'은 다시 말해 대학이 오로지 기업 운영 구조라
는 맥락에서만 스스로를 이해하게끔 기능한다. 그리하여 앞서 1장
에서 짤막하게 언급한 것처럼, 알폰소 보레로 카발은 《오늘날 제도
로서의 대학》이라는 유네스코 보고서를 쓰면서 대학에 대한 구상
을 의식적으로 행정의 맥락에서 구성한다. "1부 '서론'은 내적인 제
도적 조직과 외적 혹은 외부 지향적 서비스 개념의 면에서 행정 문

제를 다룬다. …… 2부는 행정의 첫 번째 의미, 즉 대학의 조직화와 내적 기능을 다룬다. …… 3부는 행정의 외부적 의미, 즉 사회에 대한 봉사를 다룬다."14 일차적으로 행정적인 이 접근은 대학이 "국제 무대의 일부가 될" 필요에 따른 것이라고 분명히 명시된다(19). 지구화는 보레로 카발이 '발전'의 필요와 직접 연관짓는 지식 시장의 통합을 가능케 하기 위해서 "행정에 더 큰 관심을 기울일" 것을 요구한다. 마르코 안토니오 로드리게스 디아스(Marco Antonio Rodrigues Dias)가 그의 서문에서 언급하다시피, 냉전 종식과 더불어 "세계의 중심 문제는 '저개발'이 되었다".(xv) 이 말의 실제 의미는 지구적 토론을 수행해나갈 언어는 문화적 갈등의 언어가 아니라 경제적 경영의 언어라는 것이다. 그리고 지구상의 대학들에 대한 보레로 카발의 분석을 구축하는 것도 경제적 경영의 언어다. 그리하여 예컨대 그는 이렇게 주장한다. "입안, 실행, 평가: 책임 있는 개인과 기관의 자연스러운 행동. 이것들이 행정 과정의 사이클을 완성하는 세 가지 중요한 단계를 구성한다. 논리적 순서에서는 입안이 실행과 평가에 앞서지만, 모든 입안은 평가에서부터 시작해야 한다."(192)

기업 경영의 일련의 과정들이 '책임 있는 사람들'의 '자연스러운 행동'이라는 생각은 우리 가운데 일부에게는 놀랍게 여겨질 수도 있다. 이것은 도대체 무슨 종류의 '책임'인가? 가령 아이에 대한 부모의 책임은 분명 아닐 것이다. 여기서 중요한 유일한 책임이란 큰 기업체를 위해 경영 회계를 제공할 책임, 보레로 카발이 계획이라는 말의 의미를 구체화하기 시작할 때 더욱 분명해지는 그런 것이다. "즉 '전략적 입안' …… '목표에 따른 행정' …… 그리고 '종합 품질' 체계가 자주 논의되니, 18세기 말까지는 공식화되지 않았지만 인류만큼 오래된 이 계획 수단들을 채택하는 것은 자연스럽다.” (197)

다시 한 번 “자연스러움”을 끌어들이고 있다. 보레로 카발은 사냥-채집 시기의 인간들이 사실상 종합 품질 관리를 고민했다고 주장하기 위해 많은 권위 있는 필자들을 인용하는데, 이런 주장은 카를 마르크스(Karl Marx)가 데이비드 리카도(David Ricardo)에게 가한 멋진 조소 중 하나를 생각나게 한다.

리카도조차 나름의 로빈슨 크루소 이야기를 갖고 있다. 리카도는 그의 원시 어부와 원시 사냥꾼을 이 교환가치들로 구현되는 노동 시간의 비율에 따라 물고기와 사냥물을 곧장 교환하는 상품 소유자로 만든다. 이 경우 그는 원시 어부와 사냥꾼이 1817년 런던 주식거래소에서 사용하는 연금표에 따라 그들이 가진 기구들의 가치를 계산하게 하는 시대착오에 빠져든다.[15]

보레로 카발이 시대착오에 의존하게 된 것은 물론 기업 경영의 배타적 규칙을 대학의 이전 역할과 단절되지 않은 것처럼 보이게 만들려는 욕망의 소산이다. 그는 경제적 기준들과 문화적 발전이 상충한다는 것을 인정하면서도, 그 사실은 그냥 지적하는 데 그치고 대기업체와의 유비를 통해 대학 행정 경영의 개요들을 더 제시하는 데로 넘어가 버린다. 그리하여 그는 자신이 “대학과 노동 세계”의 관계에 대한 분석에서 “문화라는 완전히 필수적인 요소”를 생략했음을 인정하며 이렇게 말한다. "그 결과 경제적 기준들이 인간과 국가들의 문화적 발전보다 우선시된다는 느낌을 종종 가지게 된다. 이는 전문적 노동을 양적 목적들로 환원하는 것이다. 즉 교수라는 전문 직분이 '인간과 국가의 문화적·도덕적 고양(Garcia Corrido, 1992)'으로 간주되지 않고, 필요하나 충분치는 않은 것, 즉 유형의 결과물과 일인당 소득으로 환원된다."(161)

엄밀하게 경제적인 근거와 전통적인 문화적 사명 사이의 갈등을 인정하고 나서 보레로 카발은 대학의 기능에 대해 손익의 관점에서 엄밀히 경제적인 설명을 제시한다. 우리가 문화를 잊어서는 안 된다는 지적을 간간이 하기는 하지만, 그는 그것을 어디에 끼워 넣어야 할지 자신이 없는 것처럼 보인다. 그리하여, 놀라운 일도 아니지만, 그에게는 수월성을 거명하는 편이 더 편하다. 그는 유네스코 총재의 말을 긍정적으로 인용한다. "페데리코 메이어[Federico Mayor(1991)]는 다음과 같은 전제 조건을 제시한다. 연구, 교수, 준비, 학습의 영역에 토대를 둔 수월성의 목표가 없이 교육의 질을 보장하기란 불가능하다. …… 수월성의 추구는 그 영역의 적합성을 재확인해주고 그것을 질과 밀접하게 연관 짓는다."(212) 수월성이라는 목표는 연구, 교수, 준비, 학습 등 대학의 모든 활동을 통합하는 역할을 한다. (물론 행정을 추가해야 '모든 활동'이 되겠고, 실제로 보레로 카발이 구체적으로 추천하는 얼마 안 되는 것 중 하나도 대학 행정을 하나의 연구 프로그램으로 삼아야 한다는 것이다.) 눈에 띄는 점은 보레로 카발이 이것들이 대학에서 '기관의 질'이 과연 무엇인지 이해하기 위한 '전제 조건'이라고 주장한다는 사실이다. 늘 그렇듯이 여기서도 수월성은 정확하게는 아무것도 말하지 않기 위해 거명된다. 그것은 질과 적합성이 대체 무엇인지, 적합한 혹은 좋은 대학을 판정하는 판관들은 실제로 누구이며 무슨 근거로 그들이 그런 판관이 되었는지 하는 물음에 관심을 갖지 못하게 만든다.

대학에 대해 보레로 카발이 제안하는 것은 "질, 수월성, 효율성, 적합성"(212)을 판단할 수 있게 해주는 "수행 지표들"에 따른 끊임없는 자체 평가의 과정이다. 이 모든 항목들은 그도 인정하듯 "경제학 용어에서 따온"(213) 것이며, 대학의 자체 평가를 내적으로나 외적으로나 회계의 문제로 만들어준다. 한마디로 보레로 카발에게 책무성(accountability)이란 엄밀하게는 회계(accounting)의 문제다. "종합하자면 책무성 개념이 대학의 어휘의 일부로 받아들여진다면, 이는 대학이 스스로에게 그 역할, 사명, 기능 들을 정산할(해명할), 그리고 사회에 대해 어떻게 그것들이 효율적 서비스로 번역되는가를 정산할(해명할) 능력을 갖추는 것과 마찬가지다."(213) 이 구절에서 '번역'이라는 말의 사용을 주목하라. 비록 '회계/정산'이 단지 돈의 문제만은 아니라는 의미에서 부기(簿記) 이상의 것일지는 모르나, 번역의 원리로 작동하는 것은 바로 손익 원리인 것이다. 손익 분석은 대학의 내부적 부기뿐만이 아니라 대학으로서의 수행성(목적 성취라는 면에서)과 대학 일반과의 사회적 결속의 뼈대를 이룬다. 대학의 사회적 책임, 사회에 대한 대학의 책무성은 단지 등록금의 대가로 제공하는 서비스의 문제일 뿐이다. '대학의 어휘'에서 책무성은 회계와 동의어다.

이런 맥락에서 수월성은 정보의 생산과 과정에서의 기술공학적 자본주의의 필요에 매우 훌륭하게 부응한다. 모든 활동들이 일반화된 하나의 시장으로 점점 더 통합될 수 있도록 하는 한편, 국지적 차원에서는 상당한 유연성과 혁신을 허용한다는 의미에서 그렇다. 수월성은 이처럼 '다양성(대학 안내서의 또 다른 좌우명)'이 체제의 통일성을 위협하지 않으면서 용인되게 만드는 통합 원리다.

요지는 수월성이 무엇인지는 아무도 모르지만 그것이 무엇인지 모두 저마다 나름의 상(像)을 갖고 있다는 것이다. 그리고 수월성이 조직 원리로 일반적으로 받아들여지고 나면, 서로 다른 정의들을 놓고 논쟁할 필요가 없어진다. 모두가 자기 나름으로 수월하고, 행정 과정에 개입하기보다는 홀로 수월성을 지키는 편이 모두에게 더 유리한 것이다. 여기에는 현대 자본주의에서의 정치적 주체의 조건과 명백한 유사성이 있다. 수월성은 단 하나의 경계만 긋는다. 즉 관료 체제의 제한 없는 권력을 지켜주는 경계다. 그리고 어떤 특정 학과 특유의 수월성이 체제에 부응하는 것이 못 된다면 그 학과를 제거해버려도 체제에는 별다른 위험이 없다. 예를 들자면 이것이 많은 고전 학과들의 운명이었고 철학에도 일어나기 시작하고 있다.

고전이 쇠퇴한 데에는 물론 복잡한 이유가 있지만, 대체로는 고전 연구가 전통적으로 문화 주체를 상정한다는 사실과 관계가 있어 보인다. 이 주체가 고대 그리스인들을 19세기 독일과 연결해주고, 국민국가를 고대 폴리스라는 투명한 소통의 공동체의 근대적·합리적 재구성으로 정당화해준다. 투명한 소통이라는 이 허구는 고대 그리스가 순백의 세계(눈부신 대리석 건물, 조각상, 사람들), 순수하고 투명한 기원이었다는 19세기 역사가들의 그릇된 가정에서 명백하게 드러난다. 이 주체의 이데올로기적 역할이 더 이상 적실하지 않다는 사실 자체가 국민국가의 규정적 이념으로서의 문화의 쇠퇴를 말해주는 일차적 징후다. 따라서 고전 텍스트들은 계속 읽힐 테지만, 이 목적(페리클레스와 비스마르크가 동일한 종류의 인간임을 입증할 필요)을 위한 고전학과를 만들어낸 가정들은 더 이상 유효하지 않고, 따라서 고대 그리스인을 이상적인 이튼 학교 학생들이나 젊은 미국인들의 선례처럼 만들려는 방대한 제도적 장치를 사용할 필요도 더 이상 없어진다.[16]

학문 분야에서 일어난 이러한 변화는 대학과 국가의 관계가 항상 애매했던 미국에서 가장 역력하다. 이는 미국 시민사회가 단일한 민족적 종족성의 토대가 아니라 약속이나 계약의 비유에 의해 구성되어 있기 때문이다. 앞으로 살펴보겠지만, 피히테의 대학 기획이 민족의 숨은 성격을 민족국가의 형태로 드러냄으로써 민족(Volk)의 본질을 실현하고자 하는 데 비해, 미국 대학은—존스 홉킨스 대학교 창립식에서 한 연설을 마무리하며 T. H. 헉슬리(Thomas Henry Huxley: 스코틀랜드 출신의 영국 생물학자로 다윈의 학설의 옹호자—옮긴이)가 펼친 상상에서처럼—합리적 시민사회의 약속을 이행하고자 한다. 헉슬리는 미국 사회와 미국 대학의 특수성을 과거와 미래, 본질과 약속 사이의 기나긴 대립이라고 설명하는데, 그가 독립선언 100주년 시점에도 미국을 아직 실현해야 할 약속으로 거론할 수 있었던 이유를 정확히 파악하기 위해서는 이 부분을 조금 길게 인용할 필요가 있다.

저는 미국인들이 유구한 역사를 지닌 우리나라의 매력에 대해서 말하는 소리를 끊임없이 듣습니다. ……그러나 기대에도 회고에 못지않은 매력이 있습니다. 처음으로 여러분들의 해안에 발을 디딘 영국인이라면, 수백 마일씩 이어지는 잘 정돈된 거대한 도시들을 여행하며, 온갖 상품에서 실제로 엄청난, 그리고 거의 무한한 잠재력을 지닌 부를 보고 또 부를 활용하는 활력과 능력을 보면서, 미래의 전망에 무언가 숭고한 것이 있다고 느끼게 될 것입니다. 제가 흔히 국가적 자긍심이라고 하는 것에 영합한다고 생각하지는 마십시오. …… 크기가 장엄함은 아니며 영토가 나라를 만들지도 않습니다. 진정한 숭고성과 엄습하는 운명의 공포가 걸려 있는 중대한 문제는 바로 이것입니다. 여러분이 이 모든 것들로 무엇을 하려고 하는가? 이 모든 것들이 수단이라 할 때 그 목적은 무엇이 될 것인가? 여러분은 세계가 여태껏 보지 못한 정치의 새로운 실험을 가장 거대한 규모로 수행하고 있습니다.[17]

애버딘 대학교의 학장이었던 헉슬리 자신도 19세기 후반에 스코틀랜드의 대학 발전에 중요한 역할을 하였는데, 스코틀랜드의 대학은 자연과학과 의학 분야에 개방적이며 영국 국교회에 통제되지 않는다는 점에서 옥스브리지(Oxbridge: 옥스퍼드 대학교와 케임브리지 대학교를 함께 가리키는 말—옮긴이) 모델에서 독립하였다. 이 두 가지 특성이 스코틀랜드의 대학을 조금 더 명백히 '근대적' 대학으로 만드는데, 즉 미국 모델에 더 가깝게 만드는 것이다.[18] 그리고 헉슬리의 연설은 존스 홉킨스 대학교의 근대성을 규정할 핵심적 특성을 짚어내는바, 하나의 나라로서 미국이 아무런 내재적인 문화적 내용을 가지고 있지 않다는 사실이다. 다시 말해 미국 국가의 이념은 헉슬리에게는 하나의 약속, 하나의 과학적 실험으로 이해된다. 그리고 미국 대학의 역할은 그 문화의 내용을 드러내는 것이 아니라 한 국가적 의미를 실현하는 것, 즉 국가적 약속, 계약을 이행하는 것이다.[19] 뒤에서 더 설명하겠지만, 이 약속의 구조가 정전 논쟁을 특히 미국적인 현상으로 만든다. 문화적 내용의 수립은 어떤 내재적인 문화적 본질의 실현이 아니라, 공화적 의지의 행사, 즉 계약에 의한 전통의 선택이라는 역설적 행위이기 때문이다. 그래서 유럽의 문화 개념의 형식은 미국의 인문학에서 유지되지만, 그 문화적 형식에는 아무런 내재된 내용도 없다. 정전의 내용은 역사적 전통의 연속성보다 사회계약의 순간에 토대를 두고 있고, 따라서 언제나 수정될 수 있다.

이러한 사회계약적 전망이 하버드 대학교로 하여금 자진해서 '국가에 대한 봉사'에 나서게 만들고 뉴욕 대학교로 하여금 '공익에 봉사하는 사립대학'을 자임하게 만든다. 이런 봉사가 무엇을 뜻하는지는 단일한 하나의 문화적 중심에 의해 단독적으로 결정되지 않는다. 미국에서 국가(민족) 개념은 진작부터 늘 하나의 추상으로, 전통보다 약속에 기초한다. 수월성은 따라서 미국에서 가장 쉽게 자리잡을 수 있다. '문화'보다 수월성은 약속의 미래성에 더 열려 있고, 로널드 주디가 지적하다시피 문화적 내용의 문제는 19세기 말 미국 대학에서 이미 괄호 안에 들어가 버렸다. 오늘날 수월성의 부상은 따라서 한 국민국가의 시민인 공화적 인민의 자기실현 양식인바 문화의 형식에 호소하는, 이미 흔적만 남은 방식을 포기하는 것으로 이해할 수 있다. 즉 계약에 따른 결속까지 포함한 사회적 결속의 모델이라는 대학의 역할을 포기하고 자율적인 관료적 기업의 구조를 선택하는 것이다.

'미국화'의 한 종류로서 '지구화'의 위상에 대해 앞서 했던 지적도 같은 맥락에서 이해할 수 있겠다. 지구적 '미국화'는 오늘날 (냉전 시기, 한국, 베트남과 달리) 미국의 국가적 지배를 뜻하기보다, 미국 국가 이념의 내용 없음을 지구적으로 실현하는 것, 즉 현금 관계와 수월성의 텅 빔을 공유하는 것이다. 미국학 프로그램들에서는 '미국성 (Americanness)'을 추출하고 규정하기 위해 엄청난 에너지를 쏟아부었지만, 이러한 노력들은 미국인이라는 것이 어떤 의미에서는 아무것도 의미하지 않는다는, '미국 문화'가 갈수록 구조적 형용모순이 되고 있다는 근원적 불안을 감추려는 시도 이상의 아무것도 아니라고 읽힐 수도 있다. 나는 펜실베이니아 대학교처럼 미국 문화의 이념에 중추적 역할을 해온 명망 있는 기관이 최근 미국학 프로그램을 폐지하기로 결정한 이런 흐름이 의미심장하다고 본다. 미국의 대학들이 민족문화에 의지한 정당화의 장식들을 가장 신속히 폐기했다는 사실은, 교회와 국가의 분리로 표현되듯 상징적 삶에 국가가 개입하는 데 대한 경계심이 특징인 나라라는 점을 감안하면 그다지 놀라운 일이 아니다.

그렇지만 미국만이 이런 움직임을 보이는 것은 절대 아니다. '수행 지표'로 전환한 영국 또한 북아메리카 대학에서 문화에 대한 호소를 대체하고 있는 수월성 담론의 길로 한 걸음 들어섰다고 보아야겠다.[20] 물론 수행 지표는 수월성의 한 척도, 즉 영국의 모든 대학들의 모든 학과를 1점에서 5점까지의 척도에 올려놓고 점수를 매길 수 있다고 하는, 새로 고안된 기준이다. 이 점수 평가는 특정 학과에 배당되는 중앙정부의 보조금 규모를 정하는 데 사용될 수 있다. 이것은 대학계에 시장 경쟁을 도입하기 위해 고안된 과정이니만큼 성공에는 투자가 따르며, 따라서 정부는 감지된 질의 편차를 줄이기보다 강화하는 쪽으로 개입한다. 그리하여 높은 점수를 기록한 대학 학과들에 더 많은 돈이 주어지고, 점수가 나쁜 학과들은 발전되는 대신 현금 부족에 시달리게 된다. (마거릿 대처 정권 아래서 물론 이것은 이런 학과들이 자력으로 일어서게 독려하는 것으로 이해되었다.) 장기적 추세는 높은 수행성을 보인 중심부에 자원을 집중할 수 있게 하고 '상대적으로 약하다'고 파악된 학과들과 어쩌면 대학들까지도 사라지게 만드는 것이다.

그리하여 예컨대 옥스퍼드 대학교는 '인문학 연구 센터'를 구축할 계획을 세우는 쪽으로 방향을 잡았다. 영국에서는 전통적으로 연구 (research) 프로젝트라는 개념을 수상쩍게 여기며 그것을 인문학에 적용할 생각은 독일인과 미국인이나 할 법하다고 여겨왔음에도 불구하고 말이다. 일찍이 벤저민 조윗(Benjamin Jowett, 1817~1893: 영국의 고전학자, 교육자로 옥스퍼드 대학교 베일리얼 칼리지 학장을 역임했다—옮긴이)은 연구에 대해서 "우리 대학에는 그런 것은 없을 것이다"라고 말한 것으로 전해진다. 이런 변화들을 보수파들은 "시장 원리에 노정"시키는 조치로 환영하지만, 실제로 벌어지고 있는 일은 연구 기금에 대한 정부의 배타적인 통제를 상정하는 허구적 시장이 지극히 인위적으로 창출되는 사태다. 그렇지만 특정 형태의 자본주의 시장을 모방하는 이 과정의 인위성은 가상의 통일된 회계 메커니즘이 반드시 선행되어야 한다는 점을 부각해준다. 이는 대학 기능의 위기라는 위협의 구조적 제기와 짝을 이룬다. 그리고 그 결과는 바로 그 최상의 시기에나 작동하는 수월성의 이중 논리이다.

사실상 대학의 위기는 1993년 이탈리아 학생운동이나 프랑스의 거듭된 '현대화' 시도들에서 분명히 엿보이듯 '서구'의 일반적 특징인 듯 보인다. 물론 프랑스의 1968년 사태(이에 대해서는 9장에서 논의할 예정이다)를 낳은 것은 대학 현대화를 위한 포르 법안(Faure plan: 프랑스의 정치가이자 교육개혁가 에드가르 포르가 1968년 교육부 장관으로 발의한 대학개혁 법안─옮긴이)이었다. 그렇지만 이런 현대화 시도들은 그 후로도 계속되어왔고, 클로드 알레그르가 《지식의 시대: 대학의 르네상스를 위하여》에서 최근 제시한 주장은 내가 논의해온 미국, 캐나다, 영국에서의 전개와 놀라운 유사성을 보여준다. 알레그르는 1988년부터 1992년까지 교육부 장관 리오넬 조스팽(Lionel Jospin)의 특별 자문위원으로 일했고, 근본적으로 그의 책은 변화에 대한 저항과 정체의 거점으로 간주된 프랑스 대학(동의하지 않을 사람이 거의 없을 주장인데)의 개혁을 주도하는 입론들의 보고서다. 흥미롭게도 그는 이 개혁의 움직임이 "무엇보다도 68년의 열망의 부활이 되…… 사려 깊고 조용한 부활"이라고 주장한다.[21] 정확하게 누구의 열망인지는 분명히 밝히지 않지만, 1968년이 의도한 바는 무엇보다도 개방성인 것으로 드러난다. 그리고 독자들한테도 별로 놀랍지는 않겠지만, 이 새로운 개방성이 갖는 한 쌍의 특성은 다름 아닌 통합과 수월성이다.

우리는 자신 속에 칩거하고 있는 대학을 개방하고 시(市)에 더 밀착시킴으로써 [개혁을] 추진하고자 노력했다.

대학을 시에 개방하기: 대학을 전문적 필요에 부응시키는 것이다.

대학을 지식에 개방하기: 연구를 갱신하고 수월성을 식별하려는 노력이다.

대학을 시에 통합하기: 도시 계획 핵심부의 '대학 2000'으로, 지역 집단들과의 파트너십 정책이다.

프랑스 대학을 유럽 전체와 통합하기: 이것이 유럽적 평가의 의미다.[22]

프랑스에서 대학의 내부 정책은 수월성의 강조로 해결될 것이며, 이것은 모든 지식 연관 활동들을 다시 그룹 짓고 통합하는 규준이 된다. 이는 다시 여러 기업적 관료 체제 중 하나인 대학의 더 폭넓은 통합을 가능케 하니, 하나는 시를 향해 또 하나는 유럽 공동체를 향해 통합해나간다. 시는 이제 '거리들'이 아니고, 심지어 시민적 삶의 전망(알레그르 책의 제목에서 기대함직한 르네상스적 도시국가)도 아니다. 그보다는 관리 기술 계층의 공급을 우선적으로 필요로 하는 전문적·관료적인 자본주의 기업들의 집합이다. 시는 대학에 그 상업적 표현 형식을 부여한다. 그리고 유럽 공동체는 대학에 그 정치적 표현 형식, 평가의 문제와 분명히 결부되는 그런 표현의 형식을 제공하는 실체의 표상으로서 국민국가를 대체한다. 대학은 지식에서 수월성을 산출할 것이고, 그 자체로 지구적 자본과 초국적 정치의 회로에 어렵지 않게 접속할 것이다. 이는 수월성 개념에 어떤 문화적 의미도 없기 때문이다. 예컨대, '프랑스성'이 지구 시장에서 하나의 상품이 될 때를 제외하고 '프랑스적'인 특성은 아무것도 없는 것이다. 수월성은 대학의 전근대적 전통을 시장 자본주의의 힘에 노출시킨다. 자유무역에 장애가 되는 것들은 모조리 제거된다. 이것의 흥미로운 예는 영국 정부가 폴리테크닉(Polytechnic: 과학기술전문학교)들이 대학교(University)로 개명할 수 있도록 허용한 것이다. 옥스퍼드 폴리테크닉이 옥스퍼드 브룩스 대학교가 되는 식이다. 이 고전적인 자유시장적 책략은 수월성이라는 유일한 기준이 팽창된 시장에서의 수행성이 되도록 보장해준다. 그렇다고 이것이 보수당 정권에서 자행한 **이데올로기적** 조치라고 생각하는 것은 잘못일 것이다. 이 결정의 주된 동인은 대학이나 폴리테크닉에서 이루어지는 교육 내용에 대한 관심이 아니었다. 폴리테크닉들은 실제적인 훈련을 학위와 결합하는 방향에서 기업과의 연계를 형성하려는 경향이 있고 이것이 영국 보수당의 소부르주아적인 반지성주의 기류에 기름을 붓는 것처럼 보일 수도 있지만, 버밍엄학파의 문화 연구 작업이 가장 큰 영향을 미친 곳이 다름 아닌 폴리테크닉들이었던 것도 사실이다. 그래서 폴리테크닉들을 갑작스럽게 대학교로 개명한 것은 순환과 시장 팽창의 장애물을 철폐하는 **행정적** 조치로 이해하는 것이 가장 좋다. 이는 근대 초 영국에서 규제법들을 폐지하여 섬유업의 자본화를 가능케 했던 것과 유사하다.

이런 시장 팽창의 한 형태가 학제 연구 프로그램의 발전으로, 이 것에 대해서는 급진파와 보수파가 대학 개혁에서 공통의 목소리를 내는 경우가 많다. 그렇게 되는 이유 중 하나는, 시카고학파의 사례에서 보듯, 학제성에 아무런 내재적인 정치적 지향도 없기 때문이다.[23] 또 다른 이유로는, 이런 프로그램들로 인해 증가된 유연성이 경영자들에게 종종 매력적으로 여겨지기 때문이다. 즉, 뿌리 깊은 구획 짓기의 관행, 유서 깊은 특권들, 대학 구조에 자리 잡은 봉건적 봉토 개념들을 극복하는 방법으로 간주되는 것이다. 학제 연구의 개방성이 갖는 이점은 매우 많지만—학제 연구 학과에서 일하는 사람으로서 나는 그 이점들을 특히 잘 안다—그렇다 해서 그 이점들에 개재되는 대학 제도적 이해관계를 보지 못해서는 곤란하다. 현재로서는 학제 프로그램들이 기존 분야들을 보충하는 경향이 있는데, 일군의 분야들을 대체하기 위해서 학제 프로그램들이 설치될 날도 멀지 않다.

실제로 이것이, 문화 연구가 인문학 분야들의 구질서를 역사, 예술사, 문학, 매체 연구, 사회학 등을 결합한 조금 더 일반적인 학문으로 대체하면서 주장하는 제도적인 학제성 주장에 접근할 때 신중해야 하는 이유다. 이런 말을 하면서 나는 급진적 학자들에서 꽤 흔하게 나타나는 학제 활동과 문화 연구 양자의 무조건적 수용에 대해 공감하는 시각에서 의문을 제기하는 레이 초의 의견에 동참하고 싶다.[24] 우리는 수월성의 이름으로 학제적일 수도 있는 것이다. 수월성이 기존의 학문 경계들을 보존해주는 것은 그것들이 전체 체계에 더 많은 요구를 하지 않고 체계의 성장과 통합에 아무런 장애가 되지 않는 한도에서뿐이기 때문이다.

이를 다른 식으로 설명하자면, 수월성에 대한 호소는 더 이상 대학의 이념이라는 것이 존재하지 않는다는 사실, 혹은 차라리 그 이념이 이제 모든 내용을 상실했다는 사실을 알려준다. 완전히 체계 내적인 비지시적 가치 단위로서 수월성은 기술공학이 자기반영된 모습 이상이 아니다. 체계가 요구하는 유일한 것은 활동이 이루어져야 한다는 것이며, 수월성이라는 텅 빈 개념은 정보의 문제에서 최적의 투입-산출 비율 이외의 아무것도 지시하지 않는다.[25] 이것은 우리가 대학에 익히 부여해온 것보다 덜 영웅적인 역할일 터다. 기생(寄生)이라는 문제는 해소해주지만 말이다. 증권거래소나 보험회사가 산업 생산에 소모적이지 않은 것처럼, 대학은 이제 더 이상 자원을 기생적으로 소모하는 기관이 아니다. 증권거래소처럼 대학은 자본의 자기인식의 지점, 단순히 위험이나 다양성을 관리할뿐더러 그러한 관리에서 잉여가치를 추출하는 자본의 능력이 발휘되는 지점이다. 대학의 경우 이 추출은 변별적 정보들에 대한 추정의 결과물로서 일어난다.

　이런 기능 변화가 뜻하는 바는 대학을 알튀세르(Louis Althusser)가 말하는 이데올로기 국가기구로 분석하는 것이 더 이상 적절하지 않다는 것이다. 대학은 이제 일차적으로 국민국가의 이데올로기적 무기가 아니라 자율적인 관료적 기업이다. 비중은 덜할지 몰라도 또 다른 예를 들자면, 대학은 전미농구협회(NBA)에 비교될 수 있다. 둘 다 그 체제적 작동과 외부의 영향이 어떤 외적 지시대상(referent)에 의존하지 않는 활동 영역을 관장하는 관료 체계다. 농구 경기에는 고유의 규칙이 있고 그 규칙들 덕분에 추측의 대상인 차이들이 생겨난다. 그리고 필라델피아 세븐티식서스의 승리는 팬들에게 영향을 미치고 팬들은 (응원단이자 투자자로서) 세븐티식서스의 승리에 영향을 주지만, 승리든 패배든 필라델피아 시의 본질적 의미와 직접 연계되어 있지는 않다. 승패의 결과가 무의미한 것은 아니지만, 이 결과들은 외적 지시대상과 관련해서가 아니라 농구 체계 안에서 일어난다.

대학이 이런 체계가 된다는 것은 대학이 제도적 의미를 생산해내는 방식에 대한 이해에 중요한 변화가 있다는 말이다. 뒤에 다시 다루겠지만, 실러는 '문화의 대학'을 이성적 국가에 적합한 의사(擬似) 교회로 자리 매기면서, 국가에 대해 대학은 교회가 봉건군주 혹은 절대왕정 군주에게 했던 것과 똑같은 역할을 할 것이라고 주장했다. 그렇지만 오늘날의 '수월성의 대학'은 더 폭넓은 이데올로기적 명령들과 관계없이 전적으로 자신의 이해관계에 기반하는 내적 규제를 지닌 관료 체계로 이해되어야 한다. 그리하여 증권시장은 엄밀히 국가적인 이해관계를 수호할 환율 안정성보다는 자본의 흐름에 따른 이익을 극대화하기 위해 최대의 유동성을 추구한다.

여기서 귀결되는 결론은, 대학을 좌파에서 전통적으로 생각해온 것처럼 이데올로기 국가기구가 아니라 하나의 **관료 체계**로 분석해야 한다는 것이다. 이데올로기적 기구가 아니라 자율적 체계로서, 대학은 더 이상 좌파가 자본주의 국가와는 다른 목적을 위해서 사용할 수도 있을 도구로 이해되어서는 안 된다. 구서독인들이 재통일 이후 구독일민주공화국(GDR)의 대학들을 손쉽게 식민화해온 것도 이를 통해 설명된다. 구동독의 대학들에서 호네커(Erich Honecker) 정권의 정치국원이었다고 간주되는 자들은 청산되었다. 그렇지만 재통일이 서독에 의한 동독의 정복으로 이해되지 않았음에도 불구하고, 구독일연방의 대학들에서는 이에 상응하는 청산이 일어나지 않았다. 즉 갈등은 두 이데올로기 사이의 갈등(이 경우에는 양편 모두에서 청산이 요구되었을 것이다)이 아니라 대학이 이데올로기적 통제 아래 있었던 동독과 대학이 비이데올로기적이어야 한다고 간주되던 서독 사이의 갈등으로 표출된 것이다.

물론 서구 대학들은 냉전 시기에 방대한 이데올로기적 역할을 수행했고, 구체적 사례도 얼마든지 들 수 있다. 그러나 전체적으로 볼 때 오히려 놀라운 것은 이 대체가 침묵 속에 신속히 진행된다는 점, 구동독의 지적 프로젝트를 옹호하는 반론이 더 이상 어디에서도 들리지 않는다는 사실이다. 이렇게 된 것은, 베를린 장벽의 붕괴가 곧 대학이 더 이상 일차적으로 이데올로기적인 기관이 아님을 의미하고, 요구되는 새 역할을 수행하는 데에 서독 출신의 사람들이 더 나은 입지에 있기 때문이다. 많은 경우 청산된 자리가 구서독 출신의 젊은 학자에게 넘어갔다면, 이는 그들이 일차적으로 다른 이데올로기의 대행자이기 때문이 아니라 관료적 효율성 때문이다. 젊은 구서독인들이 전임자들보다 반드시 지성이나 학식을 더 갖춘 것은 아니고, 다만 더 '깨끗'한 것이다. 다시 말해 이들은 국가의 이데올로기 대행자로 지목하기가 상대적으로 더 어렵다는 것이다. 이것은 근대 대학 즉 '문화의 대학'을 건설한 계약의 상대측 서명자인 국민국가가 쇠퇴하고 있다는 주된 징후다. 알레그르가 유럽 공동체 거론에 대해 논평하면서 이미 내가 말한 것처럼, 문화의 대학 대신 수월성의 대학이 등장한 것은 국민국가의 쇠퇴를 배경으로 해서만 이해될 수 있다.

'깨끗한 손'에 대한 요구는 독일 대학에서든 이탈리아 정치에서든, 국가기구를 갱신하려는 욕망이라고 볼 수도 있지만 내 생각으로는 국가의 역할에 대한 일반적 불신, 즉 '손을 떼라'는 요청의 산물로 이해하는 편이 낫다. 이런 욕망은 워낙 복합적이고 종종 모순적이어서, 가령 이탈리아에서 통합주의적 파시스트(이탈리아사회주의운동)와 분리주의자(북부연맹)의 연합과 같은 역설적인 결과로 귀결될 수도 있다. 특히 이 연합은 실비오 베를루스코니(Silvio Berlusconi)의 묘하게 투명한 조직인 포르차 이탈리아(Forza Italia)당의 우산 아래서 일어났는데, 이 당의 민족주의란 축구 응원구호의 환기이며, 그 통치 자격이란 꽤 수상쩍은 '사업적 성취' 부각에 기반한 것이다[포르차 이탈리아당의 이름은 베를루스코니가 구단주인 이탈리아 프로축구팀 AC밀란의 응원 구호인 '포르차(Forza: '전진'이라는 뜻)'에서 따왔다. 베를루스코니는 건축업과 미디어 산업에서 기업가로서 성공하며 이를 발판으로 정치권에 진출해 세 차례 이탈리아 총리직에 올랐다. 이후 자금 관련 추문에 시달리다 2013년에는 탈세 유죄판결로 상원 의원직에서 제명되기에 이른다―옮긴이]. 이 명백한 역설에 대해 다소 생소한 진단을 내리자면, 이 연합은 이탈리아에서 더 이상 공동체의 문제가 제기되지 않기를 바라는 사람들 사이의 연합이라는 것이다. 총통(Il Duce: 무솔리니의 칭호―옮긴이)이 돌아와 '이탈리아인이 되는 것'에 대한 답을 내려주고 폭압적으로 강요할 수도 있다고 여겨서거나(북부연맹이라면 사람들에게 '지역인이 되라'고 할 것이다), 아니면 베를루스코니가 그건 문제가 아니라고, 답은 텔레비전 화면에서 뿜어 나오는 하늘색 뿌연 섬광이나 축구선수가 입고 있는 하늘색 셔츠처럼 투명하고 명백하다고 안심시켜줄 것이라 믿는 모양이다. 베를루스코니가 제공하는 것은 (그가 이탈리아사회주의운동과 연대했기 때문에 그런 우려가 생길 수도 있으나) 갱신된 민족주의가 아니라, 공동체의 성격에 관한 모든 문제들을 괄호 치고 억압하는 위생 처리된 민족주의적 향수다.

한때 공동체의 문제는 민족주의의 맥락 속에서 그리고 민족주의에 맞서는 입장에서 공히 제기되었지만, 이제 우리한테 그 대신 주어진 것은 문제들을 옆으로 밀쳐내는, 일반화된 그러나 의미 없는 민족주의다. 즉 민족 문제는, 파시즘의 해악에 대한 것이든[이탈리아사회주의운동의 현 지도자 잔프란코 피니(Gianfranco Fini)는 총통이 아니며 그런 생각은 꿈도 꾸지 않는다] 사보이 왕가의 하늘색(사보이 왕가는 1861년부터 1946년까지 이탈리아 왕국을 지배하였으며 하늘색은 이 왕가의 상징색이다—옮긴이)에 대한 것이든, 그저 일반화된 향수의 문제로 용인된다. 그리고 정부는 국가를 사업체처럼 운영하는 일을 수행해나가는 것이다.

민족은 스스로를 스스로의 테마 파크로 치부하고, 그로써 이탈리아에서 산다는 것이 무엇을 의미하느냐 하는 문제를 해소해버린다. 즉 한때 이탈리아인이었으면 그것으로 족한 것이다. 한편 국가는 사업가들에게 위탁해야 할 대기업, 갈수록 초국적 자본의 침투에 시녀처럼 봉사하는 기업일 뿐이다. 국민국가의 정부 구조는 전 지구 민족들의 공통된 삶의 조직 중심이 더 이상 아니며 '수월성의 대학'은 오로지 자기 자신만을 섬기는, 초국가적으로 교환되는 자본의 세계에서 또 하나의 기업체다.

3장

국민국가의 쇠퇴

대학이 늘 수월성 추구에 매진하는 관료 체계였던 것은 아니다. 앞으로 살펴보겠지만 지난날 대학의 이념에는 수월성이 결여하고 있는 지시적 가치가 부여되어 있었다. 그 이유들은 국민국가와 밀접하게 결부되어 있다. 국민국가가 자본주의의 기본 단위가 되기를 멈출 때 수월성에 대한 호소가 일어나는 것이다. 그 지점에서, 국가들이 자본주의에 가장 좋은 본보기가 되기 위해 서로 경쟁하는 대신, 자본주의가 국민국가의 이념을 삼켜버린다.[1]

이 변화는 보통 지구화라고 지칭되는데 현재 대다수의 국민국가보다 더 많은 자본을 통제하는 초국적기업들의 발흥이 그것이다. 마사오 미요시(Masao Miyoshi)는 뛰어난 짤막한 검토에서 산업화된 세계에서 부르주아 자본은 "더 이상 보호와 촉진을 위해 그들의 기원인 국민국가에 전적으로 의존하지 않게" 되었다고 지적한다.[2] 이전의 다국적기업(국민국가의 경계를 가로지르기는 하나 그 본부는 여전히 특정 국가와 명백히 연결되어 있는 기업)은 그 기업이 회사에 대한 충성을 내면화하고 "그런 제휴가 자기에게 이득이 되는 한 어디에든 정착하여 자기 나라를 포함하여 어느 국가도 이용할 태세를 갖춘 채

떠돌며 이동하는"(736) 순간 초국적기업이 된다. 레슬리 스클레어(Leslie Sklair)의 분석에 기대 미요시는 지구 경제에서 100대 경제단위 가운데 50개 이상이 국민국가가 아니라 초국적기업이라고 지적한다(739~740). 예컨대 초국적 투자가인 조지 소로스는 1993년 11억 1,000달러의 소득을 신고했는데, 그래봤자 미국에서는 수익 순위 37위 회사에 불과할 뿐이지만, 적어도 42개 국가의 국내총생산(GDP)을 능가하는 소득이다. 그리고 미요시가 주장하듯이, 다문화주의 담론은 기업이 충성해야 할 대상을 어떤 한 나라의 국기(國旗)보다 기업 로고 쪽으로 돌림으로써 초국적기업에 뛰어나게 봉사한다.

미요시가 한 주장의 결론은 국민국가가 더 이상 사회적 접착제로 기능하지 않는다는 것이다. 국민국가는 공동체의 결속을 제공하기를 멈추고 이 기능에서 초국적기업에 밀려나고 있다. 지구 경제 속에서, "민족의 역사와 문화는…… 거대한 테마파크나 쇼핑몰에서 그러하듯 하나의 '보편자'의 변형에 불과한 것들"이어서, "관광이나 다른 형태의 상업주의"(747)에 전용된다. 이와 마찬가지로 문화는 지구적 자본의 흐름 내에서 한 요소로 완전히 내재화된다. 더 이상 민족 자본의 축적이 봉사하게끔 되어 있는 이념이 아닌 것이다.

미요시와 내가 갈라지는 지점은 그가 지식인과 학자 들이 이 과정에 연루되는 과정을 다룰 때다. 그는 개인이 여기에 포함되는 것을 도덕적 문제로 설정하면서, 학자들이 저항하기는커녕 "자주 비행기를 타고 세계 도처를 돌아다니는"(750) 데 신이 난 것 같다고 지적한다. 나는 개인적 의식이 문제는 아니라고 주장하고 싶다. 내가 보기에 문화 연구와 다문화주의 담론들이 초국적기업들의 요구와 공모하고 있다는 미요시의 인식은 대학의 차원에서 분석되어야 하며, 이때 대학은 그 자체가 초국적기업의 역할을 향해 발전하고 있는 관료적 기관으로 이해되어야 한다.3 따라서 인문학이나 기타 분야에서 사유하는 자의 작업을 더 이상 개인적 저항, 사유의 영웅주의의 차원에 두어서는 안 된다. 기관은 또 다른 영웅을 필요로 하지 않기 때문이다. 카프카(Franz Kafka)가 지적하듯이 관료제에는 영웅이 없다.

이렇게 국민국가의 쇠퇴와 함께 주체의 위상이 변화하며, 이 변화는 근대 국민국가의 주체를 훈련하는 데에 핵가족 바깥의 일차적 기관인 대학에 중요한 의미를 띠게 된다. 근대적 주체의 등장은 그 반사적 보증인(specular guarantor) 구실을 하는 국민국가와 긴밀히 연관된다. 왕국의 자의적 통치에 종속되는 대신에 근대 시민은 한 국민국가의 주체가 되니, 국민국가의 정치 담론은 "우리, 국민"이라는 구절에서처럼 '우리' 주체의 집단적 언명에 호소하여 합법성을 얻게 된다. 따라서 근대국가의 목표는 인간이라는 보편 주체든(혁명기 프랑스나 미국처럼 민주공화국 체제) 이성적 토론의 대상으로서 민족 주체의 종족적 정체성이든(유럽의 자유민주주의 국민국가들), 한 민족적 주체의 정체성을 드러내는 것이다.

이처럼 주체가 국가와 관련하여 주체화되는 과정은 일반적으로 일어나는데, 이 정체성의 드러남이란 국가의 제도들을 통과하는 과정을 요구하기 때문이다. 즉 하나의 '나'가 '나'가 되고, 스스로를 실현하기 위해서는, '우리'를 통과해야 한다. 즉 개개 시민은 스스로 집단성의 일부로서만 접근 가능한 하나의 의미의 담지자가 되어야 한다. 주체가 자신을 발견하는 것은 국가의 재현적 기관이라는 거울에 반사되는 자신을 볼 때, 즉 "나는 미국인이야"라고 말하게 될 때다. 블라트 고드치히의 표현을 빌리면, "국가권력을 장악한 자들은 우선 개인들을 끌어들여 그들을 사회의 나머지에 대해 타자로 만들고, 그 다음에는 국가가 권력 기구로서 사회의 배치를 결정하게끔 한다".4 나중에 다시 논하겠지만, 훔볼트는 근대 대학을 근대 사회에서 이 같은 민족 주체의 생산이 이루어지는 주된 기구 중 하나로 보았는데, 국민국가의 쇠퇴는 현재 대학 기능의 성격에 심각한 물음을 불러온다.

따라서 이 책에서 나의 주된 목적은 다음 두 가지다. 첫째, '문화' 개념의 보호 아래 대학이 하나의 기관으로서 통합되는 과정이 국민국가의 문제와 어떻게 결합되어왔는지를 추적하는 일. 둘째, 수월성 담론을 대체할 대안이 있느냐, 즉 이제까지 존재했던 대학의 황혼이기도 한 근대성의 황혼에 대학을 생각하는 다른 길을 찾아낼 수 있느냐 하는 물음. 이것은 그 문화적 사명을 벗어버린 대학이 단극적(unipolar, 單極的) 자본주의 체제의 관료주의적 무기가 아닌 다른 것이 될 수 있느냐 하는 물음이다. 그러나 만약 이 물음의 성격을 파악하려고 한다면, 우선 국민국가의 쇠퇴로 경제적인 것이 더 이상 정치적인 것에 지배되지 않게 된 현재의 상황을 이해하는 것이 필수다. (이는 곧 우리가 국가적 생산이 아니라 지구적 소비자에 대해서 말한다는 뜻이다.) 경제는 국가의 정치적 통제 아래 놓여 있는 것이 아니라, 갈수록 국경에 상관없이 이익을 찾아 자본을 이전하는 초국적기업들의 관심사가 되고 있다. 왕년의 막강하던 국가는 경영의 관료 기구로 축소되고 있다. 미요시가 지적했다시피, 현재 '정치력'을 가늠하는 지표─오늘날 모든 '세계 지도자들'이 공유하는 것─는 국내적으로는 인기가 없고 국제적으로는 나약한 것이다(744). 국민국가는 그랑프리 경주에서 우승을 축하하며 경주자들이 연주하는 국가(國歌)처럼 점점 흔적 기관이 되어가는 구성체다. 그러나 사실상 그 승리도 어떤 나라도 더 이상 맞서 경쟁할 수 없는 초국적인 기술공학 복합기업의 작품이다.

내가 여기서 무슨 뜻으로 국민국가가 시들어가고 있다고 말하는지 분명히 해두도록 하자. 이는 **민족주의**가 더 이상 문제가 아니라는 주장과 똑같지는 않다. 보스니아나 구소련 같은 곳에서 민족주의는 국민국가의 (부활이 아니라) 붕괴의 징표다. 단적으로 어떤 국민국가도 그렇게 많은 상충하는 욕망들을 통합할 수 있다고는 상상할 수 없기 때문이다. 이런 사태에 직면하여 수많은 지식인들이 절망하는 것도 이런 까닭이다. 우리가 현재 목격하고 있는 종류의 민족주의 운동들은 실제로는 옛 국민국가보다는 지구화에 더 기여한다. 지구화 아래에서 국가는 사라지지 않는다. 단지 점점 더 관리자처럼 되고, 자신의 이데올로기적 의지를 부과할 능력을 점점 더 상실할 뿐이다. 다시 말해, 경제 문제의 **정치적** 내용으로서 자신의 의지를 부과할 능력을 상실하는 것이다. 국가는 더 이상 '경제적 건강'을 구성하는 것이 무엇인지 물을 수 없다. 이런 질문을 내놓으려 하는 것부터가 경제적인 나약함의 표시이기 때문이다. 예를 들어 이러한 나약함의 한 가지 징표는 '독립적인' 중앙은행의 부재다. 국제통화기금(IMF)은 여러 가지 기준을 토대로 국민국가들의 신용도를 결정하지만, 중요한 기준은 정부의 통제에서 '독립적인', 다시 말해 IMF의 통제에 조금 더 용이한 (미국의 연방준비은행이나 영국의 잉글랜드은행 같은) 중앙은행의 존재다.

국가를 이처럼 비워버리는 것은 아직 존재하는 민족국가의 구성 원에게는 '탈정치화', 즉 반대파의 비판에 권위와 정당성을 부여할 대안적인 정치적 진실에 대한 믿음의 상실로 보이는 과정이다.[5] 구 원에 대한 믿음의 상실은 본질적으로 단극적인 사회로서 근대적 관료제 국가가 발흥하면서 실현된다. 따라서 오늘날의 자본주의 체 제는 사람들에게 (늘 나쁜 이데올로기적 거래였던) 민족적 정체성이 아 니라 비이데올로기적 귀속성, 즉 그 요원이 되는 대가를 치르고서 야 참여하는 기업적 정체성이다. 단극적 혹은 관리적 국가의 등장 은 따라서 정치적 사유에는 하나의 종착점인 셈이다. 정의로운 사 회를 수립하고 인간의 운명을 실현할 수 있는 국가는 어떤 것이냐 가 정치적 물음이 되는 대신, 국가가 모든 정치적 재현들의 통일적 인 지평으로 자리 잡는 것은 사회적 의미가 다른 곳, 즉 국가의 정 치 역량 바깥의 경제 영역에 있음을 말해준다.

소비자주의—북아메리카에서 대학 교육의 전통적인 주체에게 가장 절박한 위협으로 인식되고 있고 이는 올바른 인식인데—는 국민국가의 쇠퇴로 정치적 주체성의 내용이 소실되는 현상에 대한 경제적 상응물이다. 소비자주의는 그 자체로 체계의 생산물의 거의 완전한 내면화이자 재소비의 징후다. 소비자주의는 따라서 웰빙의 이데올로기적 왜곡(빵과 서커스)이기보다는 체계 바깥에 있는 편익 은 상상도 할 수 없다는, 손익 분석의 대상이 되지 않는 편익은 없다(그 휴가는 싸게 잘 산 것인가 따져보는 등)는 표시다. 소비자주의는 정치적 혹은 이데올로기적 문제가 아니고, 국민국가가 감당할 문제도 아니다. 그것은 개인이 더 이상 **정치적** 실체가 아니라는, 국민국가의 주체가 아니라는 표시다. 예컨대 1993년 유엔 보고서에 따르면 세계 인구 중 현재 1억 명이 이민자이고, 그중 37퍼센트만이 박해나 전쟁, 재난으로 인한 난민이라고 한다. 즉 이민은 정치적 현상이기보다 **경제적** 현상이다. 이민자 수의 기하급수적 증가는 이 수치가 1989년 이후 두 배로 늘어났다는 사실에서 확인된다. 이민의 개인적·문화적 비용도 엄청나지만, 분명한 것은 지구 시장에서 이민을 부추기는 경제적 압박이 문화적 구성체로서의 국민국가의 온전성을 직접 훼손하면서 노동 인구를 자본에 대해 더욱 유연하고 순응적으로 만들고 있다는 점이다.

이러한 변화의 맥락은 대학에 적용해보면 분명해진다. 유네스코와 캐나다 국제개발연구센터를 위해 작성한 알폰소 보레로 카발의 보고서인 《오늘날 제도로서의 대학》 서문은 "고등교육의 점층적 국제화"에 주목한다. "유네스코에 따르면 추정치 기준으로 1990년 전 세계 외국인 학생의 95퍼센트를 차지하는 62개국에서 해외 학생 수는 1980년 91만 6,000명에서 1990년 120만 명으로 (29퍼센트) 증가하였다."[6] 이 지구화의 지평은 학생 주체가 더 이상 장래의 민족국가 체계가 아님을 의미한다. 이것이 지구적 자본주의 시장에 주는 이득은 유네스코 유럽고등교육센터(European Centre for Higher Education)의 1990년 보고서에 분명히 기술되어 있는데, 이 보고서는 "학생들이 다양한 수준의 대학 및 과정들 사이에서 미리 정해진 조건으로 전학할 수 있도록 교육과 학위 체계를, 가능하다면 모듈(개별 단위) 방식으로, 조직"할 것을 요청한다.[7] 이런 조직의 이득은 "평생교육 과정에 기여할 뿐 아니라, 유럽 공동체 전체를 기반으로 채택된다면, 공동체 시민들의 이동성을 지원할 것"이라는 점이다.[8] 더 이상 국민국가에 묶이지 않은 주체, 기꺼이 이동하여 지구 시장의 수요에 부응하는 주체를 산출한다는 목표를 염두에 두고 국제적·학제적 유연성을 구상하는 것이다. 위대한 W. E. B. 듀보이스(William Edward Burghardt Du Bois, 1868~1963: 미국의 급진적 흑인 운동가 —옮긴이)가 "20세기의 문제는 피부색의 경계(color-line)의 문제"라고 주장했는데, 나는 여기에 21세기의 문제는 인종의 문제와 밀접하게 연관된 문제인 경계선(borderline)의 문제라는 말을 보태고 싶다.[9]

내가 경계선을 거론하는 것은 그것이 지구화의 긴장들이 발현되는 [미셸 세르(Michel Serres)의 용어로는] 비장소(non-place)이기 때문이다. 조르조 아감벤(Giorgio Agamben)은 그의 뛰어난 저서 《도래하는 공동체La comunità che viene》에서 지구화가 정치적 주체의 생산에 미치는 효과를 지구적 프티부르주아지의 등장으로 특징지었다. "과거에 우리가 다시금 계급의 맥락에서 인류의 운명을 생각해야 했다면, 오늘날 우리는 이렇게 말해야 할 것이다. 더 이상 사회적 계급은 존재하지 않고 단일한 지구적 프티부르주아지만 존재하며, 지난 사회 계급들은 모두 그것으로 용해된다. 즉 프티부르주아지가 세계를 물려받았으며 인류가 허무주의를 넘어 살아남은 형식이라고."[10] 아감벤의 주장은 지구적 프티부르주아지가 그 누구보다도 민중적 정체성과 민족주의의 담론을 통해 부르주아적 광휘에 접근하는 길을 따라간 계급이라는(상점 주인보다 더한 광신적 애국주의자는 없다) 파시스트적 자리매김에서 벗어났다는 것이다. 아감벤은 이렇게 말한다.

> 그 대신 지구적 프티부르주아지는 [그릇된 민중적 정체성의] 이러한 꿈에서 벗어났으며 어떤 식별 가능한 사회적 정체성도 거부하는 프롤레타리아의 성향을 자기 것으로 접수하였다. …… 그들은 단지 고유하지 않은 것과 진정하지 않은 것만을 알고 심지어 그들 고유의 담론이라는 이념조차 거부한다. 지구상에 연이어 등장했던 민족들과 세대들의 진실과 거짓을 구성했던 것들—언어, 방언, 생활방식, 성격, 습관의 차이들, 그리고 심지어는 각 개인의 신체적 특성들—은 그들에게 아무런 의미도 갖지 않으며 아무런 표현과 소통의 능력도 갖지 못한다. 프티부르주아지 속에서, 보편사의 희비극을 특징지어온 다양성들이 한데 결합되면서 환영 같은 텅 빈 모습을 노정했다(62~63).

이것은 문화의 종언에 대한 탄식, 전 세계에 걸쳐 리복 옷을 입고 시카고 불스 팀을 응원하는 세대에 의해 문화적 특수성이 지워져가고 있다는 불평처럼 들릴지도 모르겠다. 그러나 이어서 아감벤이 이는 곧 '개인적 생존의 부조리'가 그 파토스를 상실하고 '일상적 전시물'이 되었다는 뜻이라고 주장할 때, 우리는 그에게서 발터 벤야민(Walter Benjamin)의 독자를 본다(63). 아감벤은 그저 문화의 잃어버린 의미를 애도하는 데 만족하지 않는다. 벤야민이 예술작품이 일반에게 전시되면서 발생하는 아우라의 상실을 애도하기보다 다른 기준으로 재평가(transvalue)하는 데 관심을 가졌듯, 아감벤은 문화의 탈지시화, 즉 문화가 일체의 특정한 지시물을 상실하게 되는 과정을 재평가하려고 한다.11 그렇게 하면서 그는 사실상 문화의 회로를 통째 버리는데, 내가 보기에 '문화'는 늘 상실된 진정성의 재구성(향수적 혹은 낭만적 양식)이거나 아니면 기원의 상실과의 타협(반어적이거나 본격 모더니즘적 양식)으로서 근대성 속에 자리해왔기 때문이다. 아감벤의 수수께끼 같은 표현에 따르면, "새로운 지구적 인류 속에서 그 인류의 생존을 가능케 하는 특징들을 선별해내기, 미디어화된 나쁜 광고를 오로지 자기 자신만을 전달하는 완벽한 외재성으로부터 분리시키는 얇은 횡경막을 제거하기—이것이 우리 세대의 정치적 과제다".(64)

　아감벤의 정치적 과제 거론에서 관건이 되는 것은 지구화의 안에서부터 지구화에 맞서 사고하려는—지구화와 자본주의를 순전한 이종동형체로 상정하는 대신 둘의 비일치를 사고하려는—시도다. 이는 곧 더 이상 마치 문화가 사회적 과정들의 진정한 양식이고 자본주의는 거짓된 문화 혹은 반(反)문화라도 되는 것처럼 자본주의와 진정한, 이상적인 혹은 민족적인 '문화'를 대립시킬 수는 없음을 의미한다. 1980년대에 영국 좌파는 대처주의(Thatcherism)를 진정한 민족문화에 대한 배신이며 지구적 자본의 이해관계에 봉사하는 거짓 민족주의라고 공격했다. 그들은 처음부터 실패할 수밖에 없었는데, 대처식 민족주의가 가지는 호소력, 즉 초국적기업에 봉사할 수 있게 해준 힘은 바로 그것이 국민국가의 근대주의적 이념에 맞서는 민족주의였다는 사실에 있었다는 것을 몰랐기 때문이다. 대처식 민족주의에 담긴 이러한 내적 모순이야말로 그것이 지닌 호소력과 유연성 모두의 뿌리였고, 따라서 모순을 폭로하는 것으로는 그 주장을 논파하기에 충분치 않았던 것이다. 지구적 융합과 민족적 분열은 긴밀히 연결되며 서로 협동하여 18세기 이래 '민족문화' 개념을 구성해온 국민국가와 상징적 삶과의 연계를 지운다. 이런 상황에서 보편적인 혹은 지구적인 문화 개념에 호소하는 것은 이런 호소들이 늘 보편적인 것 혹은 지구적인 것의 모델을 근대 유럽 국민국가의 윤곽에 따라 세운다는 사실을 오인하는 격이다. 이 유럽 국민국가야말로 초국적기업이 갈아엎고 있는 바로 그 한 예임에도 말이다.

이런 상황이 대학 이념에 갖는 함의는 엄청나다. 제라르 그라넬이 주장했듯이, 대학의 운명을 한 국민국가와 그 민족의 본질을 구현하는 능력에서 찾는 것은 이제 의미가 없다.[12] 프라이부르크 대학교에서 마르틴 하이데거(Martin Heidegger)가 한 '총장 취임 연설'은 종족적 운명에 호소함으로써 경제적 기술공학을 국민국가의 정치적 의지에 복속시키려는 마지막 시도가 될 것이다. 하나의 국가 이데올로기 기구로서 대학은 에어 프랑스 같은 국영항공사와 대체로 동등한 문화적 입지를 가졌었다. 실제에서는 늘 더 복합적인 성격을 띠지만 단순하게 도식화해보자면, 국영 항공사는 경제에 대한 정치의 헤게모니를 보장함으로써 자신을 실현하려는 국가의 시도 중한 예라고 할 수 있겠다. 국영 항공사는 노골적으로 이윤 동기에 종속되기보다는 국민국가의 보조를 받으며, 이 국민국가에 대해 국영

항공사는 내적 기능과 외적 기능을 갖는다. 외적 기능이란 국가의 기술공학적 경쟁력을 과시하는 것이요, 내적 기능이란 국가의 모든 지역에 접근 용이성을 보장해줌으로써 국가의 영토를 동질화하는 것이다. 기본적으로 이 내적 기능은 경제적 요소를 정치적 요소에 종속시키려 하는 보조금이다. 시장 원리가 원심적 방향의 무역과 교통을 발전시키며 실제로 국가 내부에 분리들을 만들어낼 수도 있지만, (국내 각 지역의 경제적 중요성과 상관없이 모든 지역으로 날아가야 하는) 국영항공사는 (계급 출신과 상관없이 국가의 신민인 모든 학생들을 교육하는) 국립대학의 인구통계학적 '수평화'에 유사한 지도 작성법적 '수평화'와 그에 수반되는 중심화를 야기한다. 국립대학도 마찬가지지만, 국영항공사에 대한 국가 투자는 중산층 및 상위 중산층에 대한 엄청난 내적 보조금으로 (이게 유일한 기능은 아니지만) 작동한다. 상류층은 언제나 전세 민간항공기를 이용하거나 개인 가정교사를 고용할 수 있다. 중산층 및 상위 중산층은 국가에서 제공하는 항공 여행이나 고등교육의 한계보조비용을 활용하여 본인과 자식들의 특권적 접근을 확보하는 한편 실제 비용의 압박에서 벗어난다.

민족 이데올로기의 쇠퇴는 자본이 더 이상 중간층에 이러한 이데올로기적인 소속감을 제공할 필요 없이 얼마든지 프롤레타리아로 만들어낸다는 것을 의미한다. 그래서 이제 대학교수 대부분이 이코노미클래스를 타는 것이다. 더 의미심장한 사례는 팬아메리칸 항공사의 운명(미국의 대외 이미지를 보호하기에 충분한 국가 보조금 지불을 미국 정부가 거절함)은 국가의 그런 정치적 비전이 오늘날 초국적기업의 지구 경제 질서에서는 무망하다는 것을 말해준다. 이와 마찬가지로, 1994년 유럽경제공동체에 제출된 한 보고서는 '효율성'을 증가시키고 '수익성'으로의 회귀를 보장할 법한 (그리고 몇몇 국영항공사들이 사라지는 결과를 빚어낼 것이 역시 뻔한) 조처로 공동시장 내의 국영항공사들에 대한 국가 보조금을 폐지할 것을 권고하였다. 학생 개개인에 대해서는 대학 부문에서 이와 유사한 기금 회수가 나타나고 있는데, 유럽 정부들은 학생 대출 프로그램을 도입하려 하고 이미 대출 프로그램을 시행하고 있는 미국 정부는 대출 프로그램에 보조금이 아니라 엄격한 수익성 기준을 도입한다.

그렇다면 우리가 속해 있는 대학 기관을 어떻게 생각해야 할까? 대학에서 우리가 '자신을 발견'하거나 타고난 권리를 누릴 수 없다는 것은 명백하다. 우리는 완전한 자각을 지닌 자율적 주체의 가상적 현존 속에서 사유를 완결 짓는 순수한 자기애를 성취할 수는 없다. 그렇지만 이런 자기발견의 관념이 근대 시기 내내 대학 기능의 대서사가 되어왔다. 인간 역사의 주체는 자율성을, 과거의 사슬로부터, 자기가 만든 것이 아닌 자연과 언어에 대한 빚으로부터의 해방을 가져올 자기인식을 추구한다. 가령 칸트는 우리가 완전히 이성적인 자신을 발견할 수 있다고 생각했다. 독일 관념론자들은 우리가 종족적 문화인 자신을 발견할 수 있다고 생각했다. 오늘날의 기술 관료들은 우리가―〈빌과 테드의 탁월한 모험〉(한국에서는 〈엑설런트 어드벤처〉라는 제목으로 개봉했다―옮긴이)을 인용하자면―'매우 탁월'한 자신을 발견할 수 있다고 생각한다. 이 영화는 지식이 정보로 상품화될 때 역사적 사고란 불가능해진다는 사실을 이해하려는 흥미로운 시도다.

대학은 주체와 국가의 관계를 만들어내는 책임을 떠안을 때, 이 관계를 이론화하는 동시에 주입할 하나의 이념을 구현하고자 할 때, 근대적이 된다. 이것이 대학의 연구와 교육이라는 이중의 임무이며, 교육이 국가를 위해 수행된 실질적 봉사라는 면에서 연구에 항상 뒤쳐져왔다 해도, 그리 놀라운 일은 아니다. 5장에서 논의하겠지만, 교육과 연구의 관계 규명은 독일 관념론자들(특히 훔볼트)이 수행했다. 그렇지만 우리가 '수월성의 대학'의 의미를 이해하고 국민국가의 쇠퇴로 초래된 문화 너머로의 탈역사적 움직임에서 관건이 되는 것이 무엇인지 파악하자면, 우선 근대 대학의 탄생과 국민국가의 탄생이 어떻게 얽혀 있는지부터 살펴보아야 한다. 오늘날의 학생들이 민족 주체라기보다 소비자라는 것이 무엇을 뜻하는지 이해하려면, 우선 대학의 근대적 이념의 등장부터 추적해보아야 한다.

4장

이성의 한계 속의 대학

근대 대학의 특성은 그 지시대상이자 그 활동의 목적과 의미로 기능하는 이념을 가진다는 점이다. 앞서 언급한 대로 일반적으로 근대 대학에는 세 가지 이념이 있다. 근대성에 관한 수많은 이야기들이 그러하듯 이 이야기도 칸트와 더불어 시작되는데, 그는 대학을 이성 개념에 인도되는 것으로 그렸다. 칸트의 전망에 이어 훔볼트의 **문화/교양** 이념이 나오고, 더 최근에는 **수월성**이라는 기술·관료적 관념을 강조하게 되었다. 이 목록 중 마지막 것의 특징은 그것에는 사실상 지시대상이 없다는 점이다. 다시 말해, '수월성의 대학'은 대학 이념의 **시뮬라크룸**(Simulacrum: '원본 없는 복제물'이라는 뜻을 지닌 보드리야르의 용어―옮긴이)이다.

실질적인 예를 원한다면 대학 총장의 임무가 무엇으로 설정되는지 생각해보라. 칸트의 대학에서 총장의 기능은 오로지 이성에 의존해 학부(faculty, 교수단) 사이의 갈등에 단호한 판단을 내리는 순수 학문적인 것이다. 문화에 기반한 대학에서 총장은 대학 그 자체의 형상이 되어, 교양의 일반적 추구라는 범학문적 이상을 구현한다. (찰스 엘리엇이나 벤저민 조윗 같은 19세기 대학 총장이 곧장 떠오르게 된다.)[1] 프리드리히 슐라이어마허의 말을 빌리면, 총장의 진정한 '상(idea)'은 세상의 눈으로 보기에는 대학을 은유적으로 대표하며 나머지 교수들과는 환유적으로 연결되어 있는 한 개인이다. '동급자 가운데 일인자(primus inter pares)'로서 총장은 대학에 생명을 불어넣는 정신으로서 문화의 이중적 기능, 즉 점진적 교양[Bildung: 흔히 '교양'이라고 번역되는 독일어 'Bildung'은 18세기 후반 독일에서 본격적으로 논의되었는데, 본래 '사물의 형성(形成)'이라는 뜻이고 이것이 인간과 사회에 적용되는 경우에는 '교양', '교육', '육성', '문화'를 의미한다. 훔볼트를 비롯해 독일 휴머니즘 사상에서는 일반적 교양을 '모든 인간 능력의 조화로운 형성'이라고 간주하였다—옮긴이]과 사회적 의미의 통일의 구현, 환유와 은유 양자를 형상화한다.[2] 그러나 수월성의 대학에서 총장은 강의실에서 운동경기장으로, 호텔이나 공항의 고급 라운지로 아무렇지 않게 옮겨 다니는 관료적 행정가다. 판관에서 조율하고 종합하는 자로, 경영자이자 기금 조성자로, 절대로 공공연히 의견을 표현하거나 판단을 내리는 일 없이 옮겨 다닌다.[3]

그렇지만 오늘날의 대학이 수월성의 대학을 향해 나아가고 있다고 해서 독일 대학 모델의 영향력이 대학 분석에서 무의미해지는 것은 아니다. 칸트가 사유가 구현되는 세 차원이라 본 것들, 즉 개별 연구자, 대학, 그리고 전체 학계를 검토해보면 독일 대학 모델이 갖는 규정력의 단서를 발견할 수 있다. 어떤 의미에서 칸트가 말하는 '이성의 대학'은, 아마도 칸트의 희망과는 다르겠지만 개별 연구자를 모델로 한 것이다. 학부들 사이의 갈등은 진실로 열심히 지식을 추구하는 모든 사람의 가슴속에서 일어난다고 상정되는 전통과 이성, 미신과 계몽 사이의 갈등과 그대로 유비된다. 반면에 오늘날 '수월성의 대학'에서 아카데미의 모델은 우리가 '전문화'라고 이해하는 과정을 통해 지배하며, 이때 대학 기능들은 갈수록 통합되고 그 결과 연구는 비지시적인 것이 된다. 다시 말해 연구가 체제의 단순 재생산과 점점 더 구별하기 힘들어지면서, 연구의 내용은 점점 덜 중요해진다. 그 결과 연구, 교육 그리고 전문적 훈련이 체제 내로 점점 더 수렴해간다.

물론 이것은 일반화이지만, 앨런 블룸의 《미국적 정신의 종말》처럼 사려가 부족한 책이 갖는 깊은 매력을 설명해준다. 블룸은 별 생각은 없으면서도 문화가 더 이상 대학의 좌우명이 아니라는 것을 깨달았던 것 같다. 달리 말해 대학은 더 이상 훔볼트의 대학이 아니며, 이는 곧 대학이 더 이상 **본연**의 대학(The University)이 아니라는 뜻이다. 독일인들은 대학을 창설했을 뿐만 아니라 하나의 사명을 부여하였다. 그들은 또한 대학을 지적 활동의 결정적 심급(審級: '판단의 차원'을 뜻한다—옮긴이)으로 만들었다. 이 모두가 변화를 겪고 있다. 즉 대학이 되살려낸 지적 활동과 문화가 수월성 추구와 수행 지표로 대체되고 있는 것이다.

문화가 어떻게 훔볼트의 대학의 사명으로 등장할 수 있었는지 그리고 이후 수월성의 대학이 어떻게 문화 없이 기능할 수 있었는지 이해하기 위해서 우선 칸트가 제시한 틀을 더 주의 깊게 살펴볼 필요가 있다. 중요한 것은, 칸트는 근대 대학의 토대를 이성으로 삼았으며 대학에 근대적 의미의 보편성을 부여한 것은 이성이라는 점이다.4 중세 대학에서 분과학문(discipline)의 질서[이것이 곧 학부

(faculty)의 질서는 아니었다]는 7대 문리(文理, liberal arts)의 지식 질서를 반영했고, 이는 다시 트리비움(문법, 수사학, 논리학)과 콰드리비움(산술, 기하학, 천문학, 음악)으로 구분되었다. 이 구분은 아리스토텔레스적인 것으로, 공부거리의 성격에 따른 분리의 원리로서 내재적 통합 원칙은 요구되지 않았다. 사실, 중세 대학의 통합 원리는 신정론(神正論, theodicy)이고, 따라서 다른 곳에 존재하면서 다만 영적인 것에 의한 일시적인 것의 외적 검열로서 개입할 뿐이었다. 근대 대학을 특징짓는 것은 대학에 **내재된** 보편적인 통합 원리다. 칸트는 이 원리를 '이성'이라고 부름으로써 대학의 근대성을 정초하는데, 이는 이성이 학문들 사이의 비율(라티오: 정신과 균형)을 제공한다는 것을 말한다. 그리고 이성은 그 자체의 분과학문을 가지고 있으니 즉 철학이라는 하위 학부의 그것이다.

《학부들의 논쟁》에 따르면 세 개의 상위 학부는 내용을 갖는 학부로, 신학, 법학, 의학이다. 하위 학부, 즉 철학 학부(이는 인문학도 포함한다)는 이성의 자유로운 행사일 뿐 별도의 내용을 갖지 않는다. 내용이 없다는 것은, 철학 학부에서 이루어지는 역사적 연구는 법학, 의학 혹은 종교학의 역사적 연구와 달리 자유로운 이성적 탐구가 아닌 다른 어떤 지침도 없다는 뜻이다.

따라서 세 상위 학부의 권위는 타율적으로 주어진다. 즉 그들에게 의문의 여지가 없는 권위로 받아들여지는 심급으로부터 그들의 권위를 이끌어낸다. 신학은 성경에 의존하고 법학은 시민법에, 의학은 의업 칙령들에 의존한다. 그렇지만 하위 학부의 권위는 철학이 외부의 어떤 것에도 의존하지 않기 때문에 자율적이다. 그것은 오직 이성에 의거하여, 그 자체의 실행에 의거하여 스스로를 정당화한다. 철학이 가령 국가와 같은 외부의 권위를 인정하는 경우에도, 이성에 근거한 그 자체의 자유로운 판단에 준해서 그리한다는 점에서 철학은 이러한 자율성을 유지한다.

타율적 권위에 의존하는 신학, 법학, 의학 이 세 기성 학부들은 전통의 맹목적 수용을 설파한다는 점에서 미신의 편에 서 있는데, 전통은 사람들로 하여금 이성을 사용하게 만듦으로써가 아니라 기성의 권위를 받아들이게 만듦으로써 사람들을 통제하고자 한다. 이 세 학부는 사람들을 이성으로 교육하는 게 아니라 마법적 해법들을 제공한다. 가령 신학은 사람들에게 선해지지 않고도 구원받는 방법을 가르친다. (이것이 텔레비전 복음주의자들과 면죄부 판매자의 공통점이다.) 법학은 사람들에게 정직하지 않으면서 소송에서 이기는 법을 말해준다. (세상에는 절대 바뀌지 않는 것들이 있다.) 의학은 사람들에게 건강하게 사는 법보다는 질병을 치유하는 법을 가르친다. (금연 캠페인의 시대에 사는 우리는 더 이상 이런 구분을 인정하지 않는다.) 반면에 철학은 이 마법사들의 실용적 수완을 일체의 지름길을 거부하는 이성으로 대체한다. 그리하여 철학은 입법 권력의 처방들에 의문을 제기하고 오로지 이성에 기초하여 근본적 질문을 던지며, 상위 학부들에 개입하여 그 근거들을 비판한다.

칸트적 대학의 삶은 따라서 기성 전통과 합리적 탐구 사이의 영원한 갈등이다. 이 갈등에는 역사적 힘이 주어지며, 이 갈등은 변증법적이라는 점에서 진보를 향한 기획이 된다. 세 상위 학부(신학, 의학, 법학)에서 수립된 전통과 하위 학부(철학)의 자유로운 탐구 사이의 갈등은 보편성에 근거한 합리성을 향해 나아간다. 각각의 특정한 탐구, 각각의 분야는 철학의 도움으로 그 자체의 토대를 심문함으로써 발전해간다. 따라서 탐구는 단순한 경험적 실제에서부터 자기비판을 통한 이론적 자기인식으로 옮겨간다. 각 분야는 고유의 순수성─그 분야에 본질적인 것─을 추구한다. 그리고 철학에 본질적인 것은 다름 아닌 이러한 본질의 추구 자체다. 이런 의미에서 하위 학부는 결국 상위 학부임이 드러나며, 학문의 여왕, 대학에 생명을 불어넣고 기술 훈련소(길드)나 전문 학술원(왕립학회)과 구별해주는 순수 원리를 육화(肉化)하는 분야가 되는 것이다.

그렇다면 자기비판을 통해 획득된 이성의 자율성에 토대를 둔 대학의 자율성이란 일체의 직접적인 사회적 영향을, 대학과 국가의 일체의 연계를 금지하는 것처럼 보일 수 있다. 칸트의 대학이 갖는 사회적 사명의 역설은 자크 데리다의 〈모클로스, 혹은 학부들의 갈등〉[5]에서도 지적된 바 있다. 칸트의 텍스트는 대학과 국가의 연계 문제를 명시적으로 다루고 있으며, 대학의 기능 중 하나는 국가를 위해 기술자, 즉 실무 인력을 산출하는 것이라고 주장한다. 마찬가지로 대학에 대한 국가의 기능은 언제라도 이들 실무 인력에 개입하여 이들이 국가에 봉사하며 사용하는 지식을 학부들의 통제에, 궁극적으로는 철학 학부에 맡겨야 한다는 점을 환기시키는 것이다. 그래서 한편으로 국가는 공적 생활에서 이성의 지배를 확보하기 위해서 대학을 보호해야 한다. 다른 한편 철학은 상위 학부들에서 기성 이해관계의 지배를 제한함으로써 국가권력의 남용으로부터 대학을 보호해야 한다. 이성의 이 같은 무한한 개입 권한은 합법적 갈등인 불협화음의 조화(concordia discors)를 (상위 학부들이나 국가의 기성 권력에 의한 자의적 권위 행사인) 비합법적 갈등으로부터 구별해주는 것이다.

따라서 근대 대학 구상이 시작될 때부터 이미 이 문제는 제기되어 있었다. 이성과 국가, 지식과 권력을 어떻게 통합하고 이 갈등의 아포리아(aporia)를 어떻게 해결할 것인가? 자율적 이성이 타율적 미신의 기성 권위를 무너뜨린다지만 자율성의 제도화는 어떻게 이루어져야 하는가? 즉 대학에서 이성의 자율성을 **제도화**하는 것은 필연적으로 이성의 자신에 대한 타율성을 초래하지는 않는가? 대학에 구현된 이성은 어떻게 합리적 존중보다 미신적 존중의 대상이 되지 않을 수 있는가? 철학은 우선 자기비판의 활동을 수행함으로써 그리고 다음으로 그 비판을 통해 인간의 본질을 실현함으로써 이 일을 하겠다고 약속한다. 동시에 운명론의 타율성에 맞서 사유를 보존하기 위해서는 이 본질의 실현이 경험적인 역사적 과정의 산물이 아니라 합리적 성찰의 산물이어야 한다.

여기서 생겨나는 역설의 예는《학부들의 논쟁》바로 첫 부분에 나오는데, 칸트는 지식 증식을 위한 여타 제도적 형식들 가운데서 대학이 차지하는 위상을 기술한다. 그는 대학 내 학부 구분이 그가 순전히 합리적이라고 보는 근거들에 기초한다고 설명한 후, 이어서 **순전히 우연으로** 프로이센인들의 경험적 역사가 이런 형태의 조직을 채택하게 만든 점도 있다고 언급한다. 칸트는 이 사실에서 역사의 이성을 이끌어냄으로써 역사가 합리적 과정임을 주장하는 헤겔과는 다르다. 오히려 그는 우리가 그 두드러진 우연의 일치에 주목하게끔 내버려둔다. 그가 이렇게 하는 것은, 경험적 역사와 비판 사이의 분리를 유지하고자 하면서도 이성이 역사 속에 자리 잡을 가능성은 살려두고 싶기 때문이다. 그렇다면 칸트에게 필요한 것은 순수 이성과 경험적 역사의 분리를 유지하면서도 이성을 통해 제도와 자율성을 결합할 수 있는 제3의 항이다.

칸트는 이 갈등을 체화하는 **공화적 주체**라는 형상을 만들어서 그렇게 하려고 한다. 칸트가 주장하는 대학의 규제 원리가 이성의 사페레 아우데(sapere aude: '담대히 앎을 추구하라'라는 의미의 라틴어―옮긴이)라면, 지식의 면에서 합리적이고 권력의 면에서 공화적인 주체의 형상을 통해 제도화의 문제를 우회할 수 있다. 가령, 군주를 달래기 위해 기획된 텍스트에서 칸트가 프랑스혁명으로 촉발된 '열정'을 열정적으로 거론하는 것이 이상해 보일지도 모른다. 그렇지만 그가 관심을 둔 것은 분명 경험적 인간들이 아니라, "역사적 기호"로서 프랑스혁명이 역사를 통해 실현될 인류라는 보편적 주체의 가능성을 가리킨다는 점이다. "전제군주로서 통치한다 할지라도 (민주적이 아니라) **공화적인** 방식으로 다스리는 것, 즉 비록 문자 그대로 인민의 동의를 구하지는 않더라도 인민을 (성숙한 오성을 갖춘 민족이라면 마땅히 채택할) 자유의지론적 법의 정신에 부합하는 원칙들에 따라 다루는 것은 군주의 잠정적인 의무다."[6]

그렇다면 이성을 그 원리로 하는 대학은 이성을 오로지 허구적으로, 즉 마치 자기 인민이 성숙한 것처럼 통치하는 계몽 군주와의 유비를 통해서만 제도화한다. 비록 군주가 법을 전제적으로 (즉, 자의적 권력의 변수로 타율적으로) 부과한다 해도, 이 법의 부과는 이성의 규제 원리에 의해 인도되어야 한다. 만약 인민이 자율적이었다면 스스로에게 부과하였을 법을 인민에게 주기 위해 타율적 권력이 소환된 셈이다. 대학은 이성을 제도화한다. 그러나 이성을 부과하는 권위가 타율적으로 (이성의 제도로서의 대학에 주어지는 미신적 존중에 의해서) 작동할 수도 있겠으나, 그 권위의 작동은 오로지 이성적 주체의 자율성이라는 원리를 긍정하는 것이 되어야만 한다. 따라서 칸트의 대학은 단연히 문자 그대로 **허구적** 기관이다. 이성은 기관이 허구로 남을 때만 제도화될 수 있고, '마치' 기관이 기관이 아닌 것처럼 상정하면서만 작동한다. 만약 기관이 실재하는 것이 되면 이성은 떠나간다. 이것이야말로 국가가 국가 내부에 있는 대학의 자율성을 보호해줄 가능성에 대한 순박한 낙관주의의 문제보다 더 근본적인 아포리아다. 어떤 의미에서 그것은 심지어 데리다가 칸트에게서 주목한 국가와 대학, 상위 학부와 하위 학부 사이의 경계 구분의 어려움보다도 선행한다.[7]

　필요한 것은 이 허구에 살을 붙이는, 대학에 이성과 제도 사이의 아포리아를 감당해낼 수 있는 형식을 부여하는 방식이었다. 한스 울리히 굼브레히트가 지적한 것처럼 역사적으로 이 지점에서 균열이 발생하는데, 이 지점은 국가가 그 합법성을 끌어내는 방식과 관계가 있다.[8] 문학 연구에 초점을 맞추면서 굼브레히트는 리오타르의《포스트모던의 조건》을 따라 프랑스인의 사유는 인류 개념에 관심을 두게 되는 반면 독일인들은 종족성의 관념에 초점을 맞춘다고 한다.[9] 그 이유에 대해 나도 한 가지 보태자면, 혁명 이후 프랑스가 인민의 개념에 호소하여 국가를 합법화한다면 오토 폰 비스마르크(Otto von Bismarck) 전후 독일의 문제는 독일 국가를 종족적 통일체로 합법화하는 것이었다. 대학에 생명을 불어넣는 원리로서 보편적 이성 개념 대신 민족문화 개념이 들어서는 순간, 대학은 국가에 봉사하라는 압력을 받게 된다. 따라서, 문화에 대한 호소를 통해 국가는 효과적으로 연구와 교육 양자를 통제하면서 사실상 대학의 제도적 구조와 그 사회적 표현의 방향을 지시한다.

이런 전환은 프랑스의 경우에는 덜 명백한데, 프랑스인들은 국가의 합법화는 보편적 이성의 맥락에서 이루어진다고 주장하고 있으며, 따라서 대학 체제가 민족문화에 봉사하게끔 하면서도 대학의 정체성에 대해서는 여전히 미신과 계몽의 싸움이라는 맥락에서 생각하기 때문이다. 이와 동시에, 영국은 국립대학 체제를 갖지 않았으며 그런 체제를 상상할 필요도, 뉴먼과 아널드의 경우에서 보듯 제국의 압력이 민족, 국가, 근대성의 표현을 강요하게 되는 나중에야 생겨나게 된다. 앞으로 보여주겠지만, 영국의 경험은 철학이 아니라 문학이 민족적 정체성의 정교화를 위임받은 분야라는 점에서 특수하며, 그 이유는 아마도 교회와 국가의 연합이 (그리고 1854년의 부분적 개혁 이전까지 옥스퍼드 대학교와 케임브리지 대학교에 대해 영국국교회가 가졌던 배타적 지배가) 미신적 교회에 대한 이성적 국가의 승리라는 계몽주의의 해방 서사를 유도하는 단순 대립 구도를 무너뜨린 점에 있을 것이다. 그리하여 영국인들에게는 그리스인들이 아니라 셰익스피어가 국민국가가 대학 교육의 이성적 매개에 의해서 다시 회복하고자 하는 자발적이고 즉자적인 유기적 문화의 타락 이전의 순간을 대변한다.

제일 먼저 나는 독일의 경험이 결정적이었으며, 슐라이어마허와 피히테에 대한 홈볼트의 반응이 근대 국립대학의 일반 모델로 정립되어 있다는 점을 주장할 것이다. 그 반응이 베를린 대학교의 제도적 양식을 제공했던 것이다. 미국은 적어도 존스 홉킨스 대학교의 설립 이후로 독일 모델을 공학적으로 변용하여 수월성의 이념을 개발하는 지점까지 나아갔다는 수상쩍은 영예를 누린다. 이 과정의 긴장은 영미권에서 문화 논쟁이 무엇보다도 기술공학이 문화에 제기한 의문에 지배되고 있다는 사실에서 뚜렷이 드러난다. 스노의 '두 문화'론은 매력적인 수사적 계책인데, 리비스는 이것이 문화의 특정한 지시대상 일체가 상실되는 현상, 즉 비지시화의 첫 단계임을 정확하게 짚어냈다. 이에 대해서는 나중에 다시 다룰 기회가 있을 것이다.

그러나 문학적 교양이 대학 교육의 등대로서 (기술공학에 맞서서) 정립되어나가는 과정을 살피기에 앞서, 독일 관념론자들의 글에 나타나는 철학적 교양 개념의 등장을 간략히 추적하고자 한다. 이것이 근대 대학의 토대를 이루는 교양 이념이며, 이 이념은 무엇보다도 파편화와 대립적으로 규정된다. 대학은 부상하는 독일 국민국가의 접착제로 기능할 것이다. 대학은 근대성으로 하여금 진보와 통합을 결합하며 근대적 혁신의 파괴적 측면을 더 높은 차원의 사회적 통합, 즉 국민국가 전체 쪽으로 이끌 수 있도록 할 것이다.

5장

대학과 교양 이념

　21세기 대학을 위한 대부분의 프로젝트는 19세기의 대학 프로젝트와 놀랄 정도로 닮아 있다. 훔볼트, 실러, 슐라이어마허, 피히테 그리고 칸트를 다시 읽어야 하는 것은 대학의 위기에 대한 현재의 '해법'들이 사실상 거의 대부분 훔볼트나 뉴먼의 주장을 재천명하는 데 지나지 않기 때문이다. 사실 훔볼트나 뉴먼이 현재에도 적실하다는 사실 자체가 대학 기관의 역사를 다룬 이 기본 텍스트들에 대해 우리가 얼마나 무지한지 말해준다. 이처럼 교육과 연구를 둘 다 소중히 여길 필요성이나 순수 연구의 간접적 유용성에 대한 수많은 이야기가 마치 새로운 발상이나 되는 양 나오고 있다. 이런 발상들은 실제로 한때는 새로웠으며, 이들이 되풀이되고 있다는 사실만으로도 다시 읽을 충분한 연유가 될 것이다. 나는 이 다시 읽기를 앞 장에서 이미 시작했으며, 이 장에서 칸트의 후계자들을 살펴보면서 계속하고자 한다.

　독일 관념론자들의 성취는 지식의 분석과 그 사회적 기능을 표현하고 제도화하는, 진정으로 괄목할 만한 것이었다. 칸트 철학의 아포리아를 토대로 그들은 근대 대학만이 아니라 독일 민족까지 연역해냈다. 프리드리히 셸링이 식별하고 실러가 미적 이데올로기의 매개를 통해 해결한바 영구적 지식과 역사적 전통의 변증법은 종족적 민족과 이성적 국가, 철학적 교양의 절합(articulation)을 가져왔으며, 이를 통해 (두 세기에 가까운 제국 팽창기 동안) 사변철학은 역사의 이성 자체와 결부되게 되었다.

칸트에 대한 실러의 유명한 비판은 인간을 보편성의 차원으로 고양시키는 이성의 능력을 인정한다. 실러에 따르면 이성은 주체를 중심에 위치시키는데, 주체는 자율적 존재로서 규정성의 세계에 대해 성찰할 능력을 갖추고 있으되 의식의 순수한 지점으로서 그 세계로부터 자유롭다. 실러는 인간이 이성에 의해 해방된다고 보지만, 또한 이성을 순수한 체계로 보는 칸트의 비경험적 설명은 임의적 연역법을 특성으로 한다고 주장한다.[1] 셸링은 다른 곳에서 이 연역법을 가리켜 논리학의 특성인 조건화된 이해에 불과하다고 한 바 있다. 실러가 지적하다시피 도덕적 국가가 순수이성을 부과한다면 그것은 '자연스런 감정'의 내면성을 특성으로 하는, 해방 이전의 기존 인간 조건의 파괴라는 대가를 치름으로써만 진행될 수 있다.[2] 칸트에서 자연과 이성의 안티노미(이율배반)는 주체에게 선택의 여지를 주지 않는다. 즉 이성에 도달하는 것은 자연을 파괴하는 것이요, 성숙에 도달하는 것은 어린 시절을 완전히 잊는 것이다. 이는 유명한 해석학적 순환을 낳으니, 이성적 국가가 인간을 교육한다고 되어 있으나 그 국가는 교육된 인간만이 세울 수 있는 것이다.

칸트 저작에서 제기되는 제도화의 문제는 실러에 와서는 자연을 파괴하지 않으면서 '자연의 상태'에서 '이성의 상태'로 옮겨가는 일의 어려움으로 규정된다. 그 답은 간단히 말해 미적 교육의 과정인 교양을 통해 주어진다. 즉 교양은 우리로 하여금 자연을 파괴하지 않고서 자연에서부터 이성으로 옮겨가게 해준다. 따라서 예술은 (도덕성을 허용하기 위해) 자연으로부터 우연을 제거하되 또한 이성을 자연으로부터 완전히 해방시키지는 않는다. 이 교양(Bildung, 육성: 'Billdung'은 '교양'으로 번역하되 앞으로 '육성'이라는 원뜻을 괄호 속에 넣기로 한다—옮긴이)은 도덕적 성격의 발전 과정으로 미를 자연의 혼돈과 순수이성의 엄격하고 임의적인 구조들 사이의 중간매개 단계로 위치 짓는다. 그렇다면 예술은 자연에 의한 이성의 순전히 수동적인 규정(짐승으로서의 인간)과 이성에 의한 자연의 완전히 적극적인 규정(기계로서의 인간) 사이에 서 있다. 그렇지만 실러에게 미적 교육의 과정이 단순히 그림을 보는 차원으로 파악되지 않는다는 점을 이해하는 것은 중요하다. 그것은 근본적으로 역사적인 과정으로, 이성은 역사적 연구를 통해서 유기적 생명을 부여받는다. 인간은 자연을 거부함으로써가 아니라 자연을 역사적 과정으로 재해석함으로써 도덕적 상태를 획득한다.

따라서 이성이 믿음을 대체해야 하며, 국가가 교회를 대체해야 한다. 그렇지만 중간매개적인 기관 또한 필요하다. 이 중간매개적인 기관은 교양의 과정을 체화할 수 있어야 하며, 이때의 교양이란 인류의 자연적 특성을 이성의 상태를 향해 준비시키는 과정이다. 슐라이어마허는 자연의 소산을 이성의 수준으로 끌어올리기 위해서 전통을 재작동하는 하나의 방식으로 해석학을 발전시키는 가운데, 이 중간매개적 기관으로 대학을 지목한다.[3] 슐라이어마허는 이 기관의 개혁은 단순히 전통을 폐지하고, 중세 대학과 같은 자연스런 구성체 대신에 이성의 임의적 적용에 의탁해서는 곤란하다고 주장한다. 전통은 폐기되는 게 아니라 그 진정한 성격이 이해되도록 작동시켜야 되는 것이다. 그렇다면 전통에서 이성적인 것은 식별되어 추인될 뿐 아니라 단순히 텅 빈 상태 위에 부과되기보다 보존된다는 점에서 유기적 생명을 부여받는다. 예컨대 해석학적 과정을 통해 민족은 이성적 자기인식의 차원으로 고양된 종족성을 체화하게 될 것이다. 이는 기성의 사회 형식들이 인류라는 추상적 이념의 토대 위에 연역된 형식들로 대체되리라는 믿음과는 상당히 다른 것이다. 조금 더 실제적인 맥락에서 이것이 뜻하는 바는, 인민들이 자기인식에 도달하고 자기결정적 존재가 되는 데 프랑스혁명의 파괴("철저한 재건을 위해서는 철저한 파괴가 필요하다"는 미라보의 금언을 기억하라)가 꼭 필요하지는 않으리라는 점이다.4 그리하여 독일 모델은 국가권력에 상당한 안심을 제공해준다. 대학은 혁명 없이, 파괴 없이 이성을 산출하기 위해 존재하는 것이다.

해석학적 재작동의 과정은 교양(culture)이라고 불리며, 이는 이중적인 표현을 지닌다. 한편으로 문화는 하나의 **정체성**을 칭한다. 그것은 연구의 대상이 되는 모든 지식들의 통일체로, 학문(Wissenschaft, 곧 과학적·철학적 연구)의 대상이다.5 다른 한편 교양은 **발전의 과정**, 인성 함양의 과정, 즉 교양(Bildung, 육성)이다. 근대 대학에서 이 과정의 두 지류는 곧 연구와 교육이며, 대학의 특수성은 이 두 가지가 상호 불가분하게 연결되는 곳이라는 사실에서 비롯된다고 주장하는 것이 관념론자들의 특징이다. 고등학교는 연구 없이 교육하며, 아카데미는 교육 없이 연구한다. 대학이 교육 체계의 중심인 것은 대학이 교육과 연구가 결합되어 셸링의 말대로 "과학의 묘상(苗床)들"이 또한 "일반 교양의 기관들"이 되어야 하는 곳이기 때문이다.[6] 훔볼트에 의해 제도화된 '문화의 대학'은 문화/교양에서부터 그 정당성을 끌어내니, 교양은 교육과 연구, 과정과 산물, 역사와 이성, 철학과 비평, 역사적 연구와 미적 경험, 제도와 개인의 종합을 지칭한다. 따라서 문화 이념의 드러남과 개인의 발전은 하나다. 대상과 과정이 유기적으로 결합하며 그것들이 결합하는 장소가 곧 대학이다. 대학은 따라서 인민에게는 지향하고 부응할 국민국가라는 이념을 주고, 국민국가에게는 그 이념에 부응할 능력을 갖춘 인민을 준다.

슐라이어마허에게 '학문(Wissenschaft)'이란 특정 지식들에 대한 모든 추구의 바탕에 놓여 있는 통일성인 사변적 과학/학문(speculative science)을 말한다. '학문'은 교양 있는 인민의 표식인바 지식의 **통일성**을 향한 사변적 탐구다. 통합된 지식들의 이러한 통일성은 물론 그리스인들이 가지고 있었던 것으로 지금은 상실되어버렸다. 잃어버린 교양의 순수한 기원이라는 그리스인의 위상은 독일 사변철학에 공통된 서사다. 아마도 가장 명백한 표현은 실러의 《미학 편지―인간의 미적 교육에 관한 실러의 미학 이론*Über die ästhetische Erziehung des Menschen*》에서 볼 수 있을 것이다. 실러에 따르면 근대성은 통합된 문화/교양을 파편화된 문명으로 대체하였는데, 이 문명은 특정한 지식들에서는 더 다양하지만 (그리고 어떤 점에서는 더 발전되었지만) 의미는 더 빈약하다. 피히테의 베를린 대학교 구상은 훔볼트의 역 제안에 묻혀버렸지만, 이 구상에서 피히테가 말한 대로, 근대의 실증적 지식 분야들의 방대함은 지식의 확장된 총체성을 개개인의 이해로는 감당할 수 없는 것으로 만들어버린다.[7] 그러나 지식의 확장된 총체성을 개개인이 파악할 수 없다고 해도, 관념론자들은 그럼에도 불구하고 개개인이 지식의 본질적 통일성을 파악하려고 노력할 수는 있으며, 그럼으로써 비록 죽은 물질적 사실들의 엄청난 물량에 압도된다 할지라도 살아 있는 지식의 유기적 총체에 참여할 수 있다고 주장한다.

독일 관념론자들은 잡다한 알려진 사실들을 통일된 문화적 학문으로 재통합하는 길은 교양(육성), 즉 고상한 인성의 함양에 있다고 주장한다. 교양(육성)을 통해서 국민국가는 그리스인들이 한때 자연스럽게 소유했던 문화적 통일성을 학문적으로 획득할 수 있다. 국민국가는 지식의 증식과 학문적 분리가 지성 영역에 부과한, 노동 분업이 사회 영역에 부과한 통일성을 다시 체현하게 될 것이다. 이 일은 어떻게 일어나게 될까? 여기서 실러의 '미적 교육' 개념에 제도적 형식을 부여하고자 하는 관념론자들 사이의 작은 차이에 주목할 가치가 있을 듯하다. 이를 위해서 후기 관념론자들은 미에 대한 실러의 호소를 교양에 대한 호소로 발전시킨다. 즉 하나의 초월(사변적 사유 및 연구의 대상이자 토대인 순수 학문의 지도적 통일성)이자 하나의 발전 과정(교육적 육성)으로서의 교양이다. 훔볼트가 말했다시피 대학에 구현된 교양의 원칙은 객관적 학문(문화적 지식)의 진전을 주관적인 정신적·도덕적 훈련(소양 기르기)과 결합한다.[8]

이 목적을 위해서 훔볼트는 대학을 실증적 지식들을 성찰하여 그 기원과 목적을 발견하고자 하는 동시에 모든 지식을 정당화하고 조직하는 메타담론을 제공하고자 하는 사변철학의 규칙에 따라 조직한다. 따라서 슐라이어마허는 학문으로서의 철학이 대학의 내면적 필요가 취하는 외면적 형식이라고 주장한다. 칸트에게 그런 것처럼 철학은 지식이 그 자신에 대해 성찰하는 순전히 자율적인 순간이다. 차이는 슐라이어마허의 경우에는 철학적 성찰의 과정이 지식을 한 추상 체계의 단순한 자기일관성으로서가 아니라 유기적 원리 속에 정초시킨다는 데 있다. 사실들은 단순히 논리적인 무모순성의 원리(principle of non-contradiction)에 따른 철학적 성찰에 의해 정리되는 것이 아니라 생명을 부여받는 것이다. 문헌학(philology), 즉 언어에 대한 역사적 연구는 이 유기적 정초 작업이 취하는 형식이다. 철학적 연구의 해석학적 과정 속에서 역사는 합리적 원칙들에 따라 재작동되면서 그 통일성을 드러낸다. 셸링은 《학문 연구 방법에 대한 강의*Lectures on the Method of Academic Studies*》에서 심지어는 문헌학을 살아 있는 총체 속에 자리 잡은 역사이자 언어가 생명을 부여받는 과정이라고까지 묘사한다.[9] 마찬가지로 슐라이어마허는 민족어가 학문의 기본 단위라고 재확인한다. 학문은 민족어의 틀 내에서 통일성을 가지며, 민족어는 절대적 지식의 더 폭넓은 총체 내에서 하나의 폐쇄된 총체를 구성한다는 것이다. 따라서 학문은 순수 의지로서의 민족이라는 순수 이성적인 추상 이념이 아니라 역사적 종족성에 뿌리를 둔다.

슐라이어마허는 대학과 국가의 관계가 전적으로 간접적이어야 한다고 주장하는 점에서 피히테와 구별된다. 국가의 개입은 대학의 자유를 보호하기 위해서만 이루어져야 한다. 이런 자유가 철학적 성찰의 자율적인 작동을 허용한다. 즉 어떤 외적인 구조, 학문 과정들과 분야들의 어떤 고정된 질서도 필요로 하지 않는, 지식 그 자체의 내적 필요로부터 작동하는 것이다. 슐라이어마허에게 국가에 주어지는 이득은 직접적 유용성의 이득이 아니다. 대학은 더 나은 국가의 종복을 생산하지 않는다. 오히려, 그 이득은 간접적이다. 즉 대학은 종복이 아니라 주체를 생산하는 것이다. 그것이 교양(육성)의 교육학의 핵심으로서, 이 교육학은 지식이라는 산물의 획득이 아니라 지식 획득의 과정을 가르친다. 이 문제는 대규모 강좌와 세미나의 상대적 장점을 둘러싼 논쟁에서 지금도 꾸준히 재연된다.[10]

제대로 교육받은 주체는 실증적 지식의 내용이 아니라 사고의 규칙들을 배우며, 그래서 사고와 지식 획득은 자유로운 자율적 활동으로서 주체의 일부가 된다. 학문에 적합한 교양(육성)의 성찰적 과정과 실증적 지식의 단순히 기계적인 획득 사이의 이러한 구분에 대해서 관념론자들은 모두 같은 생각을 갖고 있다. 가령 피히테에게 교수법이란 순수한 과정이다. 선생은 사실들을 전달하는 게 아니라(사실들은 책으로부터 더 잘 배울 수 있으며, 독서는 자율적 성찰의 여지를 더 많이 남겨둔다), 다른 두 가지 일을 한다. 선생은 첫째로 지식 추구를 서사화하고 지식 획득 과정의 이야기를 해준다.[11] 둘째로 그 과정을 실행하며 지식을 작동하게 한다. 따라서 선생이 가르치는 것은 사실이 아니라 비판이다. 즉 지적 능력의 사용에 대한 형식적 기술, 판단의 과정이다.

교양(육성)의 시간은 절대적 학문이라는 이념을 효과적으로 표현한다. 왜냐하면 그것은 단일한 순간이자 영원이기 때문이다. 이런 점에서 교양의 철학은 칸트의 합리주의에 여전히 빚지고 있음을 나타내며, 발전이나 성숙이라는 단순히 경험적인 관념들과 구별된다.[12] 슐라이어마허가 지적하다시피 대학의 시간은 사실상 단 한 순간, 주체가 이성을 의식하는 동시에 자신을 이성적인 존재로 의식하는, 지식 개념이 깨어나는 순간이다.[13] 이 단 하나의 순간은 또한 영원이기도 한데, 피히테가 주장하듯이 지식의 합리적 질서 잡기는 시간의 무한한 증식을 허용하기 때문이다. "질서 잡기의 기술은…… 그것이 어떤 단계도 헛되이 밟지 않는 한 시간을 무한을 향해 증식시키고 단일한 인간 존재의 짧은 기간을 영원의 차원으로 확장한다."[14] 이런 영원이란 물론 바전에게는 더 이상 가능하지 않은 시간성인데, 1960년대 바전의 대학은 근무시간 활용 자문단(time and motion consultants: 가장 업무 효율이 높은 시간의 동작을 연구하는 자문단—옮긴이)의 희생물이다. 피히테가 개괄적으로 그려낸 사변철학적 성찰은 사실들의 끝없는 바다에 빠져 자신을 잃어버리지 않는다. 오히려 성찰은 기억이 단순한 집적으로서가 아니라 근본 원칙들에 따라 체계적으로 작동할 수 있도록 만듦으로써 사실들의 의미를 포착한다.

  지식 전달에 대한 이 이론은 무엇보다도 교수법의 시간에 관한 이론이다. 즉 그 속에서 지식의 질서가 하나의 공간적 체계로 수립될 수 있는 시공간[크로노토프(chronotope)]에 관한 이론이다. 지식이 유기적으로 사고될 수 있는 자율적 대상이 되기 위해서는 가르침이 생산의 과정인 동시에 재생산의 과정이 될 수 있어야 한다. 독일 관념론자들로 하여금 현재가 과거 전통과 미래 야망을 하나의 통합된 교양의 영역으로 결합할 수 있는 기관의 모델로 대학을 제시할 수 있었던 것은 무엇보다도 가르침의 시간 덕분이다. 매우 중요한 사실은 이 결합을 성취할 수단에 대한 국가 통제의 수준을 훨씬 더 느슨하게 설정한다는 점에서 훔볼트의 대학 프로젝트는 피히테의 그것과 다르다는 것이다. 훔볼트의 프로젝트가 내린 처방은 국가의 형식을 "공통의 목적 증진을 위해 다양한 힘들을 하나의 유기적 통일성과 총체 속으로 얽어넣는 규제 방식"으로 보는 모델과는 덜 직접적으로 연결된다.15 피히테의 대학이 그 구조상 국가의 조건(기금 지원 계획의 상세한 제시)을 지향하는 반면, 훔볼트의 대학은 국가와 대화하는 기관으로서 자유로운 관용의 여지를 부여받는, 국가기구에 대한 생산적 보충으로 보인다. 그런 연유로 훔볼트는 국가가 대학에 행사하는 권력의 조건을 엄격하게 제한한다. "[대학이] 국가와 갖는 외적 관계에 관해서나 이 영역에서 국가의 행동에 대해서는, 국가는 국가가 대학에 지명하는 개인들을 통해서 대학의 정신적 자산들(그 힘과 다양성 모두에서)과 대학의 활동의 자유를 오로지 보호하는 일만 해야 한다."16

훔볼트가 제시한 베를린 대학교 구상은 지식 담론의 근본적 재구성을 종합한 것으로, 이 재구성을 통해 대학은 국가를 위한 간접적 혹은 문화적 기능을 떠맡게 되었다. 즉 하나의 역사적 실체로서 국가의 객관적인 문화적 의미를 추구하는 동시에 정체성의 잠재적 담지자로서 주체들의 주관적인 도덕적 훈련을 수행하는 기능을 떠맡은 것이다. 이 재구성의 범위를 이해하기 위해서는 훔볼트의 지적을 떠올려보는 것도 좋겠다. 그는 철학적 성찰의 자율적 작업은 단순한 여유(지시의 완전한 부재)와 실제적 효용(국가의 지시에 대한 완전한 복종)이라는 양 극단의 위협으로부터 보호되어야 한다고 지적한다.[17] 지식은 적용을 할 때 완전히 무규정적이어서도 안 되고 경험적으로 규정되어서도 안 된다. 그보다는 절대적 지식의 비규정적 이상(理想)과 관련하여 규정되어야 한다. 이 이상은 따라서 활동적 삶과 명상적 삶 사이의 중세적인 대립, 여기서는 각자 단순한 유용성과 단순한 여가가 되는 대립을 완전히 재구조화한다. 대학의 사회적 사명은 사고만으로도 행동만으로도 이해되어서는 안 된다. 대학은 단지 명상을 위한 장소, 그것이 이어서 행동으로 전환되어야 하는 그런 명상을 위한 장소는 아니다. 대학은 즉 단순히 국가 정책의 도구가 아니다. 오히려 행동으로서의, 이상을 향한 노력으로서의 사고를 구체화해야 한다. 이것이 국가와 그것의 결합인데 왜냐하면 국가와 대학은 동전의 양면이기 때문이다. 대학은 이상을 향한 행동으로서의 사고를 구현하고자 모색하고 국가는 사고로서의 행동, 나라의 이념을 실현하기 위해 모색해야 한다. 국가는 대학의 행동을 보호하고 대학은 국가의 사고를 지켜주어야 한다. 그리고 각각은 민족문화의 이념을 실현하기 위해 애쓴다.

교양을 그 생명 원칙으로 하는 이 같은 대학 개념은 근대적 기관으로서의 대학의 모양과 국가와의 관계를 규정해왔다.[18] 이것은 피히테의 조금 더 보수적인 전망에 대한 훔볼트의 조금 더 진보적인 제안이 거둔 승리처럼 보일 수도 있겠다. 그리고 사실 훔볼트는 피히테가 그렇듯이 이성을 단순히 '질서'와 동일시하지 않는다. 그러나 비록 훔볼트의 이성관이 더 사변적이고 보편적이었고 그의 국가관이 피히테의 것보다 종족에 뿌리를 덜 내리고 있었다 해도, 대학의 발전은 실제로는 피히테적인 길을 따랐고 소양 기르기의 과정은 주로 **종족적** 맥락에서 정의되었다. 우리의 이야기를 계속하자면, 종족성을 문화에 연계시켰던 도구는—특히 영어권 세계에서—**민족문학** 개념의 창안이다. 그리하여 다음 장에서 묘사하겠지만 민족문학 학과가 인문학의 중심으로서 더 나아가서는 대학의 정신적 중심으로서 점차 철학과를 대체하게 된다.

6장

문학적 교양

문화/교양의 이해에서 또 다른 중요한 전환이 19세기와 20세기에 걸쳐 일어나게 된다. 국민국가로부터 문화적 정체성을 성찰할 과업을 부여받은 중심 분과학문이 철학에서 문학 연구로 옮겨간 것이다. 문화는 철학적인 것에서부터 문학적인 것이 된다. 앞으로 살펴보겠지만, C. P 스노가 과학 문화와 문학 문화의 분열에 주목하게 만든 것도 바로 이 문학 범주의 발명이다. 문학적인 것은 철학과는 다른 방식으로 과학적인 것에 대립하며 이는 특히 영어권 나라들에서 두드러진다.

물론 문학적인 것의 역할은 슐레겔도 분명히 인정한 바 있다. 그는 《문학사 강의》에서 인민을 하나의 민족으로 묶어내는 것은 철학이라기보다 문학이라고 주장하는데, 철학은 (언어 문제가 제기되지 않는 만큼) 민족적 뿌리는 더 약하고 엘리트주의적인 면은 더 강하기 때문이다.

한 민족의 지적 생존 전반에 …… 민족적 기억과 연상이라는 풍부한 자원을 소유하는 것만큼 필수적인 것은 없다. 이 자원은 사회가 아직 유아기에 머물던 어두운 시대를 지나는 동안 대규모로 소실되었지만, 이 자원을 영속시키고 치장하는 것이 시적 예술의 위대한 목표다. …… 인민이 지난 시대에 자신들이 걸출했었다는, …… 한마디로 그들 고유의 **민족적 시**를 가지고 있다는 의식에 의해 감정적으로 고양되고 스스로 높이 평가하게 될 때, 우리는 그들의 자부심이 합리적이라고 기꺼이 인정하게 되며, 그들이 스스로를 높이 평가하게 만든 바로 그 정황으로 말미암아 우리 역시 그들을 높이 보게 된다.[1]

독일에서 민족문학의 발흥을 관찰할 수도 있을 것이고 또 여러 사람들이 분명 그렇게 해왔지만,[2] 나는 민족문학이라는 관념이 대학에 특히 두드러진 영향을 미친 것은 영어권 국가들에서라고 주장하고 싶다. 이 장에서 나는 이 영향을 어느 정도 자세하게 추적할 것이다.

그러나 무엇보다도, 문학 범주가 비교적 최근에 생겨난 것임을 깨닫는 일부터가 어렵다. 이 범주는 17~18세기에 등장하며, '문학' 은 영어권 문화 기획의 (유일하지는 않더라도) 주요한 이름이다. 이것은 괴테가 에커만(Johann Peter Eckermann)에게 거듭 환기시킨 점이다.[3] 예컨대 아리스토텔레스의 《시학*Peri Poietikes*》에는 문학 이론이 없다. 사실상 아리스토텔레스는 여러 상이한 글쓰기 실천들을 한데 묶는 통일적 관념으로서의 문학이라는 개념조차 가지고 있지 않다. 아리스토텔레스는 포에시스(poesis)를 언어를 가지고 만드는 과정, 즉 본질적으로는 장인적인 과정으로 본다. 다시 말해 미메시스(mimesis, 모방)의 기술공학은 일반학이 아니라 각 활동마다 특수하다. 그리하여 극작가와 산문 작가는 서로 공통점이 없는데, 이는 방직공과 돛 제작자가 공통점이 없는 것과 마찬가지다. 둘 다 천을 가지고 작업하지만 둘의 기술은 구조적으로 이질적이다. 바로 이것이 중세 길드 체제에 관철되고, 우리라면 문화적 생산으로 분류할 법한 다양한 분야를 지배한 사고방식이었다. 사실상 중세 예술 운운한다는 것부터가 근본적으로 시대착오적이다. 예술이라는 말로 우리가 영혼의 본질적 활동이라는 모종의 낭만적 관념을 뜻한다면 말이다. 이 관념에 따르면 유리 부는 직공과 통 만드는 직공이 갈라지는가 하면, 거꾸로 떠돌이 석공의 활동이 필경사의 활동이나 혹은 성모의 망토의 푸른색을 만들어내려고 색채의 정확한 배합을 습득하려 애쓰는 수습 화공의 활동과 하나로 묶일 수도 있는 것이다.

그렇다고 고대와 중세에는 일반학이라는 개념이 없었다는 말은 아니다. 플라톤은 명백히 그런 개념을 가지고 있었고,《고르기아스 *Gorgias*》와《이온*Ion*》을 이 문제에 바친다. 이 두 대화록은 철학자 소크라테스를 수사학자 고르기아스 및 음유시인 이온과 대비시킨다. 두 사람은 우리라면 '문학적'이라고 부를 법한 언어의 기술을 실천한다. 이온이 텍스트들에 대한 극적 낭독과 논평[지금 우리라면 순문학적(bellestristic) 문학 비평이라고 할 법한 일종의 야단스런 퍼포먼스]을 전문으로 한다면, 고르기아스는 궁정과 폴리스에서 논변을 펴는 대중 연설가다.

소크라테스는 웅변이나 음유시의 언어 기술이 아니라 철학이 단 하나의 진정한 일반학을 구성한다는 것을 입증하고자 한다. 바로 이런 근거에서 그는 시인들을 공화국에서 추방하는 것인데, 이는 시인들이 미메시스에 종사하기 때문이 아니라 [사실 그는 세계란 형상들(Forms)의 미메시스에 불과하다고 생각한다] 언어적 미메시스를 철학을 대신한 잠재적인 일반학으로 선포하는 불경죄를 자행하기 때문이다. 소크라테스의 철학자는 요리에서부터 의약에 이르기까지 모든 것에 대해서 이야기할 수 있다고 자임한다는 점에서 웅변가나 음유시인과 마찬가지다. 하지만 철학자가 철학적 견지에서 그렇게 행한다면, 나머지 둘은 우리라면 얼마간 '문학적'이라고 부르고 싶어질 (이런 유혹에 넘어간다면 잘못이겠지만) 그런 견지에서 그렇게 행한다. 철학자와 나머지 둘 사이의 차이는 음유시인이나 웅변가의 실천의 틀이 되는 기표들의 환유적 연쇄와 관계가 있는데, 즉 이들은 이해는 없이 그냥 따라가는 것이다. 이와 달리 철학자는 기표 차원에서 모방하는 게 아니라 기의의 차원으로 은유적 도약을 행한다. 그는 다른 기술들의 의미를 이해하나 그것을 수행하지는 않는다. 그리하여 철학은 자율적인 일반적 기술[다시 말해서 하나의 학(學)]이고, 반면 언어 기술들은 타율적이거나 의존적인 만큼, 아예 기술이 아니다. 즉 언어 기술은 자기이해의 능력이 없는, 다른 기술들에 대한 모방에 불과한 것이다. 따라서 아리스토텔레스에게는 아예 일반적 기술 자체가 없는 한편, 플라톤에게는 일반적인 **문학적** 기술이 없다. 철학이 하나뿐인 진정한 일반학이며 언어 기술들은 한낱 거짓 일반성만을 제공하기 때문이다.

문학이 결국 통합적 용어로 등장하게 되는 것은 따라서 다른 많은 점에서도 그렇듯이 플라톤의 잘못이다. 이런 일이 플라톤의 비평들에 대한 명백한 재평가로 일어나기 때문이다. 그리고 문학 개넘은 대중 연설을 뒤로 제쳐놓는 각도에서 글쓰기가 분석될 때 등장하며, 부르주아 공공 영역의 발흥과 긴밀하게 연계된 텍스트 생산의 다른 호칭인 것이다. 사람들이 무어라고 말해왔든, 필립 시드니 경이 《시의 옹호》에서 "말하는 그림"을 요청할 때는 딱히 모방의 일반적 기술이라는 맥락에서 문학에 대해 말한 것은 아니다. 미메시스 실천에 대한 시드니의 설명은 여전히 아리스토텔레스적이며, 따라서 환상의 규칙보다는 수사학의 규칙에 따른 만들기(poiein)의 문제다. 미메시스는 개개인이 모방을 실재로 받아들이게 미혹하려는 것이 아니라 대중을 수사적으로 설득하고자 한다. 회화와 시는 이해(理解) 공동체들이 형성되고 유지되도록 해주는 중심 대상들을 제공하는 과업을 공유한다. 따라서 시드니가 시를 "말하는 그림"이라고 부를 때 그것을 어떤 절대적 법칙의 예시로서가 아니라 수사적 범례(rhetorical exemplum)처럼 기능하는 것으로 생각한다는 점을 기억할 필요가 있다.[4]

이것은 문학에 들어 있는 모범적 예시들이 근대성에서 기능하는 방식과는 판이하다. 각각의 예는 보편적 법칙을 예시하고, 각각의 말하는 그림은 합리적 역사 이해의 확장되고 비모순적인 박물관적 혹은 정전적(正典的) 고전 공간 속에 독특한 장소를 차지한다. 《노턴 선집Norton Anthology》의 공간이기도 한 이 공간이 박물관적이라는 말은 근대 박물관의 지층 평면도가 이미 예술사에 대한 특정한 설명을 담은 직선적 지도로서 직선적 발전의 통일된 설명과 일반화된 분류 체계를 제공한다는 점을 염두에 둔 것이다. 문학은 이런 종류의 인식론적 공간 안에 각인될 때에만 비로소 대학의 분과학문이 될 수 있다.

　문학이 대학의 문화적 과업의 담지자로 제도화되는 과정은 독일의 경우에는 페터 우베 호헨달(Peter Uwe Hohendahl), 영국에서는 크리스 볼딕(Chris Baldick)과 프랭클린 코트(Franklin Court), 미국에서는 제럴드 그라프(Gerald Graff), 스페인에서는 블라트 고드치히(Wlad Godzich)와 니콜라스 스파다치니(Nicholas Spadaccini)가 묘사한 바 있다.5 필리프 라쿠라바르트(Philippe Lacoue-Labarthe)는 《정치라는 허구》에서 독일 민족사회주의(나치즘) 운동의 '민족적 미학주의'란 민족적 정체성과 유기적 문화 사이의 이러한 연계를 발작적으로 드러낸 증후라고 규정했다.6 이런 사례들이 보여주듯, 문학에 사회적 사명을 부여한 역사는 최고의 영어로 기록되고 남아 있다. 영미 대학의 경우, 그것은 일반적으로 비평의 기능으로 불리며 누구보다도 매슈 아널드의 이름을 담고 있다. 영국 반응의 특수성은 교회와 국가의 혼합에 크게 빚지고 있는데, 이로 인해 객관적인 문화적 지식의 담론, 즉 국가 학문(a state Wissenschaft)이 문화적 통일성의 담지자로서의 교회에 맞서는 일이 불가능해진다. 대신 문화 이념은 기술공학(technology)에, 영어적 의미의 '과학(science)'에 맞서는 것으로 이해된다. 19세기 내내 이루어진 기술공학의 성장은 사회 통합의 문제를 변환시킨다. 파편화는 더 이상 독일 민족이 갖는 특수한 문제의 결과가 아니라 산업화에 의해 제기된 일반적 위협으로 나타난다. 이제 문학은 종족적 정체성을 유지하고 위험하게도 초국적인 현상으로 보이는 역사적 진보의 이념과 이 정체성을 결합하는 수단으로서 철학을 대체한다.

영미 대학에서 근간이 되는 분열은 과학적 문화와 문학적 문화의 분열이다. 독일 관념론자들이 경험적 성숙의 과정으로서 학생의 교양(육성)에 초점을 맞춤으로써 종교와 이성의 분열이라는 칸트의 문제를 우회했다면, 뉴먼과 조윗 같은 사상가들은 그 대신 우리에게 인문적 개인, 즉 신사(gentleman)를 제시했다. 뉴먼이 말한 대로 "대학과 신사의 특별한 성격 내지 속성으로 '인문적(liberal) 지식', '자유 교양(liberal arts)과 연구', '인문(liberal) 교육'에 대해서 말하는 것이 통상적이다".7 영국인들의 경우, 해석학적 문헌학은 과학과 문학(letters)을 결합해내지 못했다. 그보다 문화와 문학의 동일시는 산업화의 기술공학에 대한 반응이었다. 여기서 나는 '영국인들'이라고 말하지만, 아마도 더 정확하게 '옥스퍼드 대학교와 케임브리지 대학교'라고 말해야 옳을 것이다. 런던과 스코틀랜드의 대학에서는 이 문제가 조금 다른 방식으로 조직되었기 때문이다. 스코틀랜드 대학들은 더 중앙집권적이고 재정적 능력이 약해서 기득권 세력에게 개혁에 반대할 여지가 별로 없었다는 점에서 잉글랜드의 오래된 대학들과 달랐다. 더 실용 지향적인 비국교도 학교들의 더 폭넓은 역할과 위의 면모가 결합되면서, 자연과학과 의학의 발전을 주장하는 헉슬리의 운동을 더 우호적으로 받아들일 기반이 마련되었다. 헉슬리의 말로는 "진정한 교양 획득이라는 목적으로 보자면, 과학 일변도의 교육은 적어도 문학 일변도의 교육만큼 효과적이다".8 그렇지만 옥스퍼드와 케임브리지에서 교양의 이념은 무엇보다 문학의 영역과 맺어져 있었다.

의미심장하게도 옥스퍼드 대학교는 뉴먼의 《대학의 이념》의 모델이다. 그리고 영어권에서 대학이라는 기관을 생각할 때 여전히 가장 큰 공명을 일으키는 것은 바로 뉴먼의 텍스트다. 뉴먼의 텍스트는 또한 5장에서 다룬 독일 관념론자들의 생각과 상당한 유사성을 보여준다. 독일 관념론자들과 마찬가지로, 뉴먼은 명시적으로 지식을 하나의 유기적 전체로 설정한다. 대학에서 연구의 목표는 특정 지식이 아니라 기계적으로 습득된 부분들의 총합을 초과하는, 뉴먼이 '지적 교양'이라고 칭하는 것이다.[9] 일반적 교양 개념은 총체이자 특정 지식들의 본질로 작동하는 유기적 종합, "그것 없이는 전체도 중심도 없는"(134) 종합으로 나타난다. 이 기본적인 틀 안에서 뉴먼은 인문 교육을 실제적 지식과 유용성의 원칙에 대립하는 것으로 자리매김한다. 뉴먼의 한 '담화' 제목에서도 그렇듯, 인문 교육은 지식을 기술공학의 기계적 유령에 맞서는 그 자체 목적으로 설정한다[뉴먼의 《대학의 이념》은 '담화'들로 구성되어 있으며 다섯 번째 담화의 제목은 '그 자체 목적인 지식(Knowledge Its Own End)'이다—옮긴이]. "그렇다면 보다시피 여기 두 가지 교육 방법이 있습니다. 하나의 목표는 철학적인 것이요, 다른 하나의 목표는 기계적인 것입니다."(112) 인문 교육 혹은 철학 교육의 간접적 모색은 일반적 이해를 추구하며 유용한 특정 지식이 아니라 지식의 통일성에 대한 감각을 추구한다. 인문 교육은 따라서 "지도(instruction)보다는 교육(education)의 장소"로서 대학의 고유한 책무다. 지식의 목표는 대학 외적인 것이 아니라 '지적 교양'의 내재적 원리다. 따라서 피히테와 훔볼트에서처럼 대학은 하나의 공동체, 즉 지적 교양의 내적 추구를 위해 소통하는 "식자(識者)들의 모임"(101)이다. 그리고 지적 교양은 지식 생산

(다양한 학문 분야의 "공통된 목표"인 "진리의 달성")과 개개인의 교육["(각 분과학문이) 그것을 공부함으로써 교육을 받는 사람들에게 행사하는 영향력"] 양자에 모두 적용된다(99~100).

그렇지만 뉴먼이 독일인들과 다른 점은 (학문들의 통일성인) '진리' 를 신학적인 것으로 설정하는 데 있다. 뉴먼에게 지식들의 통일성 자체는 한 가지 형태의 지식이나 철학적 학문(science)의 대상이 아니며, 따라서 연구 기획의 형태를 취하지 않는다. 뉴먼의 세계에서 영국과 아일랜드의 대학은 여전히 교회(신교든 구교든)와 직접적인 연계를 맺고 있는데, 이 연계가 국가와의 연계로 대체되지 않은 것이다. 따라서 연구 기획에 대해서는 아무런 언급이 없다. 독일 모델에서 '학문(Wissenshaft)'이 차지했던 계시된 지식의 생산적 통합의 자리에 신의 진리가 들어서기 때문이다. 교양이 하나의 이념으로보다 신사의 삶 속에 형상화되는 이유도 여기 있다. W. B. 카너컨이 적절히 지적하듯, 독일 관념론자들의 영향을 받은 매슈 아널드에게 세속적 교양의 교육과 연구는 사회적 구원의 도구였던 반면, 뉴먼에게 세속적 교양의 교육은 죄 많은 세상에 대한 임시방편적 준비이며, 이 세상의 구원은 과학적 지식보다는 종교적 믿음의 문제다.[10] 따라서 뉴먼에게 철학은 일반적 학문(science)이 아니라 주관적 태도, "하나의 습관, 개인적 자산, 내적 자질"(113)이 되는 것이다. 그리하여 뉴먼은 어떤 지식 개념도 없는 단순한 공동체로서의 대학— "아무것도 하지 않은 대학"—이 "그 구성원들에게 태양 아래 모든 학문을 익힐 것을 요구한"(145) 대학보다 더 나으리라는 놀라운 제언을 내놓을 수 있는 것이다.[11]

뉴먼은 '지적 교양'을 철학적이라고 규정하지만, 철학은 이런 교양의 학문 분야는 아니다. 철학은 하나의 공부 과목이라기보다 "지성의 완성 내지 미덕"의 주관적 질이다(125). '지식에……'사유' (Thought)와 '이성'(Reason)'을 철학적으로 행사하는 훈련은 실제로는 문학 분야의 공부에서 이루어질 것이다(139). 뉴먼은 '문학의 함양' 이 삶의 다양한 측면들과 지식 사이의 '공동의 연결고리'를 획득하는 수단이자, 인문 교육의 특징인 일반적 이해의 모델 자체라는 프레더릭 코플스톤(Frederick Copleston)의 말을 긍정적으로 인용한다 (169). 플라톤의 《이온》이 전도된 격이니, 모든 다른 학문과 전공을 이해하는 데 필요한 정신 자세를 훈련할 수 있는 것은 바로 문학이다. 따라서 여타 학문들과 더불어 문학은 "인문 교육의 주세에서 또 다른 주요 구성 요소"(227)가 된다. 생활 세계에 대한 지식을 위해서는 자연과학을 공부할 수 있겠지만, 지식의 살아 있는 통일성, 지식이 세계에서 차지하는 자리에 대한 이해에 대한 분명한 표현은 문학에서 찾을 수 있을 것이다.

'대학의 이념에 관한 아홉 개의 담화'(아홉 개의 담화로 구성된 《대학의 이념》 1부 '대학 교육'을 가리킨다—옮긴이)도 이 주제에 몇 쪽을 할애하지만, 뉴먼이 1858년에 내놓은 이와 짝을 이루는 에세이 〈문학: 철학 및 문학 학부에서의 강의〉에서 가장 명시적으로 표현된다. 1854년부터 1858년까지 영국 가톨릭 문학에 대해 한 강의에서와 마찬가지로 이 강의에서 그는 민족의 이념과 문학 공부 모두를 민족적 주체를 훈련하는 수단으로 발전시키는 장으로 문학을 자리매김한다. 문학은 민족문화의 유기적 통일성의 동인이자 표현이며,

활동하는 교양의 종합하는 힘이다. 뉴먼이 지적하다시피 "위대한 작가들에 의해서 다수가 하나로 통합되고, 민족적 성격이 고정되며, 민족이 말을 하고, 과거와 미래, 동양과 서양이 서로 소통을 하게 된다".(193)

　문학은 인민을 단일한 민족적 목소리로 융합하면서 민중(Volk)의 차원에서 하는 일을 문학 훈련은 개인의 차원에서 수행하는데, 이는 "한 민족의 성장이 개인의 성장과 같기" 때문이다(310). 명백히 민족적인 문학은 이처럼 생산물이자 과정, 일반적 대상이자 개인적 수양인 교양의 이중적 의미를 통합하는 일을 철학 대신 수행한다. 이제 문학은 한 언어의 민족성 바로 그것이니, 문학적 고전을 식별하는 "뚜렷한 특성"은 "외국 요소들의 혼합으로 타락한" 언어의 "영혼 없는 길들여진" 산물에 반대되는 언어의 "민족성"이기 때문이다(328). 문학과 민족적 자의식의 성취를 이처럼 대놓고 연결 짓는 태도는 직설적인 제국주의의 토대를 이룬다. 뉴먼은 민족문화가 분명히 서양의 창안물이라고 본다. "야만인의 언어로는 지성의 어떤 개념도 행위도 표현하기 어렵다. 호텐토트나 에스키모의 언어가 플라톤, 핀다로스, 타키투스, 성 히에로니무스, 단테, 혹은 세르반테스의 천재성을 재는 잣대가 될 수 있겠는가?"(287)

　'담화'에서 뉴먼은 언어적 교양이라는 주제에 대한 그의 동시대인인 데이비슨(John Davison, 1777~1834: 영국의 목사이자 옥스퍼드 대학에 재직한 학자로 신학 저술로 유명하며 옥스퍼드 대학교 개혁을 지지하는 글을 썼다―옮긴이)을 인용하며 동의를 표한다. 뉴먼이 보기에 데이비슨의 작업은 언어에 대한 사심 없는 연구의 산물이고 "아무런 대가

나 보상도 없이 일상 대화에서 영어로 양식을 말하는······ 능력"의 산물이다. 뉴먼은 데이비슨이 영국 문학의 이점을 비서양 민족들의 모습과 대비하는 대목을 인용하는데, 이들은 특정 과제에 관한 의사소통을 할 때를 제외하고는 실질적으로 벙어리라는 것이다. 데이비슨은 우리에게 "야만인들의 오두막을 들여다보고, 아무것도 들을 게 없으니만큼 그저 멍하니 침묵으로 보내는 시간의 끔찍한 공허를 보라"고 권한다. "그들이 전문으로 삼는 전쟁과 사냥의 일거리가 끝나고 이제 할 일이 없어졌으니 할 말도 없다"(171~172)는 것이다. 문학이 민족문화의 언어라면, 즉 물질생활의 기계적 작동을 넘어서는 정신적 활동의 글로 기록된 증거라면, 민족문학 연구를 통해 지적 교양을 함양하는 인문 교육은 교양 있는 신사를 배출할 것이며, 이 신사들의 지식은 기계적이거나 직접적인 유용성은 갖지 않고 그 대신 문학으로서의 민족어가 지닌 활력에 대한 정신적 연계만을 지닐 것이다.

바로 이런 맥락에서 아널드는《교양과 무질서》에서 교양을 산업 문명의 기계적이고 외재적인 영향들에 맞서는 하나의 유기적 전체로 제안하는 것이다.[12] 앞에서 언급했듯 아널드는 신사의 수양을 그 자체로 하나의 세속적 문화의 의사종교로 변화시킨다. 통일성을 파편화에 대립시키는 독일 관념론자들의 수사가 다시 나타나는데, 그러나 여기서는 헤브라이즘의 종교적 '빛'의 엄격함을 헬레니즘의 시적 '단맛'의 우아함과 결합하는 과제, 아널드가 〈현 시기 비평의 기능〉에서 "민족적 광채"라고 부르는 것 속에서 지식과 의미를 통합하는 과제를 문학 비평이 맡는다.[13] 제럴드 그라프가 스케치한 문학 연구의 제도화와 관련된 논쟁의 양극—역사적 연구와 비평, 학문 연구와 미적 경험, 이론과 문학—은 이미 모습을 드러낸다.[14]

이 논쟁에서 기술공학의 유령이 갖는 중요성은 이후의 T. S. 엘리엇과 리비스처럼 아널드가 독일 관념론자들이 그리스인들에게 부여한 자리, 즉 살아 있는 언어로 유기적 공동체를 그 자체에게 즉각적으로 대변하는 자리에 셰익스피어를 위치시킨다는 점을 생각하면 잘 알 수 있다. 슐레겔이 그리스인들을 문학의 순수한 기원으로, 어떤 선행하는 역사적 전통도 없이 무(無)로부터 문학을 창조한 사람들로 상찬했다면, 영국인들은 토착적 기원을 제공하는 불학(不學)의 인물로 셰익스피어를 내세운다.[15] 그리스어는 몰랐고 라틴어도 거의 알지 못한 셰익스피어는 존 드라이든에 따르면 아무것에도 개의치 않으며 글을 썼다고 한다. "그를 두고 학식이 부족하다고 비난하는 사람들은 그에게 더 큰 찬사를 바치는 셈이다. 그는 학식을 타고난 사람이었다. 그에게는 자연을 읽기 위해 책이라는 안경이 필요하지 않았다. 그는 내면을 들여다보고 그곳에서 자연을 발견했던 것이다."[16]

드라이든은 문학 감상이라는 발상의 발전을 주도한다. 즉 텍스트가 본질적으로 기술의 규칙(포에시스, 수사학)에 따라 만들어진 것이라기보다 (미학의) 감상 주체를 위해 산출된 것이라는 발상이다. 그리고 바로 이 지점에서 규칙에 매인 일련의 이질적인 언어 실천들이 아닌 문학이라는 일반적 개념이 등장할 수 있게 되며, 실제로 드라이든과 더불어 등장하게 된다. 나는 다른 곳에서 드라이든의 글에서 문학적 읽기라는 발상이 등장하는 과정을 상세히 설명한 적

이 있는데, 이 발상은 서문—일차 텍스트에 대한 이차적인 선도인
—이라는 역설적 공간에 문학 비평을 위치시킴으로써 규칙과 감
상 사이의 긴장을 극복하려는 방편이었다.[17] 그리고 《옥스퍼드 영
어 사전》에서 '함양하다(cultivate)'라는 동사를 '배움'을 가리키는 뜻
으로 처음 사용한 저자로 드라이든을 인용하는 것도 전혀 우연이
아니다. 영국인들은 지식을 문화적 문제로 만들기 위해 문학을 불
러낸다. 결정적으로 드라이든과 새뮤얼 존슨(Samuel Johnson)은 문
학적 교양이 수립되는 순간으로 셰익스피어를 내세우는데, 이런 주
장은 커리큘럼 속에서 되풀이되며 또 소중히 모셔지게 된다.

  19세기가 되면, 고대인 대 근대인의 대립이라는 맥락에서 교양의
주체를 문제 삼은 드라이든적인 물음은 자연 내 문화의 대립을 명
시적으로 내세우는 과정을 거치며 변화하고, 이 구도에서 셰익스피
어는 다름 아닌 문화의 자연적 기원이라는 자리에 놓이게 된다. 이 기
원으로서 셰익스피어는 국민국가가 자신의 기원을 발견하는 심급
이 되니, 이는 종족적 성격과 이성적 국가의 융합, 즉 종족적 성격
이 자발적으로 스스로를 민족적 문화로 표현하는 지점이 된다. 아널
드는 낭만주의의 셰익스피어 숭배 전통을 이어받아 이를 독일 관
념론자들의 고대 그리스 읽기에 맞추어 조정한다. 이들에게 고대
그리스는 사회적 통합에서 즉각성과 자기현존의 순간, 문화의 자생
적인 자연적 기원의 순간인데, 비평적 교양은 연구 대학(the Research
University)과 같은 국민국가의 이성적 기관들에 의한 해석학적 재구
성을 통해 이 잃어버린 기원으로 돌아가고자 노력해야 한다.

  따라서 셰익스피어의 희곡은 영국에서 그리스 철학이 독일에서

가졌던 것과 동일한 의미를 갖게 된다. 즉 민족적 주체들 사이의 합리적 소통—국가 기관들을 통해 매개된 합리적 소통—을 통해 재건해내야 하는 진정한 공동체의 잃어버린 기원이 되는 것이다. 글로브 극장(셰익스피어의 극단에 의해 건설된 극장으로 건물 전체가 둥근 원 모양이었다—옮긴이)의 둥근 모양도 독일 관념론이 그려낸 아테네 도시국가의 정치적 삶과 매우 흡사한 유기적으로 통합된 사회의 전망을 뒷받침하니, 도시국가에서 시민들(단 여자와 노예는 빼고)은 각자가 모두와 직접적으로 소통하는 원형의 공간에서 토론을 벌였다. 마찬가지로, 고대 그리스를 (조각상과 건물의 칠이 흐려진 탓에) 순백의 장소로 보게 된 고고학적 오류는 셰익스피어의 생일을 성 조지의 날(4월 23일)로 확정한 것과 같은 허구로 되풀이된다. 셰익스피어는 4월 23일 사망한 것으로 기록되어 있으니, 일종의 순환성(토착적 기원의 독특한 특성)을 위해서 그는 바로 그날 태어나야만 했던 것으로 결정된 것이다.

셰익스피어가 영국 문화의 자생적이고 자연스러운 기원이라는 이러한 허구로 말미암아 리비스는 〈대학의 이념〉(《교육과 대학》 1장 —옮긴이)에서 대학에서 모든 공부는 문학 공부를 중심으로 해야 한다고 주장하기에 이른다. 나아가 리비스가 보기에 모든 문학 공부는 17세기를 중심으로 해야 하는데, 17세기란 엘리엇이 말하는 "감수성의 분열"이 개입하여 문학과 소통적 혹은 도구적 언어를 분리시킨 시기인 것이다. 다시 말해 문화가 사회로부터 분리된 것이다. 이 분리가 셰익스피어 이후에 일어난 전락의 계기다. 문화는 유기적 전체라는 잃어버린 이상을 계속 불러대는 반면 이때부터 사회는 문명의 기계적 과정에 불과하다.[18] 비평의 기능이란 리비스에 따르면, 그 분리를 치유하는 일, 즉 대중 문명과 민중(Volk)의 유기적 공동체를 전문적 추구들로 이루어진 파편화된 세계와 문화적 총체의 이념을 재결합하는 일이다. 이제 리비스는 사회를 위해, 언어를 위해, 대학을 위해 이 과제를 입안하는 문화와 문명 사이의 변증법을 제안하는 것이다.[19]

이와 관련하여 나는 우선 사회에 대한 리비스의 발언부터 살펴보고자 한다. 〈대중 문명과 소수 문화〉에서 그는 문화(셰익스피어의 시대에는 생생히 살아 있던, 한 민족의 잃어버린 유기적 통일성)와 문명[대량 기계의 시대 혹은 '기술공학적-벤담적(technologico-Benthamite) 문명']의 대립이 존재한다고 주장한다. 리비스에 따르면 우리는 전자로 돌아갈 수도 없고, 후자 속에서 계속 살아남을 수도 없다. 향수도 근대화도 우리를 구원하지 못할 것이다. 대신 소수 문화가 이 대립의 변증법적 해결로서 개입해야 하며, 비평적 실천을 통해 대중 문명에 저항하고 또 대중 문명을 개혁할 수 있도록 잃어버린 통일성의 원칙을 구현해내야 한다. 동일한 구조가 언어에도 해당되니, 여기서 문학 전통은 그것을 밀어낸 광고의 단순히 소통적인 언어에 대립된다. 《내 칼은 아니리》에서 리비스는 그의 주장을 조금 더 밀고 나가 비평의 과제는 언어에 다시 생명을 불어넣는 일이라고 주장한다. 시의 언어는 죽었으나, 비평을 통해 생명을 되찾을 수 있다. 그러나 단순히 **문학적**이기만 한 비평은 아닌데, 문학 비평이 할 수 있는 것은 민족 전통의 살아 있는 요소들을 선별해내는 일뿐이기 때문이다. (변별 작업에 대한 리비스의 강조나 집요한 인용도 여기서 나온다.) 이런 문학 비평은 비평적 시(T. S. 엘리엇의 시와 같은)의 창작과 독서에 산파역할을 하며 그럼으로써 전통의 이러한 요소들로부터 새로운 종합을 만들어낸다.[20]

리비스는 〈대학의 이념〉에서 지식 분야에서는 영국의 오랜 대학들, 도시 중심부에 위치한 대학들이 대표하던 통합된 문화가 미국의 캠퍼스 대학들의 기계적 전문화로 대체되었으며, 여기서 지식은 하나의 직업, 문화 전체와 아무런 직접적 연관이 없는 자율적이고 비의적인 추구가 된다고 불만을 토한다. 이런 대립의 극복은 언어에 주목함으로써 학문적 연구에 실제 체험된 의의와 역사적 연속성을 부여할 활력소로 영문학 연구를 대학의 중심에 놓을 때 가능하다고 리비스는 주장한다. 따라서 리비스가 보기에 고급문화는 대중 문명으로부터의 수직적 분리이자 산업화 이전 시대와의 수평적인 역사적 연속성으로서 가장 세련된 어법을 보존한다. 미학적 변별이 수직적 분리를 확보해주며, 역사적 연구가 수평적 연속성을 확보해준다. 단순한 골동품적 박학다식은 맥베스 부인이 몇 번 출산을 했느냐 같은 문제를 선호하면서 전자를 무시하고, 따라서 비평적이지 않다.[21] 그러나 비평이 대중의 현재 취향에 영합하는 덫에 빠지지 않으려면, 민주적 대중주의에 오염되는 일[리비스가 보기에 아널드 베넷(Arnold Bennett: 19세기 말 영국의 소설가—옮긴이)이 빠져든 운명인데]을 피하려면, 비평에 역사적 연속성이 주어져야 한다.

한마디로 리비스는 문화를 파편화에 대립시키는데, 파편화는 더이상 독일 민족의 특수한 문제의 소산이 아니라 오히려 산업화로 제기된 일반적 위협으로 나타난다. 이런 위협에 직면한 상황에서 문학은 종족적 정체성을 보존하고, 이것을 위태롭게도 초국가적으로 나타나는 기술공학적 진보의 이념과 결합하는 수단으로서 철학을 대체한다. 리비스와 아널드 모두에게 문학적 교양의 이념은 산업화 이전의 유기적 공동체와 대중 소통의 기술공학을 종합함으로써 스스로에게 **투명성을 지닐** 그런 문화를 수립할 수 있었다. 그런데 라쿠라바르트가 보여주었다시피, 이는 나치의 국가 미학주의가 추구한 목표였다.[22] 단순히 민중(Volk)에게 폭스바겐을 제공하는 게 아니라 한 나라 민중의 표징인바 유기적 공동체의 기술공학적 표현으로 민족(nation)을 제공하는 목표 말이다. 이런 맥락에서, 유기적인 것과 기술공학적인 것의 대립이 극복된다. 문화는 기술공학을 한 민중의 자기인식의 양식으로 탈바꿈하고, 또한 잃어버린 공동체의 유기체론을 닫힌 체계가 아니라 정체성의 살아 있는 원리로 탈바꿈하면서 공동체를 자기만족 속에 다시 가두기보다 자기인식을 향해 열어놓는다. 그 결과 마을과 기술공학은 '유기적 문화'로서 하나가 된다.

　리비스나 아널드가 파시즘적이라고 비난하려고 이런 말을 하는 것은 아니다. 그렇지만 '문화의 대학'은 불가불 이 유기체론에 붙잡힐 수밖에 없으며, 국가를 유기적 기계로 보는 나치즘 사상의 핵심 또한 유기체론이라는 점만큼은 말해두고 싶다. 볼프 레페니스(Wolf Lepenies: 독일 사회이론가―옮긴이)가 〈분과학문의 방향: 대학의 미래〉에서 주목한 바도 바로 이 점인데, 이 글에서 그는 일부 도덕적 개인이 어떤 활동을 했든 대학의 연구와 교육 체제는 제3제국하의 독일에서도 중대한 중단 없이 계속 작동하였다고 지적한다.[23] 레페니스는 이렇게 나치즘에 쉽게 적응할 수 있는 대학 구조의 면모에 경각심을 가져야 한다고 결론짓는다. 《과학과 문학 사이》에서 그는 C. P. 스노의 두 문화 구분, 즉 예술과 자연과학의 구분을 참조하여 이 문제를 진단한다.[24] 레페니스에 따르면 이 둘 사이의 분열은 가치 문제에 대한 성찰과 실제적 적용 문제에 대한 성찰 사이의 분열로 이해하는 편이 낫다. 그리하여 예술이 지식의 사회지향성의 모델을, 그리고 이런 속성의 문화적 함의에 대한 성찰의 수단을 제공할 수 있을지는 모르나, 이런 성찰들은 일체의 실제적 효과로부터 본질적으로 단절되어 있다. 한편 과학은 그것이 생산하거나 조정하는 지식들의 사회적 효과에 대해 성찰할 필요 따위에 시달리는 법 없이—그런 사고는 다른 데서 이루어지기로 되어 있으니까—과학 고유의 견지에서 기술공학적 합리성을 추구한다. 레페니스는 가치 문제와 실천 문제의 변증법적 종합을 제공하는 수단으로, 실제적 유용성과 사회적 지향성을 종합하는 수단으로 사회과학이라는 '제3의 문화'를 제시한다. 레페니스의 생각에는 사회과학이 새로운 '문화의 대학'의 중추 학문으로 문학과 철학을 대신할 것이다.

이것은 말하자면 문화를 위한 마지막 몸부림이다. 즉 문화에서 유기체론의 잔재를 벗겨내고 대학에서 지식을 통합하는 과제를 비평이나 성찰보다는 사회과학에 맡김으로써 나치의 파국으로부터 문화의 이념을 보존하려는 시도다. 이는 위르겐 하버마스가 〈대학의 이념〉이라는 글에서 한 제안과 명백한 유사성이 있는데, 여기서는 문화의 이념 대신 소통적 합리성이 지식을 통합하는 과제를 부여받은 심급이 된다.[25] 하버마스는 "최종적으로는, 다양한 기능을 지닌 대학의 학습 과정들을 함께 묶어주는 것은 과학적이고 학문적인 논증의 소통 형식들"이라는 주장을 펴기 위해, 소통이 대학의 제1법칙이라는 슐라이어마허의 주장으로 분명히 돌아간다.26 문화적 종합이 어떤 이념의 계시에 의해 보장되는 것이 아니라 소통의 실천을 통해 성취되지만, 이 독일 관념론자가 제기한 주장의 구조는 그대로 유지된다. 문화는 절대가 아니라 합의를 지향한다. 공동체는 유기적 정체성이 아니라 합리적 소통에 기초한다.

이런 공동체 개념은 이어서 미국의 정전 논쟁에도 등장하는데, 스탠리 피시(Stanley Fish)는 해석 공동체(interpretative community)의 기치 아래 "평상적으로 일하기"를 부르짖는다. 하버마스와 마찬가지로 피시는 문화적 정체성이 아닌 합리적인 제도적 합의의 지평에 호소한다. 그는 교수직을 자율적이고 자기규제적인 심의 제도라고 설명하는데, 이는 일정한 순환성의 대가를 치르고서야 유효한 주장이다. 즉 무엇이 대학 담론인지 결정하는 것은 해석 공동체이나, 그 공동체의 정체성 자체는 그런 결정 행위들에 의해 구성된다. 해석 공동체가 내리는 결정들이 자유롭거나 합리적인 토론의 대상이라는 환상을 유지하기 위해서, 자신의 주장이 공허한 현상(現狀) 옹호론으로 비치지 않도록 하기 위해서 피시는 이런 '해석 공동체들'이 자체의 전통과 규약들을 대학 담론에 등장한 새로운 유형의 표현들에 비춘 분석의 대상으로 삼을 수 있다고 주장해야만 한다.

이런 주장은 사실 다른 어느 곳보다도 미국에서 더 가능하다. 미국에서 문학적 교양의 이념은 공화적 민주주의에 걸맞게 **전통** 개념보다는 정전 개념에 의해 역사적으로 구축되어왔다. 더욱이 미국에서 정전은 종족성보다는 가치를 강조해왔다. 비록 인종주의는 언제나 가치 담론의 보호를 받는 담론 중 하나였지만 말이다. 그러나 혁명을 통해 전통의 굴레를 벗어던진 나라라면 문학 전통이 순전한 세습의 짐보다는 민주적 선택의 대상으로 보이게 만들어야 한다. 따지고 보면, 미국에서 문학 연구에 제도적 형식을 부여한 신비평은 리비스와 《검토Scrutiny》(리비스의 주도로 발간된 문학계간지 —옮긴이) 그룹보다는 노골적으로 엘리트주의적인 면모가 훨씬 덜하다.

그렇지만 영국에서 리비스가 그런 것처럼 신비평가들은 교육제도에 엄청난 영향을 미쳤다. 대서양 양편에서 문학 연구의 이득에 대한 급진적 주장은 중등학교 교사들을 훈련하는 데 대한 대대적인 관심을 동반하였고, 이들은 문학적 교양을 지켜내야 한다는 사명감을 가지고 대학을 나섰다. 그렇지만 리비스의 교재들이 영국문학 전통의 문제를 다루었고 그래서 (장편소설용으로는) 《위대한 전통The Great Tradition》과 (서정시용으로는) 《재평가Revaluation》와 《영시의 새로운 좌표New Bearings in English Poetry》라는 제목을 단 반면, 신비평가들은 《시 이해하기Understanding Poetry》와 같은 제목의 교재를 집필했다. 리비스가 그의 사도들에게 전통을 제공한 반면, 신비평가들은 읽기 방법을 제공했다. 물론 그들의 읽기 방법은 특정한 시 양식(짧은 모더니즘 서정시)에 특권을 부여하는 경향이 있지만 그들의 주장은 자율적인 예술 작품, 즉 문화적 내용과 무관하게 스스로 시로 자각하는 시에 특권을 부여한다는 것이었다. 이와 유사하게 리비스는 자의식적인 예술성('성숙함')에 초점을 두고 형식에 주목하며 스스로 **영국** 시로 자각하는 시를 칭찬하기에 이르렀다.

신비평가들은 역사적 연구에 단호히 반대했고, 예술 작품을 본질적으로 자율적이며, 해석을 인도할 외적 정보 없이도 반응을 불러일으킬 능력이 있는 것으로 설정하였다. 그러나 리비스와 신비평가들은 많은 사안에서 다르지만, 이 점에서는 얼핏 보기보다는 더 많은 공통점을 가지니, 역사적 연속성에 대한 리비스의 설명은 문학이 가용(可用) 전통으로 자명하게 거기 **존재한다**는 가정에 의존한다. 신비평이 정전 논쟁을 불러일으키는 이유 또한 바로 정전이란 것은 사실상 독립적이며 자율적이라고 여겨지는 예술 작품의 연구에 **역사적 연속성**을 슬쩍 밀반입한 셈이기 때문이다. 영국 문학과 미국 문학의《노턴 선집》들이 엄청나게 팔리는 것도 이 때문이다. 중요한 것은 이민자의 공화민주 체제로서 미합중국은 전통이 아니라 인민의 의지에 기초하며, 독일보다는 프랑스와 더 비슷하다는 점이다. 그러나 전통은 실제로 미국 인민의 의지로 결정되는 것이며, 그래서 정전도 존재하는 것이다. 이처럼 신비평이 하나의 총체로서의 문화를 주장하고, 대학에서 이루어지는 비평이 민족의 문화적 정체성을 객관화하고 주관적으로 주입할 수 있으려면 이처럼 문학 정전의 수립이 필수적이다.

간단히 말해 정전 개념은 역사적 종족성과 공화적 의지 사이의 긴장을 극복하는 데 기여하니, 정전을 수립함으로써 미국 국민은 합리적 의지의 자유로운 행사로 스스로의 역사적 종족성을 선택한 셈이다. 그리하여 정전 논쟁은 미국 특유의 위기이며, 덧붙이자면 약이 되는 위기다. 미국의 문학과들에서 오늘날 우리가 경험하고 있는 것은 정전의 수정보다는 정전 **기능**의 위기다. 이것은 아마도 국민국가 개념이 와해되는 가장 명백한 표시일 터이니, 정전은 더 이상 문화를 내세워 민중의 의지와 종족적 허구를 권위적으로 통합하는 데 기여하는 일을 할 수 없다.

오늘날 미국의 문학 연구에서 정전을 둘러싼 교과과정 싸움이 격해진 것도 주목할 만하다. 이것이 주목되는 작지 않은 이유는 정전이 역사적으로 제출된 문학 옹호론들의 기반이 되는 종족중심적이고 비재현적인 토대라는 사실이 명백하게 입증된 데 있다. 심지어 앨빈 커넌(Alvin Kernan)도 이를 시인한다. 일단 이런 한계들을 인정한 다음에는 독립된 문학 분야 전체를 다 파악하는 일이 더 이상 가능하지 않다는 것 또한 명백하다. 사실 어떤 교과과정 구조에서든 실제로 그렇게 해낸 학생은 한 사람도 없었다. 그럼에도 불구하고 정전 구조를 참조하지 않고서 문학을 가르친다는 것은 상상하기 매우 어려운 모양이고, 그래서 여전히 교과과정의 구성과 채용 공고는 많은 활발한 연구자들이 더 이상 유효하다고 여기지 않는 역사적 분야들을 참조하여 이루어지고 있다.

정전이 미국의 문학 연구에서 그렇게 중심적인 이유는 이미 제시한 바 있다. 이제 나는 문학 분야 자체가 현재 실제적이지도 윤리적으로 옹호할 만하지도 않은 제도적 틀에서 구축되어 있다는 사실을 지적하고자 한다. 이런 역설적 상황은 문학 연구 분야에 대한 외부의 정치적 압력 때문이 아니라 현대 대학의 분과학문적 문제틀에 내재하는 지식의 지위에 관한 문제로부터 생겨난다. 문학 연구와 모범적 시민의 형성 사이의 연계가 깨진 이상, 문학은 여러 지식 분야들 가운데 하나일 뿐이다. 정전은 따라서 민족정신의 살아 있는 원리를 담는 그릇이라기보다 한 지식 분야의 임의적 경계 짓기(아카이브)로 기능하는 방향으로 점차 옮겨가고 있다.

존 길로리 같은 일부 비평가들은 바로 이런 임의적인 아카이브로서의 정전에 대한 옹호론까지 내놓았다.[27] '수월성의 대학'에서 본래적 의미의 지식은 사라지는 추세이며, 목적으로서도 정보 처리의 편의에 밀려나는 추세다. 즉 무언가 알 필요는 있으나, 알아야 하는 것이 무엇인지 알아내는 일은 그 절실성이 점점 약해지고 있다. 따라서 정전 수정론자들은 《노턴 선집》이 너무 짧아 보완될 필요가 있다고 주장하지만 내 짐작으로는 미래의 목적을 위해서는 사실 너무 길지 않나, 십중팔구 넘칠 정도로 길지 않나 싶다. 새 텍스트들이 계속 추가될 것이고 무시된 작가들에 관심이 주어질 것이다. 그러나 그 관심은 똑같은 것은 아닐 테니, 더 이상 그 전체가 합쳐져서 민족문학의 유기적 상을 만들어내지는 못하며 지식 체계 속의 어떤 것도 정전에 그런 요구를 하지 않는다. 문학 정전의 기능은 문학이라는 세속적 종교를 요구한다. 그렇지만 더 이상 그 종교의 성역 중의 성역, 민족문화 이념의 본산인 국민국가에서 전처럼 불이 밝게 타오르지 않는다.

이것이 기본적으로 E. D. 허쉬의 《문화적 해독 능력》에서 하고 있는 이야기다. 허쉬는 문화적 정체성을 마치 역사적 전통이 아니라 단순히 필수적 사실들의 집합인 양 그려내며, 이런 정식화는 공교롭게도 문화적 정체성의 표준화된 시험[문학판 수학능력시험(SAT)과 일반자격시험(GRE)]의 생산을 선호한다.[28] 교재 내용들이, 과거에 상정되던 바와 달리, 지식의 문화(사고하고 말하는 방식, 존재하는 방식)에

접할 수 있게 해주지 않기 때문이다.《시 이해하기》는 어떤 것으로도 대체되지 않으니, 이 말은 곧 허쉬의《문화적 해독 능력》이라는 상상된 판본으로 대체된다는 말이다. 즉 문화는 이제 '미국인이면 누구나 알아야 하는 것'(《문화적 해독 능력》의 부제다―옮긴이)이 되어 지역 잡화점과 책방의 자습서 선반에 놓일 준비를 갖춘 상태다.

이런 이야기가 매슈 아널드처럼 들리기 시작하는 것을 미연에 방지할 겸, 내가 지금 무슨 쇠퇴를 개탄하고 있는 것은 아니라는 점을 분명히 해두고자 한다. 다만 허쉬가 말하는 고정된 사실 목록의 가능성이란 수상쩍기 짝이 없는 유기체론적 교양 개념을 일련의 정보로 대체한 것임을 지적하는 것뿐이다. 그 일련의 정보란 바로 생명 없는 순전한 사실들의 기계적 혹은 기술공학적 유령으로서 문화 개념이 이를 막아낸다고 되어 있었다. 허쉬 본인이야 자기가 어떤 일을 하고 있다고 생각하든, 이런 정보의 규정적 면모이자 그의 프로젝트가 갖는 호소력은 학생들에게 효율적으로 투여할 수 있다는 점이다. 달리 말해, 이 목록이 답하고자 하는 질문은 순전히 기능적인 것이다. 그것은 민족적 주체를 구성하겠다고 나서지 않으며, 최소로 프로그램 된 단위를 산출할 것이다.

이것은 1928년에 스탠퍼드 대학교 총장이었던 에드거 로빈슨 (Edgar Robinson)의 주장과는 거리가 멀다. 로빈슨은 학생들에게 "시민으로서 하게 될 일을 면밀히 구축해나가고 사려 깊게 준비할 것"을 요구하였다.[29] 이와 대조적으로, 지식의 투여가 뜻하는 것은 학생들이 극히 소수의 것들을 아는 것이 미래의 고용주들에게 도움이 된다는 발상에 불과하다. 정보공학의 발전으로 이 소수의 것들조차 점점 더 줄어들고 있지만 말이다. '명저(Great Books)'와 핵심 교과과정을 강조하는 주장들의 무용성은 카너컨이《교과과정 전쟁의 현장 The Battleground of the Curriculum》에서 솜씨 있게 그려낸다. 이 주장들이 성립하기 위해서는 (종족적이나 공화적인) 민족문화가 존재해야 하고 주체들은 이 민족문화 안에서 자리를, 그들의 삶의 결정적 특징이 될 자리를 차지해야 하기 때문이다. 현 시점에 여성학, 레즈비언 및 게이 연구, 탈식민 연구, 문화 연구 등 정체성의 문제를 다른 방식으로 제기하는 많은 초학문적(transdisciplinary) 운동들이 일어나는 것도 우연이 아니다. 이런 운동들은 주체와 국민국가 사이의 연결을 느슨하게 만드는 만큼, 대학의 문화적 사명을 조직해내는 기율로서 문학적 교양의 지배가 종말에 이르렀다는 징표다.[30]

문학적인 것의 지위에 의문을 제기하고 대중문화에 관심을 기울이는 비평 실천들의 등장은 문학이 쇠퇴하는 원인이 아니라 그 결과다. 이런 실천들이 가능해지는 것은 국민국가와 그 가상적 주체들 사이의 연계가 더 이상 일반화된 주체성의 일차적 기반이 되지 않을 때다. 대학의 문화 이념(철학적인 것이든 문학적인 것이든)은 이 연계를 만들어내는 데 역사적으로 기여해왔다. 즉 문화 연구는 문화가 대학 내의 지식을 조직하는 내재적 원리이기를 멈추고 그 대신 여러 대상 가운데 하나가 될 때 발흥한다. 여성학, 게이 및 레즈비언 연구, 탈식민 연구는 '시민'이라는 추상적 관념이 더 이상 주체에 대한 적절하고 완전한 묘사이기를 멈출 때, 국가의 주체가 지닌 일견 텅 빈 보편성이 남성성, 이성애, 그리고 흰 피부색이라는 특권적 표징들의 저장소임을 인식해낼 수 있을 때 발흥한다.

7장

문화 전쟁과 문화 연구

인문학과 사회과학의 새로운 학제적 혹은 초학문적 움직임들은
저마다 문화 정전에 위협을 가하고 전통적으로 민족문학 학과들의
관할로 맡겨졌던 정전 수정 작업에 개입하고 있는 것처럼 보인다.
그리고 이런 움직임들에 대해 분노를 터트리는 곳도 대부분 영문
학과들이었다. 그러나 영문학과 교과과정의 변화는 여성학이나 레
즈비언 및 게이 연구, 아프리카계 미국 흑인 연구, 문화 연구 발흥
의 유일한 결과도 아니거니와 주된 결과조차 아니었다. 이 연구들
은 오히려 근대 국가의 정당화 양식들인 이성과 역사 사이의 합치
될 수 없는 간극을 나타내니, 이제 문화적 정체성은 더 이상 이 간
극을 가로지르는 다리 구실을 하지 못하게 되었다. 이 연구들은 대
학과 근대국가 사이의 유비가 작동할 수 있도록 공동체와 의사소
통을 하나로 결합해내는 규제 이념으로서 '문화'의 종말을 쌍수를
들어 환영하는 셈이다.

이제까지 나는 자본주의의 자기재생산의 일차적 심급인 국민국
가의 쇠퇴가 실질적으로 근대 대학의 사회적 사명을 무효로 만들
었다고 주장해왔다. 그 사명이란 문화의 연구와 교육이라는 명분

하에 민족 주체를 생산하는 것으로, 이 문화는 훔볼트 이래 민족적 정체성과 불가분한 것으로 간주되어왔다. 강력한 의미의 문화 개념은 국민국가와 함께 발흥하며, 이제 우리는 사회적 의미의 중심 터전으로서 문화가 사라지는 상황에 직면해 있는 것이다. 민족적 정체성 관념이 그 정치적 적합성을 잃게 되면, 문화라는 관념은 실질적으로 생각할 수도 없는 것이 되어버린다. 문화 자체에 대해서는 할 수 있는 말이 아무것도 없다는 인정이 1990년대 문화 연구의 제도적 부상에서 명료히 드러난다.

내가 보기에 이 각본은 일련의 선택지를 제시한다. 호소력이 확연히 떨어진 민족적 문화 정체성을 단순히 재확인함으로써 대학의 사회적 사명을 옹호하고 복원하려고 노력하거나(보수적 입장), 아니면 변화하는 상황에 적응하게끔 문화적 정체성을 재창안하려고 노력하는(다문화주의 입장) 일이다. 제3의 선택지는 대학의 사회적 사명이 민족적 문화 정체성의 실현이라는 기획에 피할 수 없게 맺어져 있다는 발상을 폐기하는 것인데, 이는 연구와 교육의 사회적 표현을 사명의 맥락에서 생각하기를 멈추는 것과 마찬가지다. 이것은 우파나 좌파나 훨씬 받아들이기 힘든 제안이다. 우리가 지식인으로 자임하기를 포기하고 국가에 봉사한다는 주장도 버린다는 뜻이 되기 때문이다. 설혹 이런 포기로 국가를 비판적으로 다시 상상하고자 하는 경우에도 마찬가지다. 국가를 재상상한다는 것은 일종의 반국가(counter-state)라고 할 수 있는데, 이를 방패로 삼아서 대학인들은 수백 년 동안 자신들이 상징 자본을 축적해온 사실을 은폐해왔던 셈이다.[1]

수많은 요인들을 고려할 때 나는 제3의 선택지가 대학이라는 기관의 미래 윤곽을 그려낼 틀이라 생각하며, 이에 대해서는 11장에서 조금 더 자세히 다룰 것이다. 그러나 우선 대학에, 특히 인문학에 이런 맥락에서 질문을 던지는 데는 상당한 위험이 따른다는 점을 이해할 필요가 있겠다. 1970년대에 우리는(적어도 나는) 마르크스주의, 정신분석학, 기호학의 혼합이 화염병에 불을 붙일 수 있을 만큼 휘발성이 높다고 믿는 편이었다. 이 셋의 조합은 이제 충분한 안정성을 얻게 되어 인근의 인문학이나 사회과학 학과들에서 다양한 상표명으로 혹은 '문화 연구'라는 통칭 아래 얼마든지 쉽게 건네받을 수 있는 것이 되어버렸다. 우리는 과거에 우리가 인문학을 두고 거창한 주장을 펼쳤던 근거들이 와해되어왔다는 사실을 인식해야 한다. 말하자면 대처 수상의 감축 정책들에 저항하지 못한 영국인들 같은 처지가 되고 싶지 않다면 말이다. 그들에게 저항이 불가능했던 것은, 여가가 (디즈니와 올림픽이 작증하듯) 이미 자본주의 침투의 주된 현장이 되어버린 세상에서 인문학을 옹호하는 주장이라고는 고작해야 '인간적 풍성함'이라는 모호한 호소뿐 그 이상은 찾아볼 수 없었기 때문이었다.

서구 인문학에서 최근의 진전은 두 가지 주요 현상을 중심으로 하는 것 같다. 한편으로는, 공공 영역에 대한 대학의 힘이 쇠퇴하면서 이에 수반하여 공적 인물로서 지식인이 소거되는 현상이다. 뜻밖이라 여겨질지도 모르지만 나는 이것이 반드시 나쁜 소식은 아니라고 주장할 것이다.[2] 다른 한편으로는 대학에서 문화 연구라는 의사분과학문이 최근 부상한 현상으로, 그것은 인문학에 새 패러다임을 만들어내겠다고 약속한다. 이 패러다임은 전통적인 분과학 문들을 통합하거나(이것은 앤터니 이스트호프의 주장이다) 아니면 대체하여(이는 캐리 넬슨의 주장이다) 대학의 사회적 사명을 복원하는 지적 탐구의 살아 있는 중심이 될 것이다.[3] 뜻밖이라 여겨질지도 모르지만 나는 이것이 반드시 좋은 소식은 아니라고 주장할 것이다. 내가 보기에 문화 연구라는 발상은 문화 개념이 대학 전체에 어떤 살아 있는 의미를 갖지 못하게 되는 바로 그 시점에 생겨난다. 인문과학들은 문화를 가지고 마음대로 하고 싶은 일을 할 수 있으니 문화 연구도 할 수 있다. 이제 문화는 더 이상 대학 기관의 이념으로서 중요하지 않기 때문이다.

　나는 문화 연구에 초점을 맞출 것인데, 여성학이나 아프리카계 미국 흑인 연구, 레즈비언 및 게이 연구보다 문화 연구가 더 중요해서가 아니라, 이 다양한 초학문적 운동들 가운데 가장 본질적으로 대학 기관 내의 학구적 연구이기 때문이다. 이는 문화 연구에서 제기되는 대학 기관의 부정은 대학에 대한 문제 제기일 뿐 아니라 대학의 문제이기도 하다는 뜻이다. 대학을 넘어 아카데미시즘 바깥으로 나아가라는 요청은 대학에 의한 억압(oppression) 행위에 대한 반응이 아니라 대학 자체의 억압된(repressed) 것들에 대한 반응이다. 바꿔 말하면 레즈비언 및 게이 운동, 아프리카계 미국 흑인 운동, 페미니즘 운동은 그 기원이나 목표에서 대학과 본질적으로 연관되어 있지 않다는 차이가 있다. (최근 퀴어 이론의 등장은 바로 이런 식으로 게이 및 레즈비언 연구를 대학 기관 내의 연구로 만들려는 시도라고 볼 수 있지만.)[4]

그러나 문화 연구는 안에서 배제된, 머물 수도 떠날 수도 없는 사람들의 곤경으로부터 대학 내에서 생겨난다. 그리고 대학을 뒷전으로 물려야 한다는 문화 연구의 외침은 대학에 머무는 특히 생산적인 방식임이 입증되었다. 문화 연구를 하는 연구자들이 글을 통해 공적으로는 거부한 월계관을 사적으로는 얻어내려 했다고 공격하려는 것은 아니다. (개인적 동기에 대한 판단은 체제 분석과는 상관없는 일이다.) 다만, 대학의 울타리를 벗어나고 싶은 소망은 구조적으로 그 울타리 안에서 만들어지는 소망임을 지적하는 것뿐이다. 따라서 문화 연구는 문화가 더 이상 대학에 활력을 불어넣는 원리가 아니라, 앞에서 말한 것처럼 여러 연구 대상 가운데 하나가 될 때, 메타학문적 이념이 아니라 하나의 분과학문이 될 때 발흥하는 것으로 이해되어야 한다.

그런데 초학문적 운동으로서 문화 연구의 등장을 말할 때는 세심한 주의가 필요하다. 영국의 계보는 레이먼드 윌리엄스와 리처드 호가트(Richard Hoggart)로 시작하여, 호가트가 창립하고 이후 스튜어트 홀(Stuart Hall)이 운영한 버밍엄 문화 연구센터로 이어진다. 북아메리카 지역에는 그 밖의 인자들로 '미국학'의 모델과 (공화민주주의에서는 늘 초미의 관심사인) 커뮤니케이션 프로그램들의 부상이 있다. '리비스 좌파', 하급자 문화에 관한 안토니오 그람시(Antonio Gramsci)의 논의, 제도와 몸에 관한 푸코의 논의, 페미니즘이 어우러진 지적 계보를 빼놓더라도 말이다. 이 자리에서 문화 연구 부상의 상세한 역사를 제시할 여유는 없다. 그 대신 이 역사에 대한 최상의 짧은 설명은《문화 연구의 재배치: 이론과 연구의 발전》에 실린 래리 그로스버그(Larry Grossberg)의 〈문화 연구의 형성들: 버밍엄의 미국인〉이라는 점만 지적해두고자 한다.[5] 여기서 내가 초점을 맞추고자 하는 것은 문화 연구 발전의 두 계기다.

첫 번째 계기는 1950년대와 1960년대에 있었으니, 이때 윌리엄스는 E .P. 톰슨처럼 문화를 계급 분석의 보충물로 설정하며 프랑크푸르트학파 같은 조금 더 이론적인 유럽인들이 내놓은 노동계급에 대한 부정적 진단에 맞선다.[6] 노동계급 문화를 운위함이란 곧 현존 노동계급과 그 전통들을 오로지 프롤레타리아트라는 역사 주체의 실현으로 나아가는 도상의 한 단계로만 바라보는 관점을 거부하며, 노동자를 일차적으로 이론적인 문제로 다루는 관점을 거부하는 것이다. 문화는 일상적인 것이라는 윌리엄스의 주장은 실제의 노동계급을 간과하고 혁명 이후 그들의 후계자가 될 해방된 프롤레타리아 계급에 집중하는 데 대한 거부다.[7] 윌리엄스와 톰슨이 (영국 노동조합 운동의 길드 구조 같은) 낡은 문화 형식들의 존속에 관심을 가졌다는 사실은, 이들이 영국 노동운동에서 마음에 들어 하는 면모란 이 운동이 한 번도 순전히 **정치적인** 이론을 발전시키지 못했다는 점임을 보여준다. 이 면모에 대해 윌리엄스는 《정치와 문학》에서 이렇게 지적한다. "시장과 민주주의는 내가 관심을 둔 영국 전통보다는 유럽의 사회학적 전통에서 더 두드러지는 주제이고, 반면 영국 전통은 산업에 더 구체적인 관심을 기울였다고 해도 좋을 듯하다. 영국의 사회사상에 가장 직접적으로 반영된 것은 대단히 급속하고 야만적인 산업화 경험이었다."[8]

윌리엄스와 톰슨은 영국 노동운동의 이 상대적인 이론 부족 현상의 사회적·역사적 이유를 설명하는 데 많은 시간을 할애했다. 무엇보다도 영국 프롤레타리아트는 산업사회의 결과에 대한 공산당의 이론화에서 나온 산물이 아니니, 아테나 여신처럼 공산당을 산파로 하여 제우스의 머리에서 태어나지 않았다. 영국 프롤레타리아트는 스스로를 근대주의적인 방식으로 이론화한 적이 없었고, 스스로를 무엇보다도 자본주의 일반론의 한 사례로 이해한 적이 없었다. 그 부분적인 이유는 영국의 노동자 운동이 마르크스와 엥겔스가 유물론적 변증법을 만들어낸 터전이었다는 데 있다. 그래서 이 운동은 자신으로부터 변증법 이론이 추출되기를 기다리는 한편으로, 이미 스스로를 다른 방식으로 이해해야만 했다. 프롤레타리아트는 자신에 대한 정치적 이론화에 앞서 '이해 추구'적인 면모를 지녔던 것이다. 바로 이런 이유로 우리는 어쩌면 프롤레타리아트가 아니라 '노동운동'을 말해야 할 것이다. 이 운동은 영국에 노동계급의 상황에 대한 지구적(global) 이론이 부재한 가운데 자신의 전통들을 가지고 꾸려나가야 했다. 그리고 엥겔스가 이런 이론을 제시했을 때는 이미 너무 늦어버렸다. 노동자들이 이론가들보다 한 걸음 앞서 있었다. 영국 노동조합에서 길드 구조가 존속하고, 노동조합위원회(TUC)가 유럽의 중심적인 노동조합 조직들에 비해 약한 것은 이 때문이다.

월리엄스와 톰슨은 그렇다고 해서 영국 노동운동이 근대적이지 못한 것은 아니고, 다만 지역적 미신이 보편 이론으로 대체되는 계몽주의 패턴에 따라 형성되지는 않았을 뿐이라고 본다. 영국 문화 비평은 노동자 운동과 함께 유럽의 마르크스주의적 비판과 차이를 드러내는 두 가지 문제에 맞닥뜨린다. 즉 전통이라는 관념과 이 전통에 산업화가 미친 영향이라는 경험이다. 역사적 유물론의 과학 대신에 문화 개념에 호소하는 점에서 엘리엇과 리비스에 이어지는 것이다. 웨일스 태생이자 언어에서 소수민족에 속했던 윌리엄스는 폭넓은 시야를 갖춘 **중심**에서부터 바라본다고 언제나 자임하는 마르크스주의적 비판의 수직성을 불신할 식견을 갖고 있었다. 윌리엄스나 톰슨이나 이런 비판적 수직성이 노동계급의 실제 관행들에 대한 마르크스주의의 불신을 수반한다는 것을 알고 있었고, 윌리엄스는 이런 불신에 자주 불만을 토로하였다. 윌리엄스는 노동자들을 당의 이론화를 필요로 하는 "무지한 대중"으로 몰아치기를 거부했고, 프랑크푸르트학파처럼 "사멸해가는 문화" 운운도 하지 않으려 했다.[9] 이것은 노동자주의와는 아무 상관이 없다. 윌리엄스는 스타하노프 운동식의 노동자 예찬에 가담하지 않았다(스타하노프는 높은 생산성으로 치하받은 구소련의 노동자로 구소련은 그의 이름을 빌려 개인의 업적 평가를 통한 생산성 향상 운동을 펼쳤다―옮긴이). 그는 다만 노동자를 역사적 과정이나 이론적 주장의 단순한 사례로 환원하는 데 저항했을 뿐이다.

그렇지만 그가 "계급 역량의 자기실현"에 대해 이야기한 것은 사실이다. 그러나 톰슨의 생각과 마찬가지로 중요한 것은 계급의식이 단순히 이론적 체제 분석을 통해 자신이 처한 위치를 깨닫는 문제가 아니라는 점이다. 계급의식이란 "하나의 부여된 체제 내에서 단순히 도구적 결정을 내리는 일이 아니라, 사회에서 무엇이 가장 먼저였고 무엇이 중요했는지, 그리고 우리는 어떤 필요와 가치에 따라 살고 있으며 살기를 원하는지를 밑바닥에서부터 결정하는 방식"이다.[10] 이 언급에는 사회 계급이 생산양식과 관련한 입지에 따라 결정된다는 관점에 대한 일정한 거부가 실려 있다. 이것이 순진한 소리처럼 들릴지도 모르겠으나, 내가 강조하고 싶은 것은 윌리엄스의 글에서 '문화'라는 단어는 사회적 의미가 계급투쟁의 역사라는 맥락에서 규정된다는 명제에 한계선을 긋는 것으로, 여러 다양한 방식으로 사회 집단들을 가로지르는 하나의 보충(supplement)이라는 점이다. 계급투쟁은 이미 언제나 문화 투쟁이며, 윌리엄스는 문화를 역사의 동력인 계급투쟁의 이데올로기적 효과로 이해하기를 거부한다. 이는 곧 노동계급이 공산당의 프롤레타리아트 해방기획에 역사적으로 보조를 맞추는 한에서만 의미가 있는 것은 아니라는 뜻이다. 달리 말해, 윌리엄스는 노동계급 문화를 사회의 성격과 목표에 대한 공산당 담론의 암묵적 지시물에 불과한 것으로 만들기를 거부하고 있다.

윌리엄스와 톰슨의 글에서 문화를 거론할 때 두 번째 특징은 매슈 아널드처럼 문화를 고급문화와 동일시하는 발상에 대한 저항, 문화는 삶의 방식 전체라는 주장인데, 이는 윌리엄스 스스로 "리비스 좌파"라고 부른, 외연이 확장된 유기체론이다.[11] 윌리엄스 글의 이러한 면모가 가장 두드러지는 것은 아마도 그의 지대한 영향력을 지닌 저서 《문화와 사회》일 텐데, 이 책은 근대 영국의 문학적·문화적 전통의 좌파적 대항 역사를 제안한다. 리비스 입론의 구조와 양식은 유지되나, 산업 문명이라는 죽음의 손에 대립하는 '살아 있는 문화'는 그 유기적 구조에서 더 열려 있으며, 전체 사회의 가능성을 조망하는 계급적 시각에서 덜 협소하다. 그리하여 전체성은 (리비스는 그렇게 보는 경향이 있지만) 계급 유동성이나 계급 갈등을 완전히 지워버린 채 노동자들의 굴종이나 행복한 궁핍을 의미하지 않는다. 사회를 하나의 유기적 전체로 바라볼 수 있는 시각이 변화한다. 리비스는 사회의 유기적 상호 연계성을 파악할 수 있고 제 자리에 서 있는 붉은 뺨의 농민을 높이 평가해줄 수 있는 것은 지배계급 중의 온정적 일부라고 보는 반면, 윌리엄스와 톰슨은 민중 집단들 속에서 나날의 투쟁을 통해 사회적 전체성의 전망이 출현한다는 점을 강조한다.[12] 진정한 영국 문화는 단순히 더 나은 지배계급의 문화가 아니라 전체 인민의 문화이며, 그것과 대립하는 산업 문명은 윌리엄스에 의해 단순히 부도덕한 추악함이 아니라 자본주의 특유의 부도덕성을 지닌 것으로 분명히 규정된다.

그렇지만 이런 문화의 전망이 리비스 등이 옹호한 문학적 교양(문화)과 연속성이 있는 것은 분명하다. 비록 윌리엄스가 리비스에 비해 민족적 합법성을 덜 직설적으로 주장한다는 점에서 접근의 폭을 넓히며, 윌리엄스가 웨일스 출신이라는 점이 이런 확장에 결정적 역할을 하지만 말이다. 윌리엄스는 〈문화는 일상적이다〉에서 버스를 타고 웨일스의 계곡을 따라 어릴 때 살던 고향으로 가는 여정을 그리는데, 여기서 그는 문화의 확장을 가리켜 "스스로를 이 땅에 써넣는…… 필연적 변화들이며, 언어는 달라지지만 목소리는 그대로다"라고 언급한다. 상징적 삶과 풍경의 상호작용이라는 이런 전망은 영국 낭만주의 문학 전통에 깊이 새겨져 있다. 즉 윌리엄 워즈워스(William Wordsworth)의 발상을 덜 온정주의적으로 확장해놓은 것이다. (그리고 이를 덜 목가적인 독일 전통과 연결짓는 것은 지나치게 거친 단순화일 것이다.) 그렇지만 이런 전망 또한 문학적 교양이 한 민족과 그 땅 사이에 만들어진 연계가 가시적이 되는, 혹은 표현되는 지점임을 인정하는 데 의존한다. 이런 지형도(topo-graphy), 땅에 쓰기(land-writing) 발상이 갖는 문제점은 풍경의 시로 출현한 문학의 등장을 역사적으로 상대화하고 그것과 관광의 연계성에 주목할 때 명백해진다. 그 관광이 워즈워스가 창조해낸 '호수 지방(Lake Country)'이든 토머스 하디(Thomas Hardy)의 웨섹스든 제임스 조이스(James Joyce)의 더블린이든 말이다. 윌리엄스 본인의 소설들에 그려진 웨일스 접경지대도 여기에 포함되지 말라는 법은 없겠다.[14]

문학을 이런 식으로 관광과 연결시키는 것은 불경이 될지도 모르겠다. 워즈워스만 해도 스스로 그 시장을 만들어내는 데 크게 기여한 호수 지방 철도 건설에 맞서 싸웠다. 그렇지만 역사적으로 부정확한 이야기는 아니다. 문학이 풍경에 의미를 불어넣는 과제를 떠맡았다면, 이 의미의 경제적 착취는 오늘날 그 어느 때보다도 더 실감나는 현실이 되었으니, 관광을 순전히 이차적이거나 부수적인 함수로 생각하는 것이 순진해 보일 지경이 되었다. 예컨대 이제 베네치아 관광 당국은 지역 산업을 신장시킨 토마스 만(Thomas Mann)의 선례를 되풀이하는 작가들을 지원하겠다고 나온다. 어떤 특정한 문학성이 그 땅에 새겨놓고자 하는 문화적 의미는—19세기 초 이래 교통의 경제적 발전을 감안할 때—더이상 일차적으로 (그 고립이 사심 없음이라는 환상을 불러일으킬 수도 있는) 미적 주체에게 주어지지 않는다. 의미가 깃든 풍경이 관광에 교환의 대상으로 자본화되는 현상은 고급문화적 문학성의 배타성을 무너뜨릴 뿐 아니라 좌파의 문화적 저항이 그 풍경에 새겨져 있을 수도 있다는 주장도 무너뜨린다. 전통적 '문학성'의 확장된 혹은 가치 변환된 판본으로서의 민중 문화라는 이러한 전망은 더 이상 자본주의 체제에 대한 대안이 못 된다. 이 전망은 관광 자원으로 활용될 여지를 늘 안고 있는 것이다.

이제 문화 연구의 등장이라는 문제로 돌아가면, 나는 그로스버그가 윌리엄스와 톰슨의 '문화' 강조의 두 측면을 함께 묶는 의제, 즉 **참여**의 의제를 정확하게 짚어냈다고 생각한다. 문화적 배제에 대한 공격과 이론적 수직성에 대한 저항을 하나로 통합하는 것은 참여의 문제다.[15] 이 설명에 따르면, 계급보다 문화를 선호하는 것은 사회 분석이 전면적 분리(순전한 비평적 수직성)를 함축하지 말아야 한다는 욕망에서 나오며, 이는 또한 지식인이 스스로 동일시하는 프롤레타리아트의 초월적 입지에서부터 노동계급을 비판하는 일을 하지 않으려는 욕망이기도 하다. 유기체론의 확대는 노동계급이 문화 일반에 참여한다는 주장에서 비롯된다. 따라서 비평가는 분석되는 문화에 참여해야 하며, 그리고 분석 대상은 전체로서의 문화에 참여해야 한다.

내가 주목하고자 하는 문화 연구의 역사에서 두 번째 계기는 조금 더 최근인 1990년 무렵으로, 이때 문화 연구가 전문적 분과학문의 지위를 획득하게 되었음을 보여주는 듯한 책들이 나왔다. 앤터니 이스트호프의 《문학 연구에서 문화 연구로》, 래리 그로스버그와 캐리 넬슨, 폴라 트라이클러가 함께 펴낸 《문화 연구》, 그레이

엄 터너의《문화 연구 입문》그리고 패트릭 브랜틀링거의《크루소의 발자국》이다.[16] 거의 같은 시기에 라우틀리지(Routledge) 출판사도《문화 연구》라는 제목의 저널을 시작하였다. 이 책들에서 전시되거나 분석된 문화 연구 형식들을 현상학적으로 기술한다면, 문화 연구의 작업을 특징짓는 어느 정도 공통적인 몇 가지 실천적·이론적 요소들을 제시하게 될 것이다. 문화 연구는 여성과 남성, 북과 남, 중심과 주변, 고급문화와 하급문화, 서구와 타자, 이성애와 동성애 등 특정 경계들의 배제적인 힘을 의심스럽게 바라보는 경향이 있다. 이러한 의심을 뒷받침하는 권위는 일차적으로는 윌리엄스, 푸코, 그람시에서, 그리고 더 부차적으로는 도너 해러웨이(Donna Haraway), 피에르 부르디외(Pierre Bourdieu,), 롤랑 바르트(Roland Barthes)에서 나온다. 이제 하나의 분과학문으로서 문화 연구에서 두드러지는 특징은 이론적 정교화라 할 만한 것에 별로 관심이 없고 자신의 대상을 결정할 필요도 거의 느끼지 않는다는 점이다. 그렇다고 많은 이론화가 그 이름으로 이루어지지 않는다는 뜻은 아니고, 다만 이런 노력들이 관찰자와 특정한 일련의 현상들이나 자율적인 대상과의 관계를 확보해주는 식으로는 이루어지지 않는다는 뜻이다. 따라서 문화 연구의 현상학의 서술은 수행자의 의식 내부로부터는 온전히 이루어질 수 없다. 우리는 문화 연구를 한다는 것이 무엇인지에 대해 이론적으로 일관성 있는 설명을 내놓을 수가 없는 것이다.

내가 이런 이야기를 하는 것이 문화 연구를 하는 사람들이 이론적 문제에 관심을 기울이지 않는다고 비난하려는 것은 아님을 명백히 해두고 싶다. 오히려 그 반대이며, '문화 연구 작업'을 자임하는 개별 논문들은 대개 그들이 쓰는 방법론의 이론적 근거에 대한 높은 자의식 지수를 보여준다. 그러나 우리가 '문화 연구를 이론화'한다는 것이 무엇을 의미할 것인지 이해하려고 할 때, 그 통칭이 지칭하는 바가 무엇이고 이 새 분과학문의 본질적 전제들이 무엇인지 묻게 될 때, 문제가 생겨난다.

가령 이스트호프처럼 문화 연구 일반을 이론화하려는 시도를 할 때 그 결과는 흥미롭게도 문제적이다. 이스트호프는 문학 연구의 '낡은 패러다임' 대신에 문화 연구의 '새 패러다임'을 제안하며, 그것은 일반화된 "의미화 실천의 연구"로서 인문학과 사회과학의 분과학문들 일체를 대체하기 위해 등장한다.[17] 이스트호프의 책은 문학연구의 전통적 실천이 가진 문제들은 지적하고 열거할 수 있으면서도 새 패러다임에 대해서는 그에 준하는 체계적인 정의를 제시하지 않는다는 점에서 흥미로운 징후를 보여준다. 그리하여 새 패러다임은 무엇보다도―고급문화와 대중문화, (역사적 혹은 사회학적 연구를 요구하는) 사실적 텍스트와 (문학적인 것으로 읽힐 수 있는) 허구적 텍스트의 구분 같은―그것의 지시 영역을 한정 지으려는 모든 시도에 저항하는 특징이 있다.[18] 문화의 모든 발현은 의미화 실천이고 모든 의미화 실천은 문화의 발현이다. 이런 순환성은 문화란 텍스트성들의 "탈중심화된 총체성"이라는 이스트호프의 설명에 기초하며, 문화의 분석은 "탈중심화된 총체성의 개념에 적합한 방법론, 그 항목들이 기저의 일관성에 입각하지는 않으면서 서로 연관되는 그런 방법론"(119)을 요구한다.

따라서 이스트호프에게 문화는 중심이 없는 텍스트들의 총합이다. 그것은 기본적으로 일어나는 모든 것이되, 다만 이 '모든 것'을 텍스트성의 문제들에 의해 굴절되는 것으로 이해한다는, 의미화 실천으로 이해한다는 단서가 붙는다. 모든 것이 의미화 실천이면 의미화 실천의 연구는 어떤 것에 대한 연구도 될 수 있다. 문화 연구는 특정한 분과학문이라기보다 모든 분과학문적 특수성의 거부처럼 보일 것이다. 한마디로, 이스트호프는 문화 연구가 어떤 특정한 것의 견지에서 설명한다고는 말하지 않는다. 역사가 중요하긴 하지만 역사 자체도 의미화 실천의 일부이지 그 실천들을 이해하는 틀은 아니다.

공정하게 말하자면 이스트호프가 "제도, 기호 체계, 이데올로기, 젠더, 주체 위치, 타자" 등 "새로운 패러다임의 항목들"을 제시하는 것은 사실이다(129). 이 목록의 마지막 항목에서 드러나는 호르헤 루이스 보르헤스(Jorge Luis Borges)적인 대체어법은 내가 방금 지적한 문화를 정의하는 문제를 징후적으로 보여준다. 이스트호프의 목록은 하나도 빠뜨리는 것이 없이 완벽한 셈인데, 여기에 포함되지 않은 어떤 것도 '타자'라는 항목 아래 들어갈 수 있기 때문이다. 혹은 '타자'가 이 목록의 다른 항목들과 달리 하나의 주제(theme)에 불과하다면 완벽해질 것이다. 다시 말해, 그의 선택이 그저 우연한 것은 아니라는 이스트호프의 주장에도 불구하고, 이 항목들은 상호 관계 속에 절합되며 하나의 이론을 형성하지는 않는다. 대신 그것들은 "비늘처럼 겹치"거나 포개지며, "필요하다면 다른 것들도 쉽게 추가할 수 있겠다".(130) 이 마지막 입장권은 이스트호프의 분석이 얼마나 문화를 정의하기보다 상정하는 분석인지를 드러낸다. (문화를 정의할 때, 그 정의는 '의미화 실천'에 호소하는 순환론이 된다.) 이 항목들의 총합이 이론적 정의도 아닌데, "중요한 점은 어떤 항목도 다른 항목들의 최종적 정박지로 자리하는 기원이나 토대가 아니기 때문이다".(137)

이것이 갖는 문제는 논증의 문제가 아니라 효과의 문제다. 문화는 문화에 대한 규정적 설명을 제공하려는 시도를 포기하는 데 정비례하여 궁극적으로 연구 대상이 된다. 의미화 실천의 문화적 형식들은 문화에서부터 나오고, 문화는 의미화 실천의 총합이다. 이런 의미에서 문화 연구의 제도적 잠재력에 대한 종말론적 주장의 강도와 그 설명력의 부재 사이에는 정비례 관계가 존재한다. 문화 연구가 저항 없이 인문학의 전 분야를 점할 수 있게 해주는 것은 바로 문화의 학구화(academicization), 즉 문화를 대학이 생산하는 대상이 아니라 지식을 향한 대학의 욕망의 대상으로 삼는 것이다. 문화는 그 자체로는 이제 어떤 것도 의미하지 않는다. 문화가 탈지시화되는 것이다. 그렇다면 이스트호프의 주장이 지닌 난점은 독일 관념론자들이 철학적 교양에 부여하고 아널드와 리비스가 문학적 교양에 부여한 그 비평적 에너지를 문화 연구의 실천 쪽으로 이전할 가능성에 기초한다는 점이다. 만일 문화가 모든 것이라면, 문화의 호출이 구원적인 힘을 가질 수는 없고 상징적 삶에 의미(통일성과 방향)를 전해줄 수 없다. 사실상 이스트호프는 탈중심화된 부재를 축으로 대학을 재중심화하기를 제안하고, 그 경우 이 부재는 마치 중심이나 되는 것처럼 환기될 것이다.

그렇지만 이스트호프의 방식이 문화 연구에 대해 생각하는 유일한 방식은 아니다. 예컨대 딕 헵디지의 하위문화 읽기에서처럼, 특정한 실천들의 사회인류학을 랑그의 맥락에서만 그 의미를 이해할 수 있는 파롤(parole)로 읽는 매우 구조주의적인 형태의 문화 연구를 제시할 수도 있다.[19] 그렇지만 이런 방식은 그것대로 문제에 부딪친다. 이런 설명은 문화 연구에서 10년 단위의 셈법('1970년대 영국 대중음악'에서처럼 특정한 랑그의 시공간 좌표의 확정)이 되풀이되는 현상을 설명해주지만, 버밍엄학파의 초기 저작에서 나타나는 문화주의적 방식(그로스버그의 표현)과 같은 다른 경우에는 매우 핵심적인 것인 개입주의적 충동을 놓치게 된다. 따라서《문화 연구》의 편집자들이 말하다시피, "문화 연구들의 어떤 하나의 본질적 정의나 독특한 서사에 동의하기란 거의 불가능하다".[20]

이론적 정의를 거부하는 바로 이런 태도가《문화 연구의 재배치》의 서론에서도 두드러진다. "문화 연구의 관심사는 오로지 지적인 것만은 아니고 심지어 일차적으로 지적인 것도 아니기 때문에, 문화 연구는 지적 지도의 끊임없이 변하는 구성체들 안에 분류되기를 거부한다. ……현재 이루어지고 있는 이론과 연구의 진전들을 다루는 데에, 이 책은 문화 연구의 현재 상황에 대한 결정적인 판본을 내놓을 생각은 없다."[21] 정의의 거부에서 눈에 띄는 점은 이것이 이 '분야'의 수많은 사람들에 의해 수없이 되풀이되고 있다는 사실이다. 그래서 출판 산업이《문화 연구 들여다보기*Reading into Cultural Studies*》같은 학문적 총합을 위한 교재들을 우리에게 제공하는 것이다. 이 교재는 "열한 개의 연관성 없는 논문들"을 제공한다고 대놓고 말하는데, 그것들의 "공통된 주제, 공통된 우려, 공통된 회한"이 편집자인 마틴 바커와 앤 비저에게는 "놀랍게" 여겨진다.[22] 바커와 비저는 브랜틀링거와 터너를 문화 연구 역사의 기록자로 지목하면서 문화 연구가 분과학문으로서 성년에 이르렀다고 주장하나, 문화 연구 '기획'의 성격을 설명하는 그들의 시도는 지극히 개략적이다. "한마디로 초기 문화 연구에는 권력/이데올로기와 문화/참여의 두 개념 사이의 광범한 대립들을 설정하는 하나의 근본적인 의제가 있었다. 이 용어들이 조악하고 불만스러울지 몰라도…… 그 의제는 우리가 현재 문화 연구에서 그 등장을 목격하고 있는 의제와는 매우 달랐다."(6)

서론 필자들은 현재 진행되고 있는 것에 대해 이 이상 구체적인 이야기를 별로 하지 않는데, 이것은 이론적인 방향 조정이기보다 연구 대상에 대한 태도의 변화다. "따라서 우리는 여러 필자들에게서 보통 사람들이 사용하는 의미-만들기 전략들의 가치와 강점을 이해하려는 의지의 심화를 해독해낼 수 있다."(8) 문화 연구가 학계와 갖는 관계의 양가성은 '보통 사람들'에게서 정당성을 구하려 한다는 점에서도 분명히 드러난다. 정당화의 심급은 학계 바깥으로의, '보통 사람들'에게로의 이행이나, 동시에 이것은 학술적인 문화 연구 논문을 쓰는 필자들이 '특별한 사람들', 즉 수직적 지식인임을 뜻한다. 그리고 바커와 비저 스스로 지적하다시피, 비판으로부터 민족지적 증언으로의 이 같은 전환, "권력과 저항의 작동을 탈약호화하는 작업"을 문제시하며 "지금 여기에서 만들어지는 의미에 목소리를 부여하는 작업"을 취하는 선택은 "더 이상 고정점으로 사용할 개념적 장치"(9)가 없는 만큼 그것대로 문제가 있다. 그들은 문화 생산은 여전히 특정한 물질적 이해관계와 계급 규정성의 산물이라고 주장하면서, 마르크스주의의 지배적 약호(master-code)로 돌아가기를 다소간 요청한다. 문화 연구 정착의 계기에 대해 내가 한 지적들에서 짐작할 수 있었을지도 모르지만, 문화 연구를 재정초하기 위해 "활동의 사회적 관계들과 체계들을 이해하는 범주로서" 계급에 호소하는 것은 이론적 개념으로서의 계급의 설명력에 대해 애당초 윌리엄스와 톰슨이 가졌던 의구심의 지반을 사실상 무너뜨리는 격이다(16).

그렇지만 문화 연구에는 중력의 중심이 없다는 말은 (이스트호프에게는 미안하지만) 아니다. 비록 이론화에 건강한 의구심을 갖기는 하지만, 문화 연구 논자들은 내가 지적한 것처럼 많은 '이론적' 텍스트들을 끌어들인다. 그로스버그, 넬슨, 트라이클러 3인이 《문화 연구》라는 단도직입적인 제목 아래 편집한 묵직한 선집에서, 편자들은 제목과 동일한 그 대상을 정의하기를 단순히 거부하는 데 그치지 않는다. 나아가 그들은 문화 연구를 "폭넓은 인류학 분야와 조금 더 좁은 인문주의적 문화 개념 양자를 포괄하는 경향들 사이의 긴장 속에 작동하는 학제적·초학문적 분야 및 때로는 반(反)분과학문적 분야"로 자리매김한다. 이 정의는 "문화 연구는 이처럼 사회의 예술, 믿음, 제도, 소통 실천을 총망라하는 연구에 종사한다"(4)는 언급으로 뒷받침된다. 이어서 편자들은 이런 작업은 또한 정치적 차이를 만들어내는 목표도 가져야 한다고 마지막으로 적시한다.

내가 이 서론에 이렇게 상세하게 천착하는 것은 그것이 옳거나 그르거나 해서가 아니라 대표적인 편이기 때문이다. 참여라는 주제는 차이를 만들어내려는 학술적 연구의 욕망, 사회적 변혁과 사회적 변화에 대한 이해를 제공함으로써 문화 연구가 "판단과 심지어는 개입을 가능하게 해주는 장소를 제공"(15)할 수 있게 하려는 욕망에서 되풀이된다. 그렇지만 여기서 문제는 이런 문화 이론의 성격에는 그런 차이에 대한 지향을 내포하는 어떤 것도 들어 있지 않다는 점이다. 정치적 지향이 상정되기는 한다. 그렇지만 그것이 근거하는 논리는 비특정성의 논리다. 문화에 적극성을 드러내기보다의미화 실천이라는 일반론적 개념에, 모든 것이 문화라는 주장에 집중하는 문화 연구는 문화로부터의 **배제들**에 — 말하자면 문화의구체적 요건들에 — 반대할 수 있을 뿐이다. 문화 연구는 그 대상인 문화의 성격에서 자신의 개입에 방향성을 제시할, 배제의 거부 이상의 아무것도 찾지 못한다. 정치적 경건성이 문화 연구 논쟁에서 뜨거운 쟁점이 되고 있는 것도 이런 이유, 다시 말해 이런 문화 개념이 유발하는 지향의 불안 때문이다. 배제에 대한 공격은 물론 현상(現狀)과 역설적인 비판적 관계를 갖는다.

이 지향성의 문제는 문화 연구가 미국으로 건너오면서 특히 심해진다. 미국은 국민국가로서 스스로를 정당화할 때 어떤 특정한문화적 내용에 호소하기보다는 그 주체들 사이의 계약을 강조하는 만큼, 민중적인 것을 발굴하고 포함하려는 어떤 자동적인 정치적 지향도 없다. 영국에서는 그렇지 않았으니, 영국에서 민중문화연구는 이데올로기 국가기구들과 그것들이 규제하는 민중 사이의구조적 간격을 드러내는 것이었고 따라서 자동적으로 그리고 체제의 성격상 문화 비판이기도 했다. 미국에서 체제는 더 잘 작동할 수 있도록 자체적으로 기술(記述)되지 체제가 전복되지는 않는다. 예컨대 미국에서는 자본주의의 기획을 인종주의와 성차별주의가 가로막고 있으며, 따라서 징발의 과정이 더 광범하게 작동할 수 있도록 제거되어야 하는 것들이라고 믿는 것이 가능하다. 영국에서라면 이런 주장은 국민국가의 토대를 이루는 종족적인 문화적 정체성의 핵심을 타격했겠지만, 미국에서는 국가가 스스로에게 혹은 자신을 거처로 삼는 경제체제에 한 약속에 대해 아무런 근본적 도전도 대변하지 않는다. 문화 연구는 국민국가의 문화적 헤게모니를 공격하는데, 지구적 자본이 동일한 공격에 착수할 때 문화 연구의 정치학 문제는 곤경에 처하게 된다. 바커와 비저가 드러낸 불안들처럼, 많은 문화 연구 작업에서 엿보이는 경건주의적 좌파주의는 이 맥락과—문화적 배제에 맞서는 투쟁을 향한 자동적인 좌파적 지향성이란 더 이상 존재하지 않는다는 두려움과—밀접히 관련된다.

내가 주장하고자 하는 것은 문화 연구의 등장은 하나의 징후로 이해되어야 하며, (윌리엄스나 톰슨과 더불어) 근본적으로 참여를 강조하는 문화 연구의 입장은 애초에 문화가 더 이상 내재적이지 않고 '저편에' 존재하는 무엇이라는 생각에서 비롯된다는 점이다. 1960년대 초반에, 계급, 인종, 성, 성적 지향을 이유로 문화 제도들에서 배제된 사람들이 자신들과 문화의 관계를 다시 상상하려고 노력한다. 이런 움직임이 영국에서 가장 강하게 일어나는 것은 놀라운 일이 아니다.

그렇지만 두 번째 계기, 즉 제도적으로 말해서 인문주의적 탐구의 가장 강력한 서사가 되는 변화는 살아 있는 문화에 참여하는 것이 불가능해졌음을 보여주는 전조다. 교양(육성)이 더 이상 주관적인 것과 객관적인 것을 융합해내지 못하리라는 점에서 이것은 대학에 닥친 위기이며, 우리는 문화에 대한 우리의 이야기가 문화에 어떻게 참여하는지 이해하는 또 다른 방식을 찾아낼 필요가 있다. 이 기획은 배제의 이야기가 알리바이를 제공하지 못하는 바로 그 시점, 배제에 대한 거부가 우리가 더 이상 배제되지 않는다는 사실에도 불구하고 우리는 참여하지 않고 있다는 여전한 의식을 이해하는 유일한 방식이 되는 그 시점에 1990년대 북아메리카에서 임계량(혁신의 자기 지속성을 보장하기에 충분한 수용자 수―옮긴이)을 획득한다. 우리는 더 이상 배제되지 않는데, 인종주의, 성차별주의, 계급 차이가 종식되었기 때문은 아니다. 그것들은 분명 끝나지 않았다. 그보다 우리가 더 이상 배제되지 않는 이유는 관념론자들이 부여한 강한 의미에서의 문화, 배제를 하고 말고 할 문화 자체가 없다는 데 있다. 다시 말해, '문화'라는 단어는 우리를 배제할 수도 있는 역사적 확장과 비판적 동시대성을 동시에 수반하는 메타담론적 기획의 이름이 더 이상 되지 못한다.

그렇지만 이런 주장은 섬세하게 다듬을 필요가 있다. 구체적인 문화 투쟁들에 참여할 필요는 있지만, 구체적인 배제들에 대한 싸움 역시 필요하다. 문화는 더 이상 자본주의에 대한 일반적 비판을 수행할 수 있는 지반이 아니다. 문화 연구의 문제는 문화 연구가 문화 비평의 보상적 주장을 이행하려고 하는 한편, 모든 것을 포괄하도록 그 주장을 확장하려 한다는 점이다. 문화 연구 활동이 확장된 민족문학 학과에서 그 가장 비옥한 분과학문적 거처를 발견하는 것도 이 때문이다. 여론조사의 부상이 말해주다시피, 자본주의의 지구적 체제는 주체들을 호명하고 관리할 문화적 내용을 더 이상 필요로 하지 않는다. 통계적 여론조사는 그것이 찾아내는 정보의 내용에 상관없이 정상화의 작업을 수행한다. 그 헤게모니는 따라서 이데올로기적이 아니라 **관리적**이다. 여론조사가 찾아내는 것은 이를테면 어떤 관념이나 실천이나 주체의 '수월성' 지수다. 따라서 상징적 삶 전체의 '의미를 만들어내는' 심급인 문화의 환유적 주체(가상의 단일한 일반 독자나 일반 관람자)의 통합 능력에 호소하지 않고서도 합의가 도출될 수 있다. 순응은 더 이상 문화 이념에 대한 순응이 아니다. 누구나 각기 나름의 방식으로 수월할 수 있으므로 수월성 체제에서는 '평범한 독자'란 없다.

이런 상황이 인종주의와 전혀 상충되지 않는다는 것은 스파이크 리(Spike Lee)가 영화 〈똑바로 살아라〉에서 아주 정확하게 극화해내는데, 이 영화에서 이탈리아계 미국 소년 하나는 그의 스포츠 영웅들이 사실상 모두 아프리카계 미국 흑인이라는 사실에도 불구하고 인종주의자를 자임한다. 즉 인종주의는 더 이상 일차적으로 문화적이거나 정치적인 쟁점이 아니다. 미국 소비자 문화의 양축인 록 음악과 조직화된 스포츠는 마이클 잭슨과 마이클 조던을 흔쾌히 제공할 수 있다. 이를 다른 식으로 말하자면 인종주의는 더 이상 일차적으로 **재현**의 문제가 아니다. 그것은 간단명료한 **정치적** 쟁점일 뿐 아니라 복잡한 **경제적** 쟁점이다. 국가 정치 담론은 미국 감옥에 있는 엄청난 수의 아프리카계 미국 흑인들을 정치적 죄수로 인식할 수 없으며, 이 인종주의의 엄청난 크기를 이해하기 위해서는 우리는 그 죄수들을 정치적 주체로 취급할 수 없다. (그들은 개별적인 정치적 주체로서 법에 따라 수감된 것이다.) 대신 우리는 국민국가의 모델에 맞지 않는 정치적 집단성을 상상할 수 있는 법적 기구와 경제적 인종주의의 공모를 설명하는 틀을 개발해내야 한다. 국민국가는 정치적 삶의 영역을 자기동일적인 민중 의지의 재현으로 통합해내는데, 이것은 이런 부정의와 구조적으로 공모 관계에 있다.

문화 연구에서 인종과 성별의 재현에 초점을 두는 것은 그 자체로 미국 학계가 《톰 아저씨의 오두막*Uncle Tom's Cabin*》의 패러다임을 넘어서 사고할 능력이 없다는 구체적 징후다. 자유주의 학자들이 인종과 젠더의 이데올로기를 규탄하는 것은 이런 재현들을 이데올로기적인 것으로 볼 수 있게 된 입지에 서 있기 때문이지만, 이데올로기가 가시적이 되었다면 그것은 판돈이 큰 게임이 다른 테이블로 옮겨간 때문이라는 점에는 생각이 미치지 못한다. 일부는 이데올로기의 알리바이에 매달리다가 결국 모든 재현을 불충분한 것으로, 모든 마이클 조던을 톰 아저씨로 규탄하는 지경이 되고야 말 것이다. 이 톰 아저씨 패러다임에서는 흑인은 애당초 마땅히 그래야 하는 모습에 못 미치는 존재로 재현에 진입하며, 그래서 '진짜'가 아니라고, 충분히 흑인답지 못하다는 비판에 끊임없이 시달린다. 이런 규탄은 매우 정확할지는 모르나 이런 것으로는 아프리카계 미국 흑인 청년이 대학보다는 감옥에 가기 십상이라는 사실은 바꾸지 못할 것이다. 마틴 루터 킹(Martin Luther King)도 알았듯이 문화적 가시성이 유일한 쟁점은 아니다. 그는 인종주의에 맞선 투쟁과 빈

곤에 맞선 투쟁이 연관된다고 생각했으나 미국 정부는 이런 연계를 체계적으로 무시하였다.

이렇게 말한다고 해서 내가 모든 형태의 인종주의를 규탄하라는 윤리적 명령에 반대하는 것은 아니다. 다만 인종주의를 일차적으로 문화적인 쟁점으로, 다시 말해, 이데올로기로 이해하는 것에 반대하는 것뿐이다. 로널드 주디가 꽤나 현명하게 지적하다시피, "아프리카계 미국 흑인 연구에 대한 접근이 그 도구적 가치를 입증하거나 아니면 그 문화적 가치를 입증하라는 요구에 대한 반응에 입각하는 한, 아프리카계 미국 흑인 연구는 지식의 '서구적' 근대성의 조직 모델 안에 단단히 갇히게 될 것이다".[23] 문화적인 것에 우선권을 부여하면서 비평가들은 선진 자본주의의 실세들—그 실세가 초국적 기업이든 탈정치화된 단극적 국민국가든—에게는 문화가 더 이상 중요하지 않다는 사실을 놓친다.

이런 문제들의 좋은 예가 주변화 문제를 둘러싸고 생겨난다. 그로스버그가 〈문화 연구의 형성: 버밍엄의 미국인〉에서 지적하듯, 문화 연구 종사자들에 의해 사회적 관계 모형의 근본적인 전환이 이루어지는 것은 푸코의 영향 아래 우리가 지배의 수직적 모델에서 중심과 주변이라는 틀의 조금 더 구조주의적인 설명으로 옮겨 가면서다. 피지배자에 대한 지배자의 수직적 군림(계급 지배의 고전적인 모델)이라는 견지에서 권력을 논하는 대신, 우리는 헤게모니 중심과의 관계에서 다양한 주변화된 입지들을 논한다. 이럴 때 횡적 집단(여성이나 동성애자처럼 모든 사회계급의 구성원을 포함하는 집단)들 사이에 분포한 권력관계의 지도를 그려낼 수 있다.

그리고 우리가 지도 그리기를 거론할 때, 어째서 많은 문화 연구 종사자들이 피에르 부르디외의 분석을 매력적으로 받아들였는지 이해할 수 있게 된다. 두 권력축(상징 자본과 사회경제적 자본)에 따라 권력관계를 도표화하는 그의 실천이 경제 분야와 문화 분야 모두에서 권력관계의 지도 그리기를 가능하게 해주기 때문이다. 두 축의 교차가 중심을 만들어내며, 권력의 입지들은 이 중심과의 근접도에 따라 눈금이 매겨진다.24

'문화 자본'이라는 일반적 개념은 북아메리카 인문학자들에게 점점 더 매력적으로 여겨지는 듯하다. 부르디외는 문화 연구의 특정 지류에서 더욱 자주 인용되는 이론적 권위 가운데 하나다. 1968년 사태에 대한 그의 분석에 대해서는 나중에 다루게 되겠지만, 지금으로서는 보수적이고 규범적인 분석 방식(사회적 위치들을 폐쇄된 민족문화라는 장 내에서 편차의 알고리즘을 이용해 지도를 그리는 것)을 사용하는 사상가가 평소에는 급진적 주장을 펼치는 데 관심이 있는 문화 연구자들에게 그토록 매력적으로 다가가게 된 이유가 무엇인지 하는 물음을 던지고 싶다. 이것은 단순히 부르디외의 방법이 사회자본을 효과적으로 정량화할 수 있는 입지 지도 그리기(단일한 척도보다는 두 축에 따른 것이기는 하지만)를 가능하게 하기 때문만은 아니다. 더 근본적으로, 중심과 주변 모델에 대한 이해는 마치 그것이 부르디외의 것과 같은 도표라도 되는 양, 권력 분석이 평소처럼 진행될 수 있게 해준다. 개개의 주변적 입지와 중심의 관계는 마치 수직적인 것처럼 읽힌다. 수직적인 권력 모델은 근본적으로 바뀌지 않고, 다만 90도 회전했을 뿐이다. 따라서 변수는 전보다 더 늘긴 했지만 권력의 지도 그리기가 가능하다. 계급관계의 맥락에서 문화적 지배를 분석하는 대신 우리는 하나가 아닌 두 개의 축이 있는 척도 위의 위치들인 계급, 인종, 성별의 맥락에서 그 지도를 그린다. 분석 항목들을 그 자신에게 되돌리는 다소 부당한 속임수가 부르디외의 경우 불가피하다. 존 길로리가 《문화 자본Cultural Capital》에서 지적하듯, 부르디외의 분석은 문화 게임에서 벗어나는 길은 없다고 주장하기 때문인데, 짐작건대 가능한 일은 다만 물정을 알고 하는 참가자가 되거나 아니면 규칙을 살짝 수정하려 하는 것뿐이라는 뜻인 듯하다.[25]

부르디외가 대학에 대한 책을 한 권 쓴 바 있고 현재 문화에 대한 이론적 권위로서 매우 인기가 있는 만큼, 그의 문화 자본 체제 분석의 문제점들을 추적하는 시간을 갖고자 한다. 이 분석은 두 가지 근본 가정에 기반한다. 첫째, 단지 한 가지 게임만이 있다고 상정된다. 문화가 상대적으로 자율적인 사회적 총체(두 축으로 지도 그리기가 가능한)가 되어야 하므로, 모든 문화 게임들은 문화 자본이라는 큰 게임의 일부다. 둘째, 출구는 없다는 것이다. 체제의 경계선이 엄격하게 그어지고, 그 경계 안에서 서로 다른 명망(prestige)의 비율에 따라 문화 자본의 분배를 도표화할 수 있다. 이 단일한 닫힌 게임은 민족문화의 게임으로, 분석을 진행하기 위해서 그 경계는 의문의 여지 없이 받아들여진다. 부르디외한테서 영향을 받았음을 공언하는 미국 대학 체제 읽기인 길로리의 《문화 자본》이 프랑스 체제에 대한 부르디외의 연구인 《호모 아카데미쿠스Homo Academicus》를 한 번도 거론하지 않는 놀라운 이유도 바로 여기에 있다.

《호모 아카데미쿠스》는 프랑스 대학 체제에서 문화 자본의 분배를 도표화한다. 그렇지만 문화 자본의 지도 그리기는 절대적인 것으로 상정된 민족적 경계에 따라 엄격하게 닫혀 있다고 간주되는 체제 내에서만 가능하다. 부르디외는 "이 대상을 구축하는 작업을 피할 도리는 없다"는 점을 인정하며 체제 내에서 **"효과적 변수"**로 기능할 **"한정된 관련 속성들"**을 열거하나, 그가 호모 아카데미쿠스 갈리쿠스(Homo academicus gallicus: 프랑스의 대학인. 'gallicus'는 '프랑스의'라는 뜻—옮긴이)에 대해 연구하고자 할 때 그 틀이 되는 장(場, field)을 결정하는 국민국가의 경계(즉, 국경)에 대해서는 한 번도 의문을 제기하지 않는다. 그 장이 다른 나라의 대학 체제에 속한 독자들한테도 적용 가능한가 하는 문제를 숙고하는 동안에도 말이다(xv). 이러한 고정된 국경 내에서는, 제도적–사회적 명성과 지적–과학적 명망이라는 두 축의 교차 지점에 위치하는 중심과의 상대적 거리에 따라 문화 자본의 불평등한 분배의 지도를 그려낼 수 있다. 이와 관련해 부르디외는 이렇게 말한다.

> 대학 장의 구조는 언제나 오직 행위자들 사이의, 혹은 더 정확하게는 그들이 자체적으로 그리고 무엇보다도 그들이 속한 제도들을 통해 행사하는 권력들 사이의 권력관계의 상태일 뿐이다. 상이한 권력들의 상대적 힘, 즉 달리 말해 상이한 종류의 자본 사이에 수립된 등가 체제들을 수정하거나 지탱함으로써 그 구조를 변형 혹은 유지하고자 하는 구조들에 동기를 부여하는 것은 이 대학 장의 구조 속에서 차지하는 위치들이다(128).

그래서《호모 아카데미쿠스》에서의 부르디외에게는 특정 프랑스 학자들의 국제적 명망은 프랑스에서 등록되는 한에서만 계산되는데, 그런 경우는 매우 드물다.[26] 따라서 부르디외의《구별 짓기》의 슬로건은 "[민족] 문화의 게임을 벗어날 도리는 없다"라고 고쳐 써도 되겠다.[27]

부르디외는 때로는 수렴하고 때로는 분산되는 화폐 자본 체제와 유사한 문화 자본 체제를 제안하는데, 이것이 이데올로기 이론을 조금 더 다듬을 수 있게 해준다. 이데올로기는 경제적 이해관계에 단순히 봉사하거나 이를 반영하지 않는다. 부르디외가 보기에 이데올로기는 경제적 규정에서 상대적으로 자율적인 한 체제 내의 문화 형식들을 조직하나, 그럼에도 불구하고 그 형식들을 **경제적 논리에 따라** 조직한다. 이럴 때, 화폐 형식 대신에 명망이 가치 단위가 되는 상대적으로 독립적인 경제로서 문화를 사회학적으로 읽는 것이 가능해진다. 길로리가 주장하듯, 이로 인해 부르디외는 '경제주의'─문화 형식들은 규정적인 경제적 토대를 반영하는 상부구조적 요소라는 주장─의 협의에서 벗어날 수 있을지 모르지만, 그래도 이것은 경제주의적 문화 분석이라고 부르는 것이 정확할 것이다.[28] 여기서 경제주의적이란, 문화가 하나의 제한된 경제의 모델에 따라 형상화되고 있다는 의미이며, 이 제한은 국경의 고정성에 대한 암묵적인 인정에 기초한다.

부르디외는 화폐 자본과 문화 자본 사이의 유비와 상호 전환 가능성을 강조함으로써 토대와 상부구조 사이의 결정 관계라는 문제를 벗어나고자 한다. 문화 자본은 두 가지 의미에서 유비를 통해 화폐와 전환될 수 있는 것으로 상정된다. 첫째, 문화 자본의 소유는 한 나라의 사회적 총체 내에서 더 나은 경제적 지위로 이끌 수 있다. 둘째, 국제적 차원에서 문화 자본은 다양한 민족적 형식들을 가지나 모든 나라는 문화 자본의 형식을 가진다. 이것은 문화 자본의 비교론적 분석의 전망에 의해 제기된 역설이다. 나라마다 자체의 명망 있는 통화(화폐 같은)를 갖고 있다고 상정해야 하며, 따라서 서로 전환이 가능할 것이다. 일반적 분석의 가능성은 세계문화은행(World Culture Bank)이나 적어도 국제명망기금(International Prestige Fund) 같은 것을 함축한다.

학자들은 달리 믿는 편이 분석적으로나 재정적으로나 얻을 것이 많겠지만, 명망과 화폐는 그러나 직접 전환되지 않는다. 그것들이 유비적으로 보이는 것은 분석을 완전히 **국가**의 변경 내로 국한할 때뿐이다. 이 한정된 맥락에서는 번역 가능성의 문제가 제기되지 않기 때문에 문화 자본이 더 대체 가능한 것으로 보일 수 있다. 그러나 번역 가능성 문제를 제기하는 순간 우리는 문제에 직면하게 된다. 문화 자본을 한 나라의 사회적 총체의 통화로 그려내는 대신, 우리는 아무런 기성의 답이 없는 "**누구를 위한 명망인가?**" 하는 물음을 던져야 할 터다. 문화가 더 이상 한 가지 게임이 아니라 많은 이질적인 게임들이 되기 때문이다. 문화 자본이 분배될 수 있는 무엇이라면, 그 분배의 계급 분석은 종족중심주의를 은폐한다. 만약 모든 문화들이 다양하게 자본화된다면, 이는 전환 가능성의 형식을 전제하고 전환 가능성의 형식은 문화에 대한 지배적 정의를 선호하게 될 것이다. 종족중심주의는 쟁점이 아니라는 환상은 오로지 문화 자본 분석이 **민족국가 수준**에서 이루어질 때만 생겨나는데, 이 수준에서는 문화 자본의 공통 통화는 민족이라는 추상 이념에만 머물러 있어 종족적 특수성이 비어 있는 것처럼 보인다. 이런 관점에서 보면, 문화 자본의 분배라는 맥락에서 정전 논쟁을 다시 풀어낸 길로리의 숨은 의도가 드러난다. 이는 곧 지구적 융합[이매뉴얼 월러스틴(Immanuel Wallerstein)의 '지구문화(geo-culture: 세계체제가 작동하는 문화적인 틀을 지칭한다—옮긴이)']과 민족적 분열로 국민국가의 지위가 위협당하는 세계에서 국민국가의 형식을 문화 분석의 근본 단위로 유지하고자 하는 욕망이다. 이 세계에서 드러나는 것은 초국적기업과 마주한 국민국가의 고사(枯死) 현상이다. 국민국가는 더 이상 자본 재생산의 일차적 심급이 아니다.[29]

그리하여 부르디외(객관성을 자임하기를 좋아하는)와 길로리가 그들의 분석에 입각하여 대학에 대한 제안이라는 것을 내놓은 게 있다면, 그 제안은 체제에 대한 대안이 아니라 체제 안에서 자본의 더 동등한 재분배이며, 이를 길로리는 문화적 재화에 대한 증가된 '접근권' 혹은 그 재화의 '접근 가능성'이라는 틀로 바라본다. 그래서 길로리는 그의 책 말미에서 다음과 같은 '사고 실험'을 제안한다. 문화 체제가 문화 자본에 대해 최대치의 접근권을 허용하게끔 재조직된다면 어떻게 될까? 길로리의 책에는 '다시 생각하라'는 숱한 권유가 나오지만, 그나마 이 질문이 이런 재사고에 가장 근접한 것이다.[30] 당장 지적할 수 있는 것은 **누가** 그리고 **어떻게** 이 재조직을 수행할 것인가 하는 까다로운 제도적 질문을 교묘히 피해간다는 점이다. 그러나 이것은 어쩌면 무례한 트집이 될지도 모르겠다. 더 직접적으로는, 이 제안에 깔려 있는 분배적 정의라는 마르크스주의 모델은 길로리가 이전에 비판했던 '합의의 꿈'이 바야흐로 고개를 쳐들고 있음을 의미함에 틀림없다. 둘째, 문화 자본의 이런 재분배는 길로리가 함축하는 것보다 체제에 훨씬 덜 위협적일 것이다. 길로리의 제안은 자본주의가 그 소비자 기반을 확장하고자 하는 순간에 기술관료적 문화와 같은 방향을 향하는 것은 아닌가? 길로리의 재분배는 모든 주체들을 '재산 소유자 민주주의'의 우리 안으로 몰아넣으려는 대처 수상의 욕망과 얼마나 달라질까? 문화에 대한 접근권은 수입만큼 섬세하게 변별될 수 있을까?

우리는 '접근권'의 정치학에 대해서 길로리가 공급하는 것보다 훨씬 더 날카로운 성찰을 요구할 권리가 있다는 게 내 생각이다. 그렇지만 그가 실제로 제공하는 것은 다음과 같은 결론이다.

이런 보편적 접근이 보장되는 문화에서는, 정전 작품들은 지금 종종 그런 것처럼 생명 없는 기념비나 계급적 구별 짓기의 증거로 경험될 수는 없을 것이다. 정전에 대한 논쟁이 미적 판단을 폄훼하거나 그 형이상학적 주장과 정치적 편견 들에 일정한 당혹감을 표현하는 경향이 있었다면, 핵심을 놓친 셈이다. 핵심적인 것은 판단을 사라지게 만드는 것이 아니라 판단 실천의 조건을 개혁하는 것이다. 문화 게임에서 벗어날 도리가 없다면, 문화 자본이 유일한 종류의 자본일 때에도, 진 사람에게 덜 끔찍한 결과를 안기는 또 다른 종류의 게임이 있을 수 있으니, 곧 미적 게임이다. 생산과 소비 수단의 사회화는 속박에서 벗어난 심미주의의 조건이 되지 그

극복이 되지는 않을 것이다. 그러나 물론 이는 단지 사고의 실험일 뿐이다(340).

340쪽에 달하는 **빡빡한** 논의 끝에 제시된 이 마무리 말은 미적인 것의 구원적 힘을 조금 특별한 방식으로 주장한다. 우리가 아직 칸트를 맞이할 준비가 되어 있지 않다고, 마르크스가 그의 작업을 마치고 생산과 소비의 수단이 사회화된 연후에야 비로소 우리는 미적 판단의 자유로운 행사에 무해한 방식으로 참여하는 진정한 칸트파가 될 수 있다고 주장하는 듯 보인다. 그러할 때에만, 판단 경쟁에서 생겨나는 구별 짓기가 더 이상 사회경제적 결과가 아니라 오로지 문화적 결과만 가질 것이라고 길로리는 주장한다.

미적인 것의 상대적 자율성에 대한 이 명백한 호소는 경제적 토대에 머뭇머뭇 특권을 부여하는 셈이 된다. 밀려났을 때에만 미적 판단은 자신의 본질적으로 무해한 본성을 자유롭게 실현하게 된다. 심미주의가 속박에서 벗어나는 것은 그것이 만드는 차이가 더 이상 끔찍한 진짜 차이가 아니기 때문이다. 여기서는 푸리에주의 [Fourierism: 공상적 사회주의자인 푸리에(François-Marie-Charles Fourier)의 사상—옮긴이]의 목소리가 들려온다. 나라를 사회주의적 생활공동체로 만들자, 그러면 우리는 예술가가 되리라. 이런 종류의 상상력은 문화가 닫힌 체제, 고정된 경계선—나라의 경계선—을 가진 게임일 수 있다는 가능성에 의존한다. 이것은 길로리도 다른 곳에서 지적하다시피(345n11) 변경 없는 놀이(Jeux sans frontières)로서 현재 자본주의의 지구적 발전을 망각한 듯 보인다. 더구나 문화가 본질적으로 무해한 차이들의 장이라는 주장은 최소한 수상쩍어 보인다. 문화적 차이들이 사회경제적 결과를 가지며 따라서 상당한 중요성을 지닌다, 그렇지 않다면 우리는 모두 똑같은 언어로 말할 것이라는 이야기만은 아니다. 그러나 우리가 모두 같은 언어로 말하지 않는다는, '사회적 총체'가 종족, 국민국가, 민족어 사이의 유비에 의해 정의되지 않는다는 사실을 진지하게 받아들인다면 문화 자본의 견지에서는 충분한 분석이 불가능하다는 점도 분명해질 것이다.

길로리와 같은 사상가나 보다 더 문화 연구에 밀착한 연구자들에게 부르디외가 갖는 호소력은 그가 문화가 어떤 특정한 지시물도 상실했다는—탈지시화되었다는—것에 유의하는 문화 분석을 제공하는 한편, 그러면서도 문화 중심과의 근접성이나 거리에 따라 문화 자본 분배의 지도를 그림으로써 문화에 대한 실증적 지식처럼 보이는 것을 산출해낼 수 있다는 점에 있다. 나는 이것이 현재 권력의 성격에 대한 오인이라고 주장하고자 한다. 부르디외와 그 추종자들은 중심이 더 이상 실재하는 장소가 아니라는 점을 보지 못한다. 푸코도 알고 있었듯, '파놉티시즘'은 권력 모델 중 하나일 뿐이다. (비록 그의 독자들 대다수가 이를 알아채지 못하는 경향이 있지만.) 문화는 차지해야 할 성채가 아니다. 사실상 어느 누구도 더 이상 중심에 앉지 못한다. 중심은 한때 국민국가라는 제도가 차지하고 있었고, 국민국가는 자본을 체화하고 자본을 사회적인 것의 장을 가로질러 퍼져나가는 문화로 표현하였다. 그러나 국민국가의 쇠퇴는 이 중심이 실제로는 현혹하는 미끼임을 뜻한다. 자본은 더 이상 중심에서 바깥으로 흐르지 않고 오히려 중심에 눈을 고정시키고 있는 사람들 등 뒤에서 원주 주위를 순환한다. 원주 주위에서, 자본의 지구적 이전이 다국적 혹은 초국적기업의 손으로 이루어진다. 이른바 중심인 국민국가는 이제 자본의 지구적 흐름 내에서 주변적 주체성들을 조직하는 가상의 점일 뿐이지, 차지해야 할 터가 아니다. 그리하여 모든 사람이 문화적으로 배제된 듯 보이는 동시에 거의 모든 사람이 자본의 지구적 흐름 속에 포함된다.

요약하자면 국민국가의 쇠퇴는 문화가 더 이상 문화적 중심과 관련한 주체의 포함이나 배제의 문제가 아니라는 것, 심지어는 포함의 정도의 문제도 아니라는 것을 뜻한다. 참여의 문제성도 여기서 비롯되는데 우리는 더 이상 주변에서 중심으로 이동하고, 주체성의 대문으로 입장하는 것으로 해방의 이야기를 말할 수 없기 때문이다. 학자들이 매우 잘 알다시피, 발화(enunciation, 發話)의 위치는 주변적이다. 중심은 말이 없다. 이는 곧 오늘날 학계에서 발언하기 위해서는 주변성의 위치를 점할 수밖에 없다는 뜻이다. 그래서 보수주의자들조차 스스로를 대변하기 위해서는 자신들이 문화로부터 주변화된 이야기를 해야만 한다. 그래서 데이비드 호로비츠(David Horowitz)나 디네시 드수자(Dinesh D'Souza) 같은 사람들은 가부장제를 옹호하고 서구 문화의 우월성을 주장할 때 자신이 이단적 위치를 점하고 있다고 자임한다. 중심을 위해 발언하는 사람들이 주변화되었다고 자임할 필요가 있다는 사실은 과연 무엇을 의미하겠는가?

제럴드 그라프가 '문화 전쟁'이라고 부른 것을 미국 민족문화에 대한 논쟁이 대학, 즉 그 논쟁을 수행해야 마땅한 곳에서 다시 한 번 일어나고 있다는 건강한 신호로 보려는 유혹은 매우 크다.[31] 이 새벽에 살아 있다는 것은 행복한 일이요, 영년직 교수로 중년에 접어드는 것은 그야말로 천국처럼 보인다! 그렇지만 미국은 과연 워즈워스가 말한 혁명기 프랑스처럼 "이성이 가장 제 권리를 주장하는 듯 보이는…… 낭만의 나라"(워즈워스의 《서곡 *Prelude*》11권 〈프랑스〉에 나오는 구절로, 앞 문장 역시 같은 시의 "이 새벽에 살아 있다는 것은 지복이요, 젊다는 것은 천국이다"라는 구절을 패러디한 것이다—옮긴이)인가? 미국의 문화 전쟁에서 우려되는 것은 논쟁 양측 모두에서 민족적 정체성의 이름으로 처방과 기술(記述)이 뒤섞인 이야기가 나온다는 점이다. 즉 미국의 민족적 정체성은 선별적 전통이나 아니면 다문화적 무지개를 반영하고 있고 또 그래야 한다는 주장이다.[32] 개인적으로 나는 개방하자는 쪽이나, '다양성'의 옹호자들이 다양한 것으로서의 진정한 미국적 정체성에 근거하여 자기들의 주장을 뒷받침하는 경향을 보이는 점에 대해서는 얼마간 의구심이 있다. 이것은 진정한 미국인이라 함은 이민자라는 이야기를 되풀이하는 것과 마찬가지로, 이런 자유주의적 주장은 인간 문화와 자연의 대립을 설정하며 토착 미국인 내지 원주민을 문화보다 자연 쪽에 위치시키는 계몽주의적 속임수를 반복하는 것이다.

예컨대 베키 W. 톰슨과 샌지타 티야기는 《미루어진 꿈을 넘어서: 다문화주의 교육과 수월성의 정치학》에 붙인 서문에서 "우리의 기획은…… 다름 아니라 '미국'을 다시 생각하는 것이다"라고 주장한다.[33] 그들은 분명 인종주의를 피하려 노력하며, 실제로도 이 책의 필진을 구성하는 다른 다양한 '유색인들'과 나란히 '토착 하와이인'을 거론한다. 이 선의의 선집이 그것이 직접적으로 다루지 못하는 대학의 지위에 대한 불안에 얼마나 시달리고 있는지는 필자 소개들을 훑어보면 짐작할 수 있는데, 그것들은 역설적이게도 필자들이 인종, 성별, 성적 지향에서 주변적 존재임을 강조하면서도 그에 따라 실재(the real)에 가까이 있다는 정당성 또한 주장하기 때문이다.34 따라서 필자들의 소속 대학 정보는 주어지지만, 교육 정책을 다루는 책으로는 묘하게도 필자 소개의 초점이 대개 과외 활동과 문화적 주변화에 놓인다. 서글픈 일인지도 모르겠지만, 이 초점은 아마도 학술 시장에서 현재 작동하는 압력에 대한 현명한 반응일 것이다. 학술 시장에서는 '실재' 내지 학문 외적인 것이 학술 상품의 총아가 된 것이다.35 이 필자들이 문화 제도들로부터 주변화되어 있다는 것 자체가 따라서 그들의 문화적 참여의 기반이 된다. 주변과 중심은 더 이상 권력의 역학을 설명하는 데 도움이 되지 않는다.

차이의 한 명칭으로서, 무심하게 다른 이들의 목록 가운데 하나로 (배제할까 두려워서) 원주민을 불러내는 논리는 원주민에게 목소리를 부여하되 여러 이주민 가운데 하나라는 자기인식의 대가를, 다음 문장에서 애써 기록하는 것처럼 열거된 차이들 자체가 질적으로 **동질화**되는 대가를 반드시 치르고야 만다. "진보적인 교육적 변화를 이끌어온 사람들이 대변되어야 한다는 우리의 취지에 걸맞게 대부분의 장(章)의 필자는 유색인—아프리카계, 라틴아메리카계, 아시아계 미국인, 인디언, 토착 하와이인—이며, 여기에 백인 여성과 게이 및 레즈비언이 쓴 장들이 보태졌다."36 내가 원주민에 주목하는 것은 이런 열거에서 이루어지는 동질화의 한 희생자로서일 뿐이다. 일반적으로 다문화주의의 효과는 필연적으로 차이들을규범으로부터의 등가적 일탈로 동질화하게 된다. 지구 경제에서 민족적인 문화 정책 대신 다문화주의가 채택되는 것도 이 때문이다. 초국적기업의 감수성 훈련에서든 혹은 지구 경제에 공조하려고 노력하고 있는 캐나다나 유럽연합 같은 초국가들의 연방 정책에서든말이다. 달리 말하자면, 다문화주의적 주장은 결국 또 다른 형태의'미국화'가 될 수 있으며, 그렇다면 미국을 다시 생각한다는―즉, 다시 그려낸다는―서문 필자들의 주장은 그 어조가 조금 달라지게 된다.[37]

다문화주의 입장에 대한 비판을 길게 이어가는 것도 가능하겠지만 지금 당장 나의 관심은 부정보다는 진단에, 즉 미국에서 민족문화 논쟁이 대학으로 회귀한 이유를 이해하는 데 있다. 이 이른바 논쟁은 얼핏 생각하는 것처럼 미국 특유의 현상은 아니다. 그것은 어떤 특정한 배반의 결과라기보다, 사실상 현재 고등교육의 고질적조건―문화 중심의 부재에서 생겨나는 문제들―에서 힘을 얻는다.[38] 문화 전쟁이 일어나는 것은 바로 이 공백 속인 것이다.

그렇지만 내가 이렇게 말한다고 해서, 과거에 중심 문화의 통제적 세력이었던 집단들이 사라졌거나 아니면 문화 권력과의 관계에서 허위의 옹호에 의존해왔다는 뜻은 아니다. 이런 점에서 나는 제럴드 그라프가 《문화 전쟁을 넘어서》에서 앨런 블룸, 윌리엄 베넷등의 논지에 힘을 불어넣는, 죽은 백인 남성들의 주변화 이야기를날조로 몰아붙이는 것은 약간 성급하다고 생각한다. 우익이 하고 있는 일은 징후적으로 이해해야 한다. 레이건과 부시 치하에서 우파가 사실상 문화 권력의 모든 입지를 차지했고 그러면서도 자신이 배제되었다고 한탄했다는 그라프의 지적은 옳다. 이것은 단순히 이데올로기적인 속임수, 영화 〈밥 로버츠*Bob Roberts*〉에 등장하는 가상의 공화당 후보처럼 반란자 자세의 매력을 멋대로 이용하려는 시도는 아니다. 우리는 문화 권력의 소유자들이 스스로를 비정통적인 반란자로 그릴 필요가 있다는 것이 무엇을 의미하는지 물어볼 필요가 있다. 내가 보기에 보수주의의 넋두리는 그 저자들이 그들이 가진 문화 권력의 공허함을 감지한 데서 비롯되는 듯하다. 다시 말해, 그들은 그들이 가진 문화 권력의 무력함을 인식하며 좌익 학자들이 그것을 찬탈해갔다고 비난한다. 그들은 중심을 장악하고 있으나 그것이 가상의 점에 불과함을 알고 있는 것이다. 문화적 우파는 중심에서 배제된 데 항거하는 것이 아니라 중심의 배제, 그것의 축소에 항거한다. '문화 전쟁'은 이처럼 문화 권력을 갖고 있으나 그것이 더 이상 중요하지 않을까봐 우려하는 사람들과 문화 권력에서 배제된 만큼 자신들이 장악하기만 하면 그런 권력이 중요해질 거라고 믿을 수 있는 사람들 사이에서 일어난다.

양측의 끈질긴 자기 주변화는 스스로 맹목에 빠져드는 행위다. 즉 게임의 판돈이 바뀌었다는 점, 중심은 사실상 말하지 않는다는 점, 발화의 특권적 입지가 문화에 참여하는 주체의 위치는 아니라는 점을 인정하기를 거부하는 행위다. 주체의 자기 주변화로 나타나는 것[그리고 종종 드수자 같은 우파 진영이나 로버트 휴즈 같은 자유주의자, 샌드 코언 같은 좌파가 원한(ressentiment)의 문화라고 종종 비난하는 것]

은 말하는 주체가 권위 있게 반영된 자신의 모습을 그 속에서 발견하는 문화 형식으로서 국민국가(실제적이든 이상적이든)가 더 이상 존재하지 않는다는 징후다.[39] 주관적 주변화의 주장은 문화 형식으로서 국민국가의 소거와 함께 이제 발화는 전통적인 시민-주체가 아니라 나로서는 **주변적 특이성**(peripheral singularity)이라고 부르고 싶은 것에서부터 나온다는 사실을 은폐한다.

내가 특히 들뢰즈와 가타리를 원용하여 '특이성'이라는 용어를 사용하는 것은 감각적 인상들의 의식적 종합의 터로 기능하는 주체 위치(subject-position)란 더 이상 찾아볼 수 없다는 점을 지적하고자 해서다.[40] 내가 제기하고 있는 것은 개별적 삶을 이해하는 방식에서 주체의 범주로부터 특이성 개념으로의 전환이다. 르네 데카르트(René Descartes)에 따르면 사유하는 개인은 자신을 추론 활동의 거점으로 위치 지음으로써 여러 주체들 가운데 하나의 주체가 된다. 스스로의 사유에 대해 따져보는(사유하는 자신을 사유하는) 능력이 자의식이다. 모든 개인이 이 능력을 공유하고 있고 그래서 원칙적으로 상호 교환이 가능하다. 하버마스 같은 사람이 보기에는 바로 이렇기 때문에 우리는 모두 동의하거나 적어도 동의하지 않기로 동의할 수 있다. 즉 이것이 소통 가능성의 기반이다. 주체는 따라서 자의식이라는 사실이며 성별, 인종 등의 특성을 갖지 않는다.

특이성으로의 전환은 주체 범주와 그 중립성 자임에 제기하는 의문의 결과로 일어난다.[41] 특이성은 개인을 주체가 아닌 다른 것으로 말하는 방식을 제공한다. 그것은 개개인의 근원적 이질성을, 물질과 역사, 경험, 기타 등등의 집합체로서 당신은 다른 누구와도 같지 않다는 엄연한 사실을 인정한다. 다른 누구와 공유한다고 미리부터 상정할 수 있는 것은 아무것도 없다. 따라서 미국 중서부 출신의 백인 레즈비언 여성이 (차이의 표지 목록은 물론 더 길어질 수 있다) 이를테면 라이베리아 출신의 흑인 이성애자 남성과 소통할 때, 그들을 토론에서 서로에게 투명하게 만들어줄 어떤 공유된 주체성(혹은 심지어는 공유된 주관적 억압)에 근거해서 소통이 이루어지는 것은 아니다. 그보다 특이성들은 協商하며, 특이성의 구조는 되풀이될 수 없기 때문에 매우 유별나다. 따라서 한 특이성이 총체적인 자기의식에 도달할 수는 없는데, 그것이 그 스스로를 안다면 그것이 안 자아는 그 앎을 수행한 자아와 동일한 자아가 아닐 것이기 때문이다.

이를 달리 말하자면, 특이성이란 특수성의 최소 마디(minimal node)이며 이는 구조상 하나의 주체로 동질화되지 않는다. 그렇다고 특이한 개인이 물리학 언어로 일종의 '유리기[free radical: 전자쌍(電子雙)을 이루지 않은 전자를 가지는 원자나 원자단(團)—옮긴이]'가 되는 것은 아니다. 특이성들은 (그들을 공공 영역이나 시민사회의 전통적인 생산적 주체가 아니라 소비자 주체로 만드는) 대중문화 속에서 동질화된다. 이런 점에서 소비자주의는 주체 개념의 불충분성을 나타내는 주된 지표다. '주체'에 대한 전통적 설명들은 우리가 쇼핑이 자유롭고 자율적인 행위가 아니라 자기희생의 양식임을(우리는 우리가 원하는 것이 아니라 우리에게 파는 것을 사며, 결국은 그것을 원하게 된다) 알면서도 쇼핑하기를 좋아하는 이유조차 해명해내지 못한다. 그리하여 주체 중심적 이론들은 필히 이데올로기 개념을 개발하여 생존 필수품이 아닌 모든 쇼핑은 순진한 얼뜨기들을 대상으로 한 이데올로기적 속임수의 산물이라고 주장한 것이다. 이는 또 하나의 전락(the Fall: 구약성경에서 아담과 이브가 에덴동산에서 추방당한 사건을 가리킨다―옮긴이) 서사다.

내가 방금 개괄적으로 제시한 것을 불필요하게 복잡한 주장이라 여길 사람들도 있겠지만, 특이성이라는 견지에서 말하는 것이 갖는 이점은 (상품 및 기타 등등에 대한) 욕망과 권력, 지식의 관계들이 개인들 사이에 흘러 다니는 모순적이며 다양한 방식들을 논하는 길을 제공해주면서도 그런 관계들의 안정적이거나 자연스럽거나 논리적인 질서―우리가 잃어버렸고 이제 거기로 돌아가야 하는―가 있다고 상정할 필요가 없다는 데 있다는 것만큼은 주장하고 싶다. '주변적 특이성'에 대해 말하는 것은 곧 총체적 자기의식이나 아니면 타인들 및 세계와 조화롭고 균형 잡힌 관계에 이를 수 있는 이상적 개인이 존재하지 않음을 강조하는 것이다. 주변적 특이성들은 문화의 중심에 서 있지 않다.

문화 개념은 그런 중심화된 주체를 제시해왔는데, 실은 문화 참여의 논리가 경제적 착취를 초월한 평등의 기반을 마련해준다고 주장하기 위해 이 주체를 이데올로기적으로 불러낸 것이다. 현대 자본주의 경제는 이 이데올로기적 베일을 벗겨냈다. 따라서 문화적 재현으로부터의 배제는 여전하지만, 이제는 배제를 과거의 흔적으로 치부할 수 있다. 문화적 금기를 벗겨내는 작업이 빠른 속도로 진행된다. 성처녀의 아이콘인 마돈나가 게이 흑인 남자와 침대에 누워 있는 모습으로 스크린에 등장하며[가수 마돈나의 뮤직 비디오에 대한 언급. '마돈나(Madonna)'는 원래 '성모'를 뜻한다―옮긴이], 시청자는 이것을 얼마나 충격적으로 받아들이냐에 따라 자신을 문화적으로 자리매김한다. 이것이 기 드보르(Guy Debord)가 스펙터클의 사회라 말한 것이다. 즉 체계 바깥의 것이 체계 안에서 하나의 가치로, '충격 가치'로 재순환되는 것이다. 마돈나도 알다시피 문화는 정체성들이 아니라 역할들과 그 역할들의 조합으로 이루어져 있다. 원칙적으로 누구나 문화에 참여하고 나름대로 워홀의 15분을 누린다["미래에는 누구든 15분간의 유명세를 누릴 수 있을 것이다"라는 앤디 워홀(Andy Warhol)의 발언을 빗댄 표현—옮긴이]. 이렇게 할 수 있는 것은 이런 참여가 더이상 사회에 과거와 같은 의미를 가지지 않기 때문이며 사회가 더이상 문화적 정체성의 실현을 위해 조직되지 않기 때문이니, 문화적 정체성은 이제 자본의 흐름을 실은 운송 수단이 아니라 그 흐름을 막는 장애물이 되었다.

우리는 아직 실현되지 않았거나 숨겨진 정체성의 이름으로 이 과정을 부정하기보다는, 행위성(agency)의 문제를 다시 생각하고, 자기동일적 주체가 아니라 **중계나 역할들** 사이에서 일어날 수 있는 종류의 행위성이 무엇인지 물어볼 필요가 있다. 그리고 내가 단순히 문화 연구를 부정하는 것처럼 비치는 일을 방지할 겸 문화 연구 작업은 이 긴장으로 구축되는 것임을 분명히 해두고자 한다. 이 긴장이란 이데올로기 비판의 한계를 인식하면서 수행하는 일반적 경향이다. 때때로 이것은 부정직성[행위성들이 역사의 주체로 응집될 것이라는, '문화적 구성' 이론(인종, 성별 등의 범주가 문화적 구성물이라는 이론—옮긴이)이 새로운 역사 기획의 바탕이 될 것이라는 은밀한 희망]으로 나타난다. 때때로 이것은 평소 하던 일이 아닌 무언가 다른 일을 하려는 시도로 나타난다.

문화가 중요하다는 관념은 정치 구성체로서 국민국가의 부상과 불가분하게 맺어져 있고, 국민국가의 쇠퇴는 권력의 문제가 더 이상 문화 참여에 주체를 포함하거나 배제하는 것으로 구축되지 않는다는 것을 의미한다. 주체 위치들 대신에 우리는 주체로서의 그들에 (국민국가와는 달리) 무관심한 가상의 문화 중심과 관련하여 주변적인 것으로 나타나는 특이성들에 대해 말해야 한다. 달리 말해, 우리는 한때 '문화'가 자리하던 도표의 중심에 '수월성'을 써 넣을 수 있다. 수월성의 정도에 따라 위치들의 지도를 그려낼 수 있고, 이런 지도 그리기는 대학과 같은 관료적 기관의 일이다. 그렇지만 이런 기관들은 더 이상 강한 의미에서 문화적이지 않다. 2장에서 본 것처럼 '수월성'은 지시적이 아니라 체계 내적인 가치 단위, 가상적 척도의 기본 단위인 만큼, 기관들에 대한 우리의 위치는 의미의 결정 요소가 아닌 것이다.

그렇다면 문화가 더 이상 대학의 생명 원리가 아니라 많은 연구 대상 중 하나가 될 때 문화 연구가 의사분과학문으로 생겨난다고 말한 취지는 바로 이것이다. 참여의 문제가 가장 절실한 성찰의 대상이 되는 것은 참여한다는 것이 무엇을 의미할지 더 이상 알지 못할 때, 함락할 어떤 분명한 성채도 더 이상 없을 때다. 문화 연구가 바보짓이라는 말도, 그것을 수행하는 사람들이 초점에서 빗나갔다는 말도 아니다. 그보다는 문화가 모든 것이라면 그것에는 중심이 없고 외부의 지시대상도 없으며, 이 탈지시화를 직시하는 것이야말로 문화 연구에 주어진 과제라고 생각한다.

이 쟁점을 직시할 기회가 생겨나는 것은 문화 연구의 노력이란 대학 안에 있다는 것이 무엇을 의미하는지 하는 물음에 대해 궁구 (窮究)하는 당대적 방식이기 때문이다. 게다가 독일 관념론과는 달리 궁구 자체는 이미 이 물음에 대한 답이 아니라는 점이 복잡성을 더한다. 이것이 탈역사적 대학, 이념 없는 대학의 상황이다. 그렇다면 문화 연구가 하는 작업을 어떻게 이해할 것인가, 무수한 분석들을 과거 대학의 모습에 대한 향수의 매혹적인 징후가 아닌 다른 것으로 어떻게 개념화하느냐 하는 문제가 남는다. 즉 문화 연구는 문화에 대한 탁월한 비판 이상의 무엇을 어떻게 해낼 수 있을까?

8장

탈역사적 대학

대학의 지도 이념인 문화가 본질적 기능을 상실한 지금, 우리는 어떻게 대학을 다시 상상할 수 있는가? 이 책의 마지막 부분에서는 대학에 대한 초국적인 상대적 분석을 위한 틀을 개설적으로 그려 볼 생각이다. 이 논의의 전반적인 방향은 비록 대학은 계속 존재하지만 오로지 문화와 관련지어서 이해하는 것은 불가능해졌다는 사실을 감안하는 것이어야 할 것이다. 초국적 자본주의가 문화의 의미를 침식했고, 대학 체제가 문화라는 말에 기대지 않고서도 기능할 수 있음을 보여주기 시작한 만큼, 교육의 역할은 문화적 획득이나 문화적 저항을 우선적으로 고려하는 식이 될 수는 없다. 이는 대학인들이 비평적 판단을 포기하고 수동적 관찰자나 심지어는 자본의 열성적인 종복이 되어야 한다는 뜻은 아니다. 앞으로 논의하겠지만 가치의 문제가 어느 때보다도 중요해지며, 가치를 판단의 문제로 제기함으로써 수월성 담론에 맞설 수 있다. 평가는 측정의 장치라기보다 사회적 문제가 될 수 있다. 그러나 더 이상 이 일은 진정한 가치를 구성하는 것이 무엇이며 가르침에 진정한 권위를 부여하는 것이 무엇인지 밝히는 작업은 아닐 것이다. 이제 관건은 가치의 성격이 아니라 그 기능이기 때문이다.

　수월성이 측정을 앞세워 가치 문제를 괄호 치고 책무성이나 책임의 문제를 회계 프로그램으로 대체하는 상황에서, 나는 가치의 문제를 열어놓는 것은 곧 사회적인 것을 달리 상상하는 능력을 열어놓는 길이라고 주장할 것이다. 중요한 것은, 대학에 기반하거나 대학에서 발전된 사회적인 것의 진정한 모델을 제안하는 것은 아니라는 점이다. 대학은 문화적 가치를 탐구하는 중심 거소이기보다는 판단을 하나의 질문으로 열어놓는 시도들이 이루어지는 여러 장소 가운데 하나가 된다. 그러나 이는 너무 앞서나가는 이야기이고, 우선은 비판의 문제로 돌아가 앞서 지적한 문화 연구의 학문적 기획이 가진 문제들을 문화 이후 어떻게 생각할 것인가라는 조금 더 일반적인 물음과 연결 짓고자 한다.

　국민국가의 쇠퇴, 그리고 민족적 이데올로기로서의 문화의 쇠퇴는 대학의 전통적인 역할을 변화시킬 뿐 아니라 이런 변화를 분석할 관점을 식별해내기도 어렵게 만든다. 이미 현재 내지 탈역사시대의 대학, 즉 수월성의 대학이 지닌 한 가지 운명을 지적한 바 있는데 여기서 수월성이란 최대치의 중단 없는 내부 행정을 허용하는 비지시적 원리의 이름이다. 또한 이러한 전개에 저항할 필요가 있다는 점 또한 시사하고자 했다. 그러나 비판을 통해 대학의 비평적 기능을 재동원함으로써 이에 저항하려는 것은, 애석하지만 러다이트(Luddite)류까지는 아니더라도 칸트류 발상인 것은 엄연하다.

　비판이 체제를 보강하게 되는 문제는 테오도어 아도르노가 〈문화 비평과 사회〉에서 놀랄 만큼 경제적으로 강력한 논지로 개괄한

바 있다.[1] 단순하지 않은 이 글에서 그는 당대의 문화가 이데올로기적 주장을 포기한 상황에서 전통적인 형식의 문화 비판이 와해되는 과정을 추적한다. 고급문화란 (부르주아적) 부분이 전체를 참칭하는 것이라는 반배제론적 공격도, 대중문화란 착취의 진상을 가리는 '빵과 서커스'라는 공격도 소용이 없을 것이다. 이런 상황에서 문화를 이데올로기라고 비판하는 것은 한물간 이야기니, 문화 이데올로기의 바깥은 없기 때문이다. 문화는 이제 아무것도 감추지 않는다. 비록 "문화의 물질주의적 투명성으로 문화가 더 정직해진 것은 아니고 다만 더 천박해졌을 뿐이지만"(34) 문화의 배후에서 이데올로기 비판이 찾아낼 것은 아무것도 없다. 이는 곧 문화 분석은 더 이상 안정된 기반을 상정할 수 없다는 것, 더 이상 문화 산물을 특정 기득권의 술책으로 돌릴 수 없다는 것을 의미한다. 아도르노의 말을 빌리면, "오늘날 이데올로기는 현상(現像)으로서의 사회를 뜻한다. 뒤에 파당성의 지배가 버티고 있는 총체성에 의해 매개되지만, 이데올로기는 단순히 하나의 파당적 이해관계로 환원되지 않는다. 그것은 말하자면 그 모든 조각들로 중심에 동등하게 근접해 있다".(31)

아도르노도 인정하듯, 문화 비평가는 문화를 그릇되거나 부자연스러운 것으로 ('자연스럽다는 관념부터가 비판 대상인 문화에 의해 생성된다는 점을 깨닫지 못하고서) 비판하는 초월적 입장에 서거나 아니면 문화에 그것이 이미 갖고 있는 자의식을 제공하는, 그래서 문화의 정직성보다는 천박성을 증가시키는 내재적 입장을 취한다. "허위의식이라는 확실한 의미에서의 이데올로기는 더 이상 없고, 오직 그 복제를 통해 그리고 믿어주기를 원하기보다 침묵을 명령하는 도발적 거짓말을 통해 세상을 향해 내보내는 광고만이 있다."(34) 문화 비판은 문화가 성공적인 수행이냐 그렇지 못한 수행이냐가 아니라 진실한 것인가 거짓된 것인가 하는 견지에서 조직된다는 가정에 기댄다. 게다가 비판은 문화 아이콘에 대한 의사종교적 믿음이 존재한다는 발상에 기대며, 체제가 어떤 문화적 아이콘도 경제적 이윤의 터전으로 만들 태세를 갖출 때 그 힘을 상실한다. 그래서 영국 왕실은 대중적 순종의 이데올로기로 구실하기보다 연속극이 되어버리며, 한편 MTV에서 비비스와 버트헤드는 비디오 클립들에 나타난 성별 역할을 기호학적으로 분석하여 시청자에게 재미를 준다 (비비스와 버트헤드는 애니메이션 시리즈의 두 주인공으로 주로 당시 나온 비디오를 우스꽝스럽게 평가한다—옮긴이). 문화 비판은 이 시청자들을 바로 이 비디오 클립들에 눈뜨고 속아 넘어가는 바보라고 여기지만 말이다.

여기서 문화 연구의 문제가 발생한다. 문화 연구의 문화 분석은 효력이 있지만, 이는 더 이상 전통적 의미에서 문화적이라 할 수 없는 체제의 추가 투자처로서 갖는 효력이다. 문화 연구가 수행하는 분석은 위협을 가하기보다 체제에 새 마케팅 기회를 제공할 위험이 있다. 펑크 뮤직과 드레스 스타일 같은 실천들은 학술 논문에서 자의식을 얻을 수 있겠으나, 그것들에게 부여된 품위는 진정성에서 나오는 것이 아니라 영화로든 MTV로든 런던 관광객의 구경거리로든 팔릴 수 있는 시장성에서 나오는 것이다. 여행 안내서가 가장 두드러진 예로, 여기서 문화적 특수성은 이제 시장 체제에 대한 진정한 대안을 제공하기는커녕 상품의 지위를 획득하는 형식이 된다. 문화적 특수성은 체제 안에서 유통될 뿐, 체제 바깥의 어떤 지시대상도 가지지 않는다. 거칠게 말하자면 펑크의 충격 가치는 문화적 의미에서 지속성이 없으니, 곧 "수월성 있는 펑크"가 되는 것도 가능해지는 것이다. 그렇지만 지속성이 없다고 해서 무언가 새로운 것을 해내려는 노력이 소용없다는 뜻은 아니고, 다만 그런 시도로 체제 바깥의 진짜 문화에 접근하게 된다거나 전용(轉用)의 회로를 완전히 교란시킨다고 생각하는 것은 순진하다는 이야기다.

그러니 나는 우리가 이성의 이념으로 돌아감으로써 문화의 이념을 바꾸거나, 문화에 그 이성을 돌려주고 역사를 합리적 분석의 자리로 만드는 것은 불가능하다고 생각한다. 이를테면 앤터니 이스트호프가 문화 연구를 더 과학적인 새 패러다임이라 반길 때, 미학적 이데올로기의 미신적인 베일을 벗어던지고 오로지 이성의 견결한 빛 속에 맨몸으로 서 있는 문화 분석이라 반길 때, 나는 문화 연구의 비평적 힘이 결국 칸트에 대한 향수에서 촉발된 것이 아닌가 우려하게 된다. 그리고 캐리 넬슨과 같은 사람들이 취하는 엄격한 분과학문적 노선을 보면 이 걱정이 괜한 것은 아님을 알 수 있다. 이들에게 문화 연구의 분과학문적 문제틀은 결국 경계 분쟁의 문제, 즉 학부들의 갈등에서 승리를 확보하는 문제다.[2]

내가 제안하고자 하는 것은—그리고 나는 기나긴 사유의 과정일 수밖에 없었던 궁구의 초입부터 이 제안을 떠올리고 있었는데—탈역사적 대학의 특징인 비지시화를 좋은 쪽으로 활용할 방법을 모색해야 한다는 것이다. 즉 우리는 아무런 이념이 없는 대학,

바로 통일성(unity)과 보편성(universality)의 어원적 혼동에서 비롯된 이름을 갖지 않는 대학(University)을 갖는다는 것이 무엇을 의미하는지 생각해보아야 한다. 훔볼트에게 대학은 학문의 원초적 통일성이라는 원리와 그 궁극적 보편성—교양(육성)을 통한 전파—이라는 이상을 융합하는 총체성의 이념의 이름이 되어야 했다.3 그리고 나는 이런 구상으로부터의 탈피는 공동체(community)와 소통(communication)의 교차—이것이 이름하여 문화인 셈인데—에 대한 성찰에서 시작되어야 한다고 생각한다.

5장에서 개관한 '문화의 대학'에 대한 주장을 요약하자면, '문화의 대학'은 소통의 투명성이라는 관념에 기초한다. 독일 관념론자들은 이 투명성이 종족 공동체와 절대적 이념의 융합을 가능하게 한다고 본다. 이 융합은 여러 층위에서 일어난다. 교수법 차원으로 보면 피히테는 가르침이란 학생이 교수에게, 교수가 학생에게 스스로 베일을 벗는 행위라고 말한다. 스스로 베일 벗기란 누드 수업과는 무관하며, 선생과 학생을 "공동의 정신적 삶"을 지닌 하나의 단일한 법인체로 융합한다는 대화와 관련된다. 이 공동의 삶에서 "그들은 일찍부터 서로에 대해 깊이 알고 존중하는 법을 배우며, 그들의 모든 성찰은 모두가 똑같이 알고 있고 그들 사이에서는 아무런 논란거리가 되지 않는 토대에서부터 출발한다".4 이것이 대학 공동체요, 훔볼트와 슐라이어마허가 말하는 끊임없는 대화다. 이것은 주제가 없는 대화가 이루어지는 공동체이니, 논란거리는 다루지 않는다는 의미에서 그러하다. 분쟁도 없고 비교 불가능한 근원적 차이도 없고, 단지 우리가 동의하는 것의 정확한 성격에 대한 논의가 있을 뿐이다.

슐라이어마허는 심지어 권위적인 교시 방식의 강의 과목도 대화의 형식, 대학 공동체의 기반을 이루는 성역이라는 묘한 주장까지 내놓는다.[5] 그는 이런 강좌는 대화와 외형은 다르지만 대화의 정신을 보여준다고 주장한다. 슐라이어마허가 보기에 교시 방식의 강의는 듣는 사람들한테 지적 공동체 이념을 일깨우고 산물로서의 지식을 전달하기보다 지식의 과정을 시연한다. 소통은 따라서 실증적 지식을 전달하는 수단이 아니라 그 자체가 교양(육성)의 과정을 시연하는 것이다. 대학 공동체는 지식 과정을 공유하는 역량에 토대를 두고 있다. 소통은 그 이념의 계시 과정 속에 연사와 청자를 결합시키니, 그저 그들 사이의 매개나 다리의 역할만 하는 것이 아니다. 이런 의미에서 소통은 거래적이라기보다 **표현적**인데, 그 이념은 연사에 의해 (지식 획득 과정의 시연 속에) 객관적으로 과학으로 드러나고 청자에 의해 (의식을 향한 욕망의 자각 속에) 주관적으로 교양으로 드러난다.

대학에 대한 하버마스, 레페니스, 피시의 입장은 사실상 계시라는 표현적 주장을 포기하고 소통의 거래적 모델로 복귀하는 것을 의미한다. 통일성은 표현되는 게 아니라 필수적인 합의 지평의 설정으로서 소극적으로만 함축된다. 합의 지평은 경험적으로 구현되지는 않을지 몰라도, 그럼에도 불구하고 모든 소통 행위의 필수적인 전제 조건이다. 합의는 문화의 통합된 이념의 기반으로서 종족적 총체성을 대치한다. 문화 연구의 경우에는 **정치적** 합의의 지평이 종종 이런 역할을 할 때도 있는 듯하다.

그 대신에 무엇을 할 것인가 생각하는 것은 더 어려운 문제다. 고백건대 나는 대학이 시장 경제의 안팎 모두에서 "경제가 포괄할 수 없는 잉여로 기능"해야 한다는 로버트 영의 제안에 매력을 느낀다.[6] 이항 대립이 엄존하며, 대학은 그저 유용하지도 그저 무용하지도 않음으로써 이항 대립을 해체할 것이다. 모두 참 좋은 말이고 훔볼트가 원했던 것과 매우 흡사하다. 즉 국가에 간접적으로 유용하고 직접적으로는 무용한 대학 말이다. 물론 여기서 당연히 물어야 할 질문이 있다. 왜 해체론은 훔볼트의 재탕으로 끝나는가? 이것이 뉴먼과 제러미 벤담(Jeremy Bentham)의 대학론에 대한 영의 훌륭한 연구의 결론으로서는 불만스럽다는 것이 내 생각이라면, 그것은 아마도 여전히 영이 문화 이념과 유사한 기능을 할 해체적 개념—보충 개념—을 내세움으로써 대학 이념을 구해낼 길을 찾고 있기 때문일 것이다. 심지어 우리는 문화란 늘 어떻든 위험스러운 보충이었다고 국가한테 말함으로써 그 이념을 사게 만들 수도 있을 것이다. 그렇지만 나는 새로운 지시대상, 심지어 위험한 보충과 같은 곤혹스러운 지시대상을 제안해서 대학 이념을 구해낼 수 있다고는 생각하지 않는다. 기술공학적 대학은 우리더러 수월성 있게 보충적이 되라고 하고 보충을 잉여가치로 만드는 방식으로 응답할 것이다.

그렇다면 우리가 더 이상 종족적 본질이든 공화적 의지든 민족적 정체성을 구현하려고 애쓰지 않는다는 것을 깨달을 때, 대학은 도대체 무슨 소용이 있는가? 이런 질문을 한다고 해서 대학을 날려버리고 싶다거나 심지어 내 일을 그만두고 싶다는 이야기는 아니다. 나는 비관적이지도 낙관적이지도 않으니, 비관이나 낙관이라는 용어에 함축된 시간성이 적절하다고 생각하지 않기 때문이다. 이 점에서 나는 문화가 삶을 구해낼 수 있다는 생각에 대해 리오 베르사니가《구원의 문화》에서 한 비판에 전적으로 동의한다.[7] 문학적 모더니즘의 주장들에 대한 베르사니의 공격은 근대 대학에 정체성을 제공해온 문화 이념에 대한 비판이다. 우리는 대학의 새로운 정체성이 필요하지 않고, 보충조차도 우리를 구원하지는 않을 것이다. 그보다는 대학 기능의 탈지시화가 공동체와 소통 개념들을 달리 생각할 수 있는 공간을 열어줌을 깨달을 필요가 있다.

대학의 진정한 지시대상, 대학을 구원해줄 지시대상을 알고 있다는 경건한 주장에 토대를 두지 않는 기술관료적 대학에 대한 저항은 딱히 그 성격을 규정하기가 어렵다. 대학에 대해 발언하는 대다수는 두 가지 입장 가운데 하나를 택한다. 즉 모듈식 공동체(modular community)와 사회적 기능이라는 훔볼트의 이상으로 돌아가자는 향수 어린 외침이거나, 대학이 그 기업적 정체성을 포용하고 더 생산적이고 더 효율적이 되라는 기술 관료적인 요구다. 그저 '수월성'에 대한 호소를 경멸하는 것으로는 소용이 없을 것이다. 현재의 지정학적 조건을 볼 때 문화(인문과학과 자연과학 모두에서의)가 초강대국 경쟁의 장이었던 냉전기에 서구 대학이 누렸던 국가의 재정 지원 수준으로 돌아가려는 생각은 일찌감치 접는 편이 좋겠다. 이어지는 경제적 압박은 설혹 민족문화의 서사가 그 지시대상 역할을 할 수 있는 주제를 여전히 가지고 있다 할지라도, 훔볼트의 이상을 온전히 구현하기 위해 이를 확대해나가려는 희망은 더 이상 가당치 않음을 뜻한다.

현 국면에서 제기되는 도전은 어려운 것이지만, 우리에게 요구되는 것이 더 나은 기관의 건설, 또 다른 효율성 모델, 또 다른 통일되고 통일시키는 기획의 생산이라고 생각하지는 않는다. 현 상황에 현명하게 대처하자면 완전히 다른 방식의 사고가, 대학에서 수행하는 일에 하나의 통일된 이데올로기 기능을 부여하려 들지 않는 사고가 필요하다. 이 책의 마지막 부분에서는 민족문화의 기함 역할을 포기하였지만 수월성 있는 관료적 기업체가 되는 길에 돌이킬 수 없을 정도로 진입하지는 않은 오늘날의 대학을 이해하는 여러 가지 방식들을 짚어볼 것이다. 대학은 고등교육의 현장으로서 자신의 역할—과거 역사를 아무리 살펴봐도 반드시 필요하다고 본 적이 없는 역할—을 주장할 새로운 언어를 찾아내야 한다.

현재의 대학에도 여전히 해당되는 세 가지 기능은 **연구, 교육, 행정**이다. 물론 이 중 행정은 자원 할당 면에서 가장 빠르게 팽창하는 분야이며, 앞서 주장했듯 이 팽창은 연구와 교육 사이의 독일 관념론의 계약이 와해되는 징후다. 사실 나는 수월성의 대학이란 행정의 일반 원칙이 교육과 연구의 변증법을 대체하고, 그래서 교수직 생활의 두 양상인 교육과 연구가 행정 아래 포섭되는 대학이라고 주장하고 싶다.

현재 대학에 가해지는 공격의 상당수가 지나치게 연구만 강조하는 것은 교육을 해친다고 주장한다. 인문학에서 이 불평은 근대 대학만큼이나 오랜 역사를 갖고 있다.[8] 그렇지만 이 불평이 현재 다시 높아지는 맥락은, 앞서 말했듯 더 근본적인 와해, 즉 대학을 민족 주체 생산의 중심에 놓는 메타서사의 와해를 나타내는 징후라는 점에서 다르다. 대학에는 더 이상 그 대서사의 영웅이 없으며, 그 결과는 '전문화'로의 퇴각이다. 전문화는 교육과 연구를 닫힌 체계의 일반 행정 부분들로 통합하는 식으로 교육이라는 경험의 주체 및 지시대상의 상실이라는 문제를 다룬다. 즉 강의는 교수에 의한 학생 행정이고 연구는 동료들에 의한 교수 행정이다. 그리고 행정이란 전체를 관리하는 관료층에 주어진 이름이다. 각각의 경우에 행정은 체계 내적인 수월성의 기준에 따라 정보를 처리하고 평가하는 일을 수반한다. 연구의 가치는 동료 교수들이 어떻게 생각하느냐에 달려 있고, 강의의 가치는 교수가 주는 학점과 학생들이 하는 평가에 달려 있고, 행정의 가치는 대학 순위에 달려 있다. 결정적으로, 종합 평가는 행정 수준에서 이루어진다.

이런 점에서 대학이 너무 연구에 치중하며 교육을 방기한다는 거듭되는 주장이란 실제로는 대학을 하나의 전체로 등록하고 통합하는 데 기여할 그런 '경험'을 가지는 주체—고등교육을 구현하고 통일시킬 수 있는 그런 **도정**을 보여주는 학생—에 대한 향수의 산물이다. 이런 학생은 한 번도 존재한 적이 없으며, 1968년은 '그의' 부재를 선포하였다(무엇보다도 이른바 보편적 학생은 특정한 젠더라는 점을 환기시킴으로써)는 것이 나의 주장이 될 것이다. 자본주의 관료제의 탈지시화 과정을 대학을 더 흥미로운 장소로 만드는 방편으로 전환해내는 방법을 논하면서, 나는 평가라는 일반적 행정 논리가 어떻게 교육과 연구의 상호작용 대신 대학의 기능에 중심을 차지하게 되는가에 초점을 둘 것이다. 이것은 수월성의 평가 논리를 단순 부정하는 것은 아닐 터인데, 수월성 담론에도 나름의 이점이 있다는 점은 분명히 짚어야 한다. 예를 들어, 페미니즘과 아프리카계 미국 흑인 연구가 학계에서 그렇게 빨리 탄탄한 입지를 확보하게 된 것도 그 덕분이다.

내가 보기에 구(舊)분과학문 구조의 붕괴는 그 자체로는 무슨 커다란 손실이 아니다. 그것은 누구의 이해관계 속에서 변화가 일어나는가 하는 문제다. 교수진 가운데 한 명으로서 나는 과거의 직업 구분을 지움으로써 발생되는 잉여가치가 교수진과 학생들에게 공유되고 단지 행정에만 누적되지 않도록 유의할 필요가 있다고 본다. 예컨대 인문학들을 '문화 연구'라는 이름 아래 융합하는 경우 많은 돈이 절약되는데(행정 인력, 강의 시수, 시설 관리 등), 우리는 이렇게 절약한 돈을 흥미로운 작업을 가능케 하는 (교육과 연구의 단기 집중 과정, 소형 인문학 센터 같은) 교육 선도 사업에 재투자하라고 대학 행정 본부에 요구해야 한다.

이제 더 이상 연구의 구원적 기능을 주장할 수 없으며, 학자들의 상상된 공동체가 국민국가의 잠재적 공동체를 반영하는 소우주라고 믿을 수 없게 되었으니, 어떻게 공동체 개념 자체를 다시 상상해낼지 생각해봐야 한다. 따라서 나는 공동체를 통일성과 정체성의 터로 보는 관점과 결별하여 대학에 사색인들이 밀집해 있는 문제는 소통의 투명성이라는 규제적 이상을 포기한 **불화의 공동체**(dissensual community)의 틀로 이해해야 한다고 주장할 것인데, 이 공동체의 발상은 정체성이나 통일성이라는 관념을 버린 셈이다. 나는 **정체성 없이 사유하기**를 상상하며 대학을 불화의 터로 재형상화하는 지식의 생산과 유통에 대해 개략적으로 설명할 예정이다. 이런 관점에서는 대학은 이상적 공동체가 아니라 함께 있음의 문제가 제기되는 여러 장소 가운데 하나가 된다. 내가 요청하는 것은 '갈등을 가르치자'는 제럴드 그라프의 요청에서 제안된 것보다도 더 근원적이고 불편한 불화다. 학문 담론의 단성적 권위를 밀어내고자 하는 그라프의 박수받을 만한 욕망 뒤에는 최종적 합의에 대한 욕망, '갈등'의 결정과 전달을 전문적 담론의 통일된 목적으로 용인해줄 합의에 대한 욕망이 깔려 있기 때문이다.

둘째, 나는 강의의 재평가를, 특히 시간 문제와 관련된 강의와 관련하여 가치 문제의 재사유를 요청할 것이다. 여전히 교육의 시간은 영향력을 상실한 근대주의적 메타서사의 맥락에서 다루는 것이 일반적이다. 즉 일정한 기간 동안에 무지에서 계몽으로 나아가는 것이다. 그리고 바로 시간, 즉 '단위 시수(credit hours)'의 견지에서 강의가 회계의 논리로 환원되는 것이다. 〈끝낼 수 있는 분석과 끝낼 수 없는 분석*Analysis Terminable and Interminable*〉에서 프로이트는 이미 교육이 정신분석학과 통치처럼 체계의 성격상 마무리를 할 수 없는 불가능한 직분임을 지적하였다. 그렇지만 교육의 시간을 철저히 회계 대상으로 취급하는 것이 수월성 강조의 주된 특징이다. '수료에 걸리는 시간'이 이제 교육의 질과 효율성의 보편적 기준으로 제시된다. 미국과 캐나다에서 정시 수료 쪽으로 몰아붙이게 만들었던 멜론 보고서는 신뢰를 상실했지만(보고서에서 예언한바 교수들의 은퇴에 따른 엄청난 교수 인력 감소는 '규모 감축'으로 상쇄되고도 남았다.) 4년 내에 박사학위자를 배출하려는 추세는 줄어들지 않았다. 대학이든 어디든 그들을 위한 일자리가 없다는 사실에도 불구하고 말이다.

《매클린스》의 보고서를 다루면서 내가 수사적으로 질문했듯, 교육에는 얼마나 시간이 걸리는가? 학생 인구의 연령이 점점 덜 동질적이 되고 복학생이 대학의 중요한 자원이 되고 있는 지금 이 질문은 더욱 절실해진다. 복학생의 진입과 함께 우리는 하나의 과정으로서의 교육을 상상하는 틀이 되는 시간 구조를 다시 생각해야 하는 것이다. 제때 박사과정을 수료해야 한다는 추세에 따라 (적어도 내가 재직 중인 대학에서는) 대학원생들에게 '미완(Incomplete)' 평점을 주는 일을 그만두고 학업을 다 마쳤다고 서둘러 말해주라는, 생각하기를 멈추라는 지침이 교수진에게 내려지고 있다는 사실은 곱씹어 볼 만하다. 속도와 효율에 대한 이러한 관심을 비판한다고 해서 내가 끝없는 배움이라는 어떤 낭만적 이상을 주장하는 것은 아니다. (그렇게 한다면 제도적 요인들을 무시해도 된다고 상정하는 꼴이 될 것이다.) 다만 사유의 복합적 시간은 완전한 회계 처리가 불가능하다는 점, 구조적으로 '미완'이라는 점을 지적하는 것뿐이다. 따라서 9장과 10장에서 나는 해방의 메타서사라는 틀로 대학을 정당화하기를 거부하는, 사유란 우리가 결코 벗어날 수 없는 하나의 중독일 수밖에 없음을 인정하는 교수법을 주장할 것이다.

대학의 기능을 생각하는 틀을 재고할 필요가 시급하다고 보는 것도 바로 기관(제도)과 관련해서다. 특히 우리가 알고 있는 대학이 역사적으로 특수한 제도라는 인식을 받아들이기란 대학인들에게는 어려운 일이다. 역사는 근대의 연구 대학에 어떤 본질적이거나 영원한 역할을 맡긴 바 없으며, 이런 대학의 소멸이라는 지평을 성찰해볼 필요가 있다. 그것이 사라지리라는 전망을 기꺼이 포용하라는 것이 아니라 기성 대학이 미래에 대해 아무런 선취 특권도 갖지 않을 가능성을 심각하게 받아들이자는 것이다. 앞에서 지적한 대로 현재의 모델은 황혼을 맞이하고 있고, 나는 우리가 '문화의 대학'—그 문화가 인문학이든 과학이든 사회학이든—의 구원적 역할을 계속 주장할 수 있다고는 생각하지 않는다. 새로운 경건한 구원의 꿈, 대학을 위한 새로운 통합적 이념 혹은 새로운 의미를 제시하기보다 제도적 실용주의를 요구할 것이다. 이 실용주의는 사유란 우리가 있는 그곳에서 시작되며 사유에 알리바이 따위는 성립하지 않는다는 점을 인정한다. 알리바이 없이 사유함이란 '다른 곳'에서 온 이념, 우리를 즉각적 행동의 책임에서 면해줄 그런 이념의 이름으로 우리의 실천을 정당화하기를 멈춤을 뜻한다. 이성도 소용없고 문화도 소용없다. 수월성도 소용없고 우리가 우리의 행동으로 구현하고자 애쓰는 어떤 초월적 가치에 대한 호소도 소용없다. 우리가 우리의 행위를 정당화하고 스스로 면죄부를 주려고 아무리 노력해도 말이다.

앞으로 피력하겠지만 이런 실용주의는 근대 대학이 폐허가 된 기관임을 받아들이기를 요구한다. 그 폐허는 잃어버린 온전성에 대한 낭만적 향수의 대상이 아니라, 대학이 더 이상 진보의 연속적 역사, 즉 통합적 이념이 점진적으로 드러나는 연속적인 역사 속에 자리하지 않는다는 사실을 재평가하려는 시도의 터전이어야 한다. 따라서 대학의 폐허 가운데 거주함이란 그 공간이 현재 가진 복합성에 진지한 관심을 기울임, 즉 우리가 그 시간성 속에 더 이상 자리하지 않게 된 그 역사의 의지에 따라 우리에게 떠맡겨진 공간들을 우회하는 끝없는 작업에 임함을 뜻한다. 어떤 이탈리아 도시의 주민들처럼 우리는 르네상스 도시국가를 재건하려 할 수도 없고, 그 잔재를 없애버리고 합리적으로 계획된 고층 건물군을 설치하려 할 수도 없다. 다만 그 뼈죽뼈죽한 모서리들과 구불구불한 통로들에 새로운 용도를 부여하고자 할 수 있을 뿐이다. 건물들에 에워싸인 광장들과 아무 의미 없는 종탑이 자아내는 인식적 불협화음들로부터 배우고 또 그것을 즐기면서 말이다.

이 실용주의는 따라서 두 가지 인식을 수반한다. 첫째, 우리가 자리한 공간들의 복합성과 역사적으로 부여된 위상에 대한 인식이되, 동시에 이것들이 우리가 점유할 수 없으며 거기서 소외되어 있는 공간이며 그래서 향수도 유기체론의 부활도 가능한 선택지가 아님을 인식하는 것이다. 둘째, 모종의 새로운 근거가 생겨나면 우리가 그 복합성을 줄이고 미래의 단순성의 이름으로 현재의 복합성을 잊을 수 있게 되리라고 믿기를 거부하는 인식이다. 더 이상 점유할 수 없는 기관의 폐허 가운데 거주하는 실용주의가 11장의 주제가 될 것이다.

그렇지만 이런 고찰로 나아가기 전에 평가 문제 일반에 대해 말해두고 싶은 것이 있다. 수월성이라는 기준을 조소의 대상으로 삼았지만, 그렇다고 대학인들이 이런 문제에 신경 쓸 필요가 없다거나 평가는 우리의 품위에 걸맞지 않다는 뜻은 아니다.《매클린스》가 내놓은 것과 같은 순위 평가는 계속 발표될 것이고, 통합과 생산성의 요구에 어떻게 응답해야 하는가 하는 문제는 여전히 남는다.

이것은 또한 두 끔찍한 전망, 즉 공적 재원이 축소되고 대학이라는 투자처에 대한 초국적기업들의 관심이 급증하는 상황에서 어떻게 재원을 확보할 것인가 하는 문제이기도 하다. 행정가들은 그들의 눈에 평가 문제에 대한 탁월한 대답으로 보이는 것을 이미 가지고 있는 만큼, 무시한다고 해서 이 문제가 사라지지는 않을 것이다. 대영제국의 토박이로서 나는 이미 인문학의 알맹이가 다 빠져나가는 것을 목격한 바 있으니, 인문학은 '여가'나 '교양 있는 개인들'을 힘없이 되뇔 뿐 그 이상의 호소력 있는 어떤 이야기도 할 능력이 없었기 때문이다. 그리고 한때 재원이 확보되었던 과학 쪽도 조짐이 좋지만은 않다. 초전도 초대형 입자가속기 프로젝트가 취소된 것 역시 미국 정부가 가장 커다란 장난감을 향한 초강대국 간의 문화 경쟁에 더 이상 관심이 없음을 말해준다. 이는 곧 자연과학이 더 이상 자기 의사대로 연구를 수행해나갈 수 없으며, 과학 지식 생산에 대한 국가 의지의 한없는 투자를 기대할 수도 없음을 뜻한다.

대학인들이 판단을 맡아달라는 요청을 받는데, 이 부름에 응하지 않으면 그들 대신 행정부가 판단할 것이다. 그러나 응한다 함은 새로운 기준을 제안한다는 것이 아니라 **평가 문제를 열어둔다는**, 즉 논란거리로 만든다는 것인데, 리오타르라면 '논쟁적 차이(differend: 논의를 통한 합의가 불가능한 문제를 지칭한다—옮긴이)'의 장소라고 부를 법하다.[9] 북아메리카 대학들에서 점점 더 일반화되고 있으며 학생을 서비스의 소비자로 다시 자리매김하는 추세와 명백히 연관되어 있는 학생들에 의한 강의 평가를 예로 들어보자. 하나의 공통된 가치지표에 따른 통합 및 표준화를 이루기 위하여, 행정 본부는 가급적

이면 소비자 조사를 모델로 한 소비자 만족지수 계산을 할 수 있는 표준화된 복수 응답형 문항들의 일률적 도입을 추진한다.

이런 표준화된 형식의 사용에 반대한다고 해서 평가 문제에 저항하는 것은 아니며, 단지 교육에서 질의 문제가 통계적 계산으로 가름될 수 있다는 믿음을 거부할 뿐이다. 여기서 중요한 것은 책무성을 회계와 동일시하기를 거부하는 것이다. 내가 속한 학과에서 예를 하나 들어보면, 제안된 평가 양식에는 1점에서 4점까지로 답할 여러 문항이 제시되고, 모든 응답을 합하여 같은 등급을 사용한 만족도 평균 점수를 낸다. 3 미만의 점수는 모두 우려 대상이 될 것이다. 물론 이것을 사용하면 강의를 평가하는 일은 지극히 쉬워지니, 성과별 급여 인상이 부분적으로 '강의의 질'로 결정되는 북아메리카 대학의 급여책정위원회에 참여해본 적이 있는 사람이라면 누구라도 여기에 끌릴 법하다. 이런 점수제는 강의의 우수성에 대한 끝없는 토론에 종지부를 찍고, 3점 이상의 점수당 x 달러의 비율로 그에 상당한 현금으로 쉽게 전환할 수 있다. 승진 및 영년직 심사에서 이런 자료가 사용되는 것은 말할 나위도 없는데, 이것은 성과별 급여 인상제가 아직 도입되지 않은 대학들에까지 퍼져 있다.

이런 평가 방식의 부당성은 두 가지 근거에서 주장할 수 있다. 첫째, 문항들의 성격에 관한 것으로 이 문항들은 평가가 기술적(記述的) 진술에서 직접 추출될 수 있다고 전제하는 점에서 논리적 오류를 범한다. 논리학으로 말하자면 이것은 사실 진술과 가치 진술 사이의 혼란이다. 예컨대 제안된 문항 중 하나는 "교수가 강의 계획서를 존중했는가?"라는 것이었다. 이 진술은 교수가 이렇게 하는 것이 자동적으로 좋은 일(계약의 존중)이라고 상정하지만, 나는 강의 계획서가 수강생 수준에 맞지 않는 것 같다면 교수로서는 계획서를 찢어버리고 다시 시작하는 것이 적절할 수도 있다고 주장할 권리가 우리에게 있다고 생각한다. 이런 종류의 문제들이 학생의 강의 평가 양식에 포함된 많은 문항에 스며 있고, 그것들을 그냥 무시해버릴 방법은 없다. 그렇다면 "이 강좌가 좋은 강좌라고 생각하는가?"라는 단 하나의 문항만 남겨두면 해답이 되는가? 그러나 이것역시 문제를 해결하지 못함은 분명하다. 과연 학생의 즐거움이 궁극적인 가치 기준인가 하는 물음을 즉각 불러일으키기 때문이다. 사실 배움이란 고통스러운 경험일 수도 있지 않은가.

두 번째 차원의 문제는 학생을 교육의 질을 가늠하는 유일한 판관으로 설정하는 발상과 그런 판단이 수량화될 수 있다는 가정 둘 다와 관련된다. 이것은 다름 아닌 소비자주의의 논리다. 학생의 강의 평가 문제에 대한 해답은 내가 보기에 평가 문제 전체에 접근하는 하나의 모델이 되는 것 같다. 첫째, 여기서 요구되는 것이 바로 판단의 **행위**, 즉 하나의 담론적 혹은 실용적 맥락 속에 뿌리박은 행위임을 인식할 필요가 있으며, 내려진 판단 자체를 판단할 때는 이 맥락을 고려해야 한다. 둘째, 이런 평가들로 무엇을 할 것이며 이런 평가들을 어떻게 이해할 것인가 하는 문제는 그 자체가 또 다른 판단을 요구하는 문제임을 우리는 인식해야 한다. 어떤 판단도 최종적이지 않다. 그 연쇄에는 항상 또 다른 연결고리가 있기 마련이다. 가치 문제들은 구조상 종결될 수가 없다. 셋째, 이 과정의 각 단계에서 판단자가 객관성을 가장한 통계 뒤에 숨기보다 내려진 판단에 책임을 지도록 해야 한다.

그렇다면 평가 과정에 이처럼 의문을 제기하는 것이 실제적으로 갖는 함의들은 무엇인가? 우선 대학인들은 질 문제의 복합성을 인정하는 입장에서 대학인들이나 외부인들에게 말을 해야 한다. 과도한 단순화의 치명적 영향을 보여주는 한 예는 많은 교수들이 일주일에 여섯 시간만 일한다는 널리 퍼져 있는 생각이다. 사람들은 야구선수가 배팅에 몇 분을 썼느냐에 따라 급여를 받지 않으며 가치 판단에는 많은 복잡한 변수가 있다는 것을 어렵지 않게 인정한다. 다른 선수들이 뛰는 동안에 쭈그리고 앉아 있다고 해서 포수의 급여가 더 적어야 한다고 주장하는 사람도 없다. 그렇다고 대학 간 월드 시리즈가 필요하다는 이야기는 아니다. 다만 가치 문제가 더 복잡해진다고 해서 이해 가능성이 자동적으로 사라지는 것은 아니라는 말이다. 스포츠 세계의 예를 하나 더 들자면, 동계올림픽에서 피겨스케이팅은 시간 계산에 따라 의문의 여지 없이 승자가 정해지는 스포츠들에 비해 상대적으로 인기가 많은데, 이는 가치 계산의 단순성이 그리 큰 장애물은 아님을 말해준다.

따라서 필요한 것은 평가의 문제는 최종적으로는 해답이 없는 것이자 **또한** 필수적인 것이라는 동시적 인식이다. 다시 말해 해답 없음이 그 문제를 무시할 변명이 되지는 않는다. 고인이 된 폴 드 만(Paul de Man)은 문학 읽기를 필수적이면서도 불가능한 과제로 인식하는 문학 분석의 틀을 내놓았다. 대학 평가도 마찬가지다. 학생들에게는 선택지에 체크하고 점수를 합산하는 대신에 평가 에세이를 쓰게 하고 그 평가서를 읽고 해석하는 작업이 이루어져야 할 것이다. 이런 평가서들을 해석하고 판단하는 데는 시간이 들겠지만, "대학의 진정한 사업(지식의 전달과 생산)"에서 시간을 앗아가는 일이 되지는 않을 것이다. 이런 평가와 판단, 자기질문이 바로 대학의 진정한 사업이기 때문이다. 따라서 대학들에게 따분하고 상투어로 가득한 (대학마다 천편일률적인) 사명 선언문을 작성하는 대신 평가 에세이를 쓰고 대학들이 그것에 얼마나 부합해왔는지를 정량화하도록 요구할 필요가 있다. 이렇게 하면 대학 총장들의 일거리가 매우 늘어나겠지만, 나로서는 그들이 수월성 지수와 씨름하고 '목표 달성' 차트를 채우는 대신 가치의 문제들에 대해 생각하는 모습을 보고 싶다. 나는 학생에서부터 총장까지 평가 과정의 각 단계에서 평가에 관여하는 사람들이 가치와 질의 성격에 관한 근본적 물음들을 정면으로 감당할 수 있으리라 기대하는 것이 무리라고는 생각하지 않으며, 그런 성찰에 바쳐진 시간이 낭비라고 생각하지도 않는다.

여기서 '에세이 쓰기'는 물론 비유, 즉 하나의 담론 행위로서 스스로 책임을 지고 감당하려 노력하며 가치판단을 내놓는 일에 대한 비유다. 이러한 책임지기는 회계의 확정적 논리와 근본적으로 상충하는 책무성을 환기시킨다. 행동에 책임을 진다는 것은 그 주체의 계산 능력을 넘어선 책무를 수반한다고 주장하는 셈이기 때문이다. 그렇다면 책임은 주체만의 문제, 조금 더 자의식적인 주체에 의해 계산될 수 있는 문제가 아니다. (이러한 계산 불가능한 책무의 논리에 대해서는 10장에서 더 상세히 논의할 것이다.) 이런 글쓰기는 판단자의 위치, 판단의 수용자, 판단의 기초가 되며 그에 의거해 판단이 내려지는 기준 등 판단을 둘러싼 변수들과 씨름한다는 것을 뜻한다. 이런 씨름은 많은 중요한 질문들로 인도하기 마련이다. 내가 누구이기에 판단을 하는가? 이 판단은 누가 보라고 하는 것인가? 이 판단으로 무엇이 달라지는가? 무엇을 판단자는 판단한다고 하는 것인가? 이 판단에 함축된 기준의 의미는 무엇인가?

이런 질문들의 성격에서 알 수 있듯, 판단 전체가 사실 진술이 아니라 다름 아닌 **판단**, 이어서 다른 사람들에 의해 판단되어야 할 판단으로서 행해져야 한다는 게 지금 나의 주장이다. 그렇다고 해서 판단의 효력이 떨어질 이유는 없을 것이다. 그보다는, 이 판단들의 효과들 자체도 토론의 대상으로 삼아야 한다. 판단은 최종적 결정보다 지속적인 **토론**과 관련하여 볼 때 더 잘 이해할 수 있다. 이제 대학이 누구에 대해, 무엇에 대해 책무성을 갖는가 하는 문제는 우리가 계속하여 제기하고 고민해봐야 할 문제다. 회계에 의존하는 것—점수화된 강의 평가 양식이든 효율 등급이든 아니면 다른 관료적 통계든—은 '수월성의 대학'을 지배하는 소비자주의 논리를 지탱하는 데 기여할 뿐이다. 가치는 판단의 문제, 그 해답들이 끊임없는 토론의 대상이 되어야 하는 문제다.

9장

공부의 시간: 1968년

　대학이 평가를 진지하게 고려해야 한다는 점은 1960년대 학생 봉기가 벌어지는 동안 아주 분명해졌다. 이 시기에 대학이 사실상 관료 체제라는 인식과 더불어 가치 문제가 제기되었다. 학생 봉기는 대학이 의미하는 바를 바꾸어놓았는데, 그 방향은 수월성 담론이 초래한 전환과 다르면서도 유사한 것이었다. 앞으로 중점적으로 다룰 사례인 프랑스에서 특히 그러한데, 프랑스에서 1968년 대학들에서 일어난 투쟁의 주된 부분은 '근대화' 문제에 관한 것이었다. 즉 행정적 계약(학생 생활이나 시험에 대한 통제)의 변화와 새로운 분과학문(심리학과 사회과학)의 도입과 같은 의제들이었다.[1]

　이 사태가 프랑스에서 시작되었다는 사실부터가 프랑스 대학의 구조와 관련이 있으니, 프랑스 대학은 독일 어법에서처럼 강한 의미에서 '근대적'이었던 적이 전혀 없다.[2] 프랑스 대학의 전통은 계몽시대가 아니라 중세시대에서 연원한다.[3] 그래서 미국의 민주사회학생연합(SDS, Students for Democratic Society) 학생들이 근본적으로 요구한 것이 국가가 그 대학에 다니는 학생들에게 어울리는 모습이 되라는 것, 즉 국가가 훔볼트적인 계약의 틀에 부응하라는 것이었다면, 프랑스 학생들은 국민국가를 주어진 조건으로 받아들이지 않고 따라서 (하나의 기관 혹은 행정적 체계로서의) 대학과 대학의 잠재적인 사회적 사명 모두를 도마 위에 올려놓았다.

1968년에 실제로 무슨 일이 일어났는가는 물론 해석의 문제다. 학생 소요를 평가절하하거나 반대로 신화화하는 데 동원된 에너지는 엄청났다. 즉 학생 소요는 일관성 없고 미숙하고 대책 없는 이상주의에 불과한 것이거나 아니면 잃어버린 혁명의 희망으로서 프랑스 정부를 무릎 꿇렸으되 좌파의 기성 정치 세력한테 배신당했다는 것이다. 파리 대학교 낭테르 캠퍼스에서 일어난 항의는 1966년의 푸셰 플랜(Fouchet Plan)에 대한 반대로 1967년 11월에 시작되었는데, 이는 선별적인 입학 허가 기준을 도입하는 동시에 대학 공부를 별개의 2년제와 4년제 학위과정들로 재조직하자는 제안이었다. 다니엘 콘벤디트가 주도한 비판은 애초에는 이 플랜의 세 가지 주요 측면들에 집중되었다. 이 세 측면이란 첫째, 고등교육 진입의 제한, 둘째, 사회과학 분야와 직업 중심 학위제의 발전을 유도하기 위한 사회공학적 접근, 셋째, 대학 체계에서 사회적 기율의 문제였다. 세 번째 문제가 제기된 것은 푸셰가 입학 허가 제한을 강의실과 학생 편의 시설에서 나타나는 학생 과밀 현상에 대한 해법으로 제시하였기 때문이었다. 컬럼비아 대학교에서 그랬듯 이곳에서도 베트남 전쟁과의 연관성이 핵심적이었다. 첫 번째 점거의 첫 불씨가 된 것은 1968년 3월 22일 전국베트남위원회의 회원 여섯 명이 체포된 사건으로, 이에 대한 항의로 학생 활동가들이 낭테르 캠퍼스의 행정동을 점거하였다. 낭테르 캠퍼스는 3월 28일 당국에 의해 폐쇄되는데, 학생 시위에 대한 대응으로 로마 대학교와 마드리드 대학교가 폐쇄되던 바로 그 무렵이었다. 4월 말에서 5월 초에 학생 투쟁은 파리 전역으로 확산되고, 5월 10일 경찰이 소르본 대학교로 밀고 들어왔다. 마찬가지로 컬럼비아 대학교의 학생 점거도 지독한 경찰 폭력에 의해 와해되었다.

그렇지만 프랑스 경우의 특이한 점은 학생운동이 자생적 파업(약 900만 명의 노동자가 5월 22일 파업에 들어갔다)으로 확산되었다는 점인데, 이는 공산당 중앙위원회들과 주요 노동자 조직이자 공산당 통제하에 있는 프랑스 노동자총연맹(CGT, Confédération Générale des Travailleurs)이 방해까지는 안 했을지 몰라도 이들 조직과는 무관한 파업이었다. 샤를 드골(Charles de Gaulle) 대통령은 5월 24일 국민투표 제안으로 응수했고, 이에 반발한 혁명가들은 이른바 '바리케이드의 밤'에 비공식적 행동대의 선도 아래 파리 증권거래소를 습격하여 방화를 하였다. 그러자 드골 정부는 노조 지도부와 협상에 나서고 지도부는 임금 인상 및 노조 권리 신장의 일괄안에 동의해주었다. 그렇지만 파업 참가자들은 이 계획을 단호히 거부하였다. 프랑스 국가 체제가 흔들리게 되자 드골은 5월 29일 프랑스에서 달아나 독일에 있는 프랑스 군사기지로 갔다. 그는 다시 돌아와 군부 지지가 확보된 상황에서 40일 이내 총선 실시를 선포하였다. 이 조치는 다시 한 번 파업자들과 정치 세력을 실질적으로 갈라놓았다. 기성 좌파 세력이 혁명의 파도를 타고 선출직에 진출할 가능성을 봤기 때문이다. 그렇지만 그것은 틀린 판단이었다. 이후 두 달에 걸쳐 파업은 분쇄되었고(혹은 스스로 해산했고) 반면 총선에서는 드골파

다수당이 승리하여 의석수가 더 늘어났다.

체코슬로바키아나 기타 많은 나라를 생략한 것이기는 하지만 간단히 요약해보면, 학생들이 전면으로 부각되면서 학생과 노동자의 연계란 결정적인 면에서 문제가 있음이 드러난다. 학생들이 노동자들에 의한 '진짜' 투쟁의 총알받이도 아니요, 노동자가 대학에 기반을 둔 이론가들에 의해 조직되고 지도받는 무지한 군대도 아니었다. 둘을 묶어준 것이 무엇인지 일반적으로 합의된 해석조차 없었다. 봉기는 위계적인 구조를 갖기보다는 분절된 것들의 연쇄였고, 양자 간의 유비의 성격도 결코 꼭 집어 하나로 확정된 것은 아니었다.

봉기의 원인에 대해서는 많은 진단이 내려진 바 있으며, 나의 관심사는 역사가로서가 아니다. 그보다는 대학이 하나의 제도적 물음으로 대두하는 방식에 역점을 두면서 이것이 프랑스에 그렇게 폭발적으로 분출한 것은 프랑스 대학이 역설적이게도 대체로 봉건적인 구조의 위상을 갖고 있었기 때문이라는 점을 지적하고자 한다. 학생들은 따라서 기존의 봉건 구조와 그것을 근대화하려는 국가의 시도 모두에 저항하였다. 이것이 국민국가에 대한 일반적인 비판으로 발전하였다. 그렇지만 그 비판이 '제3의 길'이라는 체제적 제안에 기반해야 했던 것은 아니다. 구체적인 역사적 상황을 통해 좌파 '진보' 정당들이 국가가 맺은 계약의 상대 당사자이며, 국민국가의 해법이라기보다 그 문제의 일부임이 드러났던 것이다. 따라서 문제는 어떻게 대학을 적절한 국가기구로 만들 것인가가 아니라 해묵은 봉건 구조가 제대로 기능하지 않는다는 것을 인식하는 동시에 대학에 대한 사유를 어떻게 국민국가가 규정한 틀 바깥에서 해낼 것인가 하는 것이었다.

어떤 면에서는 1968년에 혁명으로 일어났던 일의 일부가 지금은 소비자주의의 또 다른 이름인 학생들의 무관심으로 일어나고 있으니, 이는 곧 대학 기관에 대한 그리고 대학과 국민국가 사이의 근대적 계약에 대한 대대적인 불신이다. W. B. 카너컨이 지적하듯 장기적으로 보면 학생의 수동성은 규칙이라기보다 예외이며, 따라서 우리는 오늘날 학생들이 그렇게 수동적인 듯 보인다면 그것이 무슨 의미를 갖는지 물어야 한다.[4] 1968년의 학생들이 저항을 통해 심리적 애착에서 벗어났다면 오늘날 학생들은 처음부터 애착을 갖지 않는다. 여기서 내가 말하는 것은 중퇴율이라기보다는 북아메리카 학부생들 사이에 널리 퍼져 있는 느낌, 즉 대학에 '잠시 주차 중'이라는—수강을 하고 학점을 따고 졸업을 기다리면서—느낌에 대한 이야기다. 어떤 면에서 이는 자신들이 받는 교육 가운데 스스로를 자아 발견의 긴 항해에 착수하는, 인문 교육 이야기의 주인공으로 여기게끔 만드는 것이 하나도 없다는 사실에 대한 나름의 반응이다. 그들이 몰두하는 것은 직업 시장을 위해 준비하는 **자기인증**이며, 학제적인 '전문직 예비(pre-professional)' 전공들('pre-med', 'pre-law'와 같은 전문학위 예비 학부의 전공—옮긴이)의 인기가 갈수록 높아지는 것도 이 때문이다. 이런 대학 상황에 대응하면서 부르주아 사회가 충분히 폐쇄적이고 번성하던, 대학이 충분히 엘리트 중심이던 시절을 그리워하는 것은 아무 소용이 없다. 그보다 중요한 것은 이런 상황, 즉 그 나름으로 혁명적인 이런 상황 속에서 대학 공간에서 이루어지는 교육에 대해 어떻게 생각할 것인가 하는 문제다. 사실, 1968년 학생 소요의 공격 대상 중 하나는 사회학과 마케팅 사이의 공모였다. 지금은 대학들이 마케팅 전공을 제공하고 있다.

물론 피에르 부르디외는 1968년이 체제 내의 표면적 변화에 불과하다고 본다. 7장에서 본 것처럼 그에게 체계 분석이란 모든 행위를 체계 틀 안의 동기로 소급해야 하기 때문이다. 부르디외가 보기에는 모든 것이 문화 자본에 대한 욕망에서 나온다. 그리하여 그는 체제에 대한 모든 비판을 체제 내부의 움직임으로 보며, 그가 《호모 아카데미쿠스》에서 한 1968년 비판의 경우도 마찬가지다. 그는 1968년의 사건들이 "정서적 흥분"으로 인하여 발생했으며 이런 흥분 상태로 말미암아 교수들이 "대표성이 없는" 개개 학생과 학생 지도자들의 말에 귀를 기울이게 되었다고 폄하한다.[5] 부르디외의 어조를 보면 이러한 통제되지 않은 행위를 경멸하고 있음이 거의 의심의 여지 없이 드러난다. 그러나 더 근본적으로 그는 또한 이 외견상 '위기'는 사실 대학 체제의 '사회적 총체'에 대한 도전이 아니라 체제 내부의 권력 이동이 가능해지도록 기획된 '상징적 생산'일 뿐이었다고 주장하기도 한다. 부르디외에 따르면 위기가 발생한 것은 이 체제에 의해 학생층과 소장 교수층 전체가 "잘못 조정된 기대"를 갖도록 유도되었기 때문인데, 이 체제는 그것이 산출한 사람들에게 충분한 문화 자본을 조달할 수 없었으니, 근본적으로 엘리트 중심인 체제로서는 감당할 수 없이 이들의 수가 늘어났기 때문이다.[6] 부르디외는 사회질서나 교육 실천에서의 어떤 격변도 사회적 총체 내에서 권력 위치 망이 이처럼 소소하게 재조정되는 것의 이차적 징후에 불과하다고 결론짓는다.

존 길로리의 《문화 자본》은 해체론에 대해서나 영문학 대학원 과정의 보충적 정전으로 문학 이론이 도입되는 것에 대해서 유사한 주장을 편다. 길로리는 이론의 이름으로 제기된 급진주의를 자임하는 모든 주장들을 부정하면서, 문학 이론은 북아메리카 대학 특유의 제도적 필요에 부응하여 기술적으로 복잡하면서도 복제 가능한 읽기 관행을 도입한 것으로 이해해야 한다고 주장한다. 즉 문학 이론은 갈수록 전문화되는 기술적 담론의 발전으로 상정되며, 이런 담론은 대학원생들로 하여금 그들의 훈련을 공공적 지식인의 역할보다는 전문화된 기술-관리자의 역할을 하기 위한 준비로 이해하도록 유도할 것이라고 한다.[7] 부르디외와 마찬가지로 길로리에게도 체제의 타자란 따라서 생각도 할 수 없다. 개개 행위는 체제 내의 움직임일 뿐으로, 그것의 의미는 그 체제의 규칙들 내에서 그것이 갖는 효과에 있다.

이런 설명이 지닌 문제점은 냉소주의보다는, 문화란 닫힌 경계를 가진 단일한 체제라는 선험적 가정에 있다. 나는 공공적 지식인의 역할이 쇠퇴했다는 길로리의 진단은 옳다고 생각한다. 더 이상 라이오넬 트릴링(Lionel Trilling) 같은 사람들은 나오지 않을 것이다. 그렇지만 이것은 쥘리앵 방다가 말하는 '지식인의 배반'의 결과가 아니라 그런 역할의 가능성을 의심하게 만드는 사회적 변화의 결과다.[8] 드 만이나 그의 제자들과 관련하여 길로리는 인신공격을 하는 경향이 있는데, 자신이 개인이 아니라 체제의 도구라는 사실을 모르는 데 대한 책임을 그 개인에게 물려 한다는 점에서 문제가 많아 보인다. 길로리에게는 지적 생산에 의미를 부여하는 것은 오로지 체제뿐이다. 문학 이론 분야에서 일하는 사람들이 전통적으로 제도적 문제에 주목해온 점을 생각하면(데리다와 새뮤얼 웨버는 여기서 본보기가 될 터인데), 이는 가혹할 뿐 아니라 부정확한 비판인 것 같다. 문학 이론이라는 통칭 아래 생산된 많은 텍스트들의 한 가지 공통점은 권력의 관료 체제 안에서 지식인의 문제적인 역할에 대해 우려하는 경향이라고 주장하는 것이 더 정확할 것이다. 데리다, 드 만, 베버, 바버라 존슨 등이 공통적으로 관심을 가지고 검토하려 한 것은 비평적 진술의 수행적 측면들이 현대 자본주의 사회에서 공공 영역의 공동화로 인해 굴절되는 방식이다.[9]

공공 영역의 문제화, 일반 공중이 존재하지 않을지도 모른다는 느낌은 최근의 중요한 선집《유령의 공공 영역》의 저자들도 다루고 있다.[10] 공중으로서의 공중은 더 이상 찾아보기 힘들다는 점을 인식하면서 브루스 로빈스(Bruce Robbins)의 서문은 그 다양성에서 더 복합적이며 불균등한 공중을 재정의할 수 있는 "덜 퇴영적인 대화"를 요청한다. 그렇지만 나는 이 가능성을 그리 믿지 않는다. 아르준 아파두라이와 마이클 워너가 이 책에서 각각 제시한 지구화와 대중 선전(mass publicity)이라는 논제들은 아무리 갈래갈래 파편화된 공중으로 설정된 것이라 해도 일반 공중이라는 개념이 갖는 근본적 문제를 제기하는 것이라 생각된다.[11]

더 정확하게 말하자면, 공공 영역 개념은 그것에 참여하는, 그리고 푸블리우스 테렌티우스 아페르(Publius Terentius Afer: 기원전 2세기에 활동한 로마의 희극작가이자 시인으로 다음 경구는 그의 희곡《고행자》에 나오는 구절이다—옮긴이)와 같이 "나는 인간이며 인간적인 것은 그어떤 것도 내게는 남의 일이 아니다"라고 말할 수 있는 자유로운 개인이라는 관념에 닻을 내리고 있다.[12] 이런 주체는 이성의 공적인 행사가 가능하다. 〈계몽이란 무엇인가〉에서 칸트의 표현으로는, 이성의 공적 행사란 개인이 보편적인 것과 나누는 대화로, 공적인 것은 하나의 추상이다. 칸트의 언급을 인용하면, "내가 이성의 공적 사용이라 함은 한 인간이 독서 대중 앞에서 학자로서 사용하는 경우를 의미한다. 사적 사용이란 한 인간이 그에게 맡겨진 특정한 공직이나 사무실에서 사용하는 경우를 칭한다".[13] 공적인 것에 대한 칸트의 설명은 대략 지금 우리라면 이성의 사적 행사라고 부를 만한 것(줄어들고 있는 한 부류가 워드프로세서 앞에서 하는 종류의 일)에 해당하며, 한편 그가 말하는 사적인 것에는 직업 같은 것들, 즉 우리라면 공적 생활이라고 생각할 법한 것들이 포함된다. 이것은 다소 혼란스럽게 여겨지나 칸트에게 공적인 것은 경험적 현실(일반 사회)이 아니라 오로지 이성의 규칙에 지배되는 보편적 담론의 합리적 가능성이라는 점을 깨달아야 한다. 공공 영역에 대한 칸트 이후의 정의는 하버마스가 윤곽을 그리고 있는데—그리고 그의 설명은 오늘날 지배적인 것이다—칸트가 절대적 이성의 논리를 주장한 데 비해 이 개념은 인류학적이고 비교적인 일반성을 도입한다.[14] 하버마스에게 인간은 일반 세계와 대화하지 보편적인 것과 대화하는 것이 아니다. 공적 생활은 열린 민주적 토론의 가능성을 열고 주체들 사이의 합의의 수립이 된다.

자본주의와 대중 선전의 지구적 형태들에서 현재 이루어지는 발전은 일반화된 소비자주의를 '내로캐스팅'[narrowcasting: 불특정다수를 대상으로 하는 '브로드캐스팅(broadcasting)'과 달리 일정한 소수 그룹을 대상으로 하는 방송을 지칭한다—옮긴이]의 논리와 결합한다는 점에서 바로 이 공적 생활 개념에 정면으로 역행한다. 체제 정합성 문제는 개인 주체, 이를테면 '일반 독자'의 문화 차원에서는 더 이상 제기되지 않는다. 대학도 마찬가지지만 어떤 주체도 '공적인 것'을 환유적으로 체현해낼 수 없다. 그리고 성별과 종족성을 고려할 때 제기되는 차이의 문제들은 이 사실을 상기시키는 훌륭한 신호들이다. 남성 WASP(White Anglo-Saxon Protestant, 앵글로색슨계 백인 신교도)는 자신을 차이의 기호들로 표시되지 않는 존재로 구축하며—즉 그들은 백색 신화적 문화의 중심으로서 모든 타자들은 이 중심과는 다른 존재다—이런 무색무취함을 공공 영역에 입장하는 조건으로 삼는다. 앞에서 주장한 대로 더 이상 문화의 일반적인 주체는 없으며, 단지 단극 체제 내의 주변적인 특이성들이 있을 뿐이다. 그리하여 개입의 문제에 변화가 일어나는데 국민국가가 제공하는 개인적 참여의 문화적 은유는 지구 사회에 걸맞을 정도까지 확대되는 것이 단연코 불가능하기 때문이다. 지구 사회는 하나의 국민국가가 세계 전역에 걸쳐 있는 형태와는 다르다. 혹은 마이클 워너의 말을 들어보면, 그는 부르주아 공공 영역이 인쇄 매체에서는 더 이상 유효하지 않은 목소리의 탈육신화에 토대를 두고 있다는 점을 지적한 후 이렇게 주장한다.

선전의 이러한 매개적 맥락들 각각에서 우리는 대중이라는 공적

(mass public) 주체가 되지만, 고전적인 부르주아 공공 영역 안에서는 예상치 못했던 새로운 방식으로 그리 된다. 만약 대중적 주체성이 일종의 특이성을 지니고 나아가 무한한 수의 개개인에까지 무차별하게 확대된다면, 대중적 주체의 '우리'를 구성하는 개개인은 그것과 매우 다른 관계를 가질 수도 있다. 예컨대 스스로를 대중 주체로 인식하는 바로 그 순간에 우리는 또한 스스로를 소수 주체로 인식한다. …… 공적 주체의 자기소외가 가지는 정치적 의미는 현대 문화에서 가장 중요한 투쟁 장소 가운데 하나다.[15]

대중이라는 공적 주체성의 특이성에 대한 워너의 논의, 즉 이 주체성이 개개인을 특이성으로서 불러낸다는 점에 대한 지적은 내가 보기에 정확하며 개인적 특이성이 대중의 구성원이자 동시에 소수자로서 호출된다는 그의 인식도 정확하다. 이 이중적인 호출은 특정 인구 통계학적 집단을 향한 내로캐스팅의 마케팅 기법들을 택하고 공공 영역의 다수 중심적 일반성은 잘라내거나 괄호 치는 방식으로 일어난다. 광범위한 전국 방송(PBS, RAI, CBC, BBC)이 있는 한편, 개개인을 한 공동체나 한 사회보다는 인구학적 통계로서 일시적으로 끌어모으는 일련의 내로캐스트 채널들(MTB나 BET 같은)이 존재한다. 더욱이 지금 경향은 전국 방송국이 하나의 일반적이고 전국적인 텔레비전 방송국으로 모든 다른 방송들을 종합한다고 자임하는 채널이 되기보다 여러 내로캐스트 채널 중 하나가 되는 것이다.

이 과정은 어느 곳보다 미국에서 가장 진전된 것이 분명하나, 이 경로는 민영 텔레비전 방송국들의 캐리어(송출업체)로 케이블과 위성이 등장하면서 유럽에서 윤곽이 그려진 것이기도 하다. 국민국가는 더 이상 모든 텔레비전 프로덕션의 구조적 유비로 기능하지 못하니, 내로캐스트 채널들이 (영국 독립 텔레비전 채널 ITV처럼) 더 이상 국내 청중을 놓고 국가의 통제를 받는 브로드캐스트 채널과 경쟁하지 않기 때문이다. 오히려 텔레비전가 일반적 이데올로기[도나 리드 쇼(1960년대의 미국 시트콤―옮긴이)에 나오는 시민권에 대한 일반 교육들]를 일용의 양식처럼 공급해주는 상대인 전국 시청자라는 관념이 사라지고 있는 것 같다. 광고주들은―그리고 텔레비전은 광고 시간을 창출하고 포장하는 기계로 존재하는데―그들의 생산품을 실제로 살 수 있는 특정한 인구 통계학적 집단을 겨냥하는 데 점점 더 관심을 쏟는다. 일반적인 브로드캐스트 방송국들은 계속 존재하며 모종의 생산품들을 판다. 그렇지만 그것들은 이제 여러 채널 가운데 하나일 뿐이다. 유럽에서는 국민국가가 (언어 장벽에 힘입어) 전통적으로 더 통제권을 행사해왔지만, 통합의 지평은 위성과 케이블을 통한 독립 채널들의 개방된 시장을 약속한다.

아마도 국민국가가 정보 유통의 중심에서 물러난 것이 자아낸 효과 가운데 가장 놀라운 예는 BBC의 월드 서비스(World Service) 라디오방송의 경우일 것이다. 영국 국가의 거대한 이데올로기적 무기이자 타의 추종을 불허하는 세계적인 명성을 누리고 있는 월드 서비스는 전통적으로 영어 중심의 방송을 해왔는데, 다른 언어 프로그램들을 병행하고 또 특정 지역들을 위한 소수의 지역 프로그램을 만들기도 한다. 가령 북아메리카에 사는 우리들은 아프리카에서 일어나는 사건들을 알려주는 수준 있는 프로그램의 몇 안 되는 원천 중 하나로 이 방송에 의지해왔지만, 머지않아 영국 국민국가에 상대적으로 낮은 비용으로 엄청난 이데올로기적 이득(문화 자본?)을 안겨주었던 이 서비스의 혜택을 보지 못하게 될 것이다. 중앙방송 프로그램은 쪼개지고, 월드 서비스는 재방송을 할 세계 도처의 지역 방송국들에 팔아넘길 프로그램들만을 만들게 될 것이다. 따라서 현금 관계가 도입될 것이고, 월드 서비스는 지역 시장에 프로그램을 내놓아야 할 것이다. 이런 변화 앞에서 우리는 다시 생각하게 된다. 민족주의가 유독 부족한 곳도 아닌 영국이라는 국민국가가 단기 이익을 위해 거대한 이데올로기적 무기를 자발적으로 포기하고 있다. 게다가 그 이유란? 민족 이데올로기의 장기 이득을 더 이상 계산해낼 수 없기 때문이자 이런 이데올로기가 목표하는 국민국가의 (그리고 유추하자면 세계의) 정치적 주체라는 지속 가능한 허구가 더 이상 존재하지 않기 때문이다. 냉전의 이데올로기적 갈등 대신 현금 관계가 들어서고 공공 영역 대신 인구 통계학적 집합이 들어선다. 아프리카 소식을 알고 싶은 사람들은 다른 곳, 즉 전문 잡지들의 영업 판매 목록, 디지털 뉴스 네트워크, 그리고 인터넷 서핑으로 향할 것이다.

이런 집합들은 개인이 자아실현이라는 서사의 주체가 아니라 기억이 없는 소비자, 말하자면 입을 떡 벌린 존재로 위치가 정해진다는 점에서 일시적이다. 이제 '동일한' 개인이 일반화된 공공 영역에서 일관된다고 상정되는 자리를 차지하기보다 다양한 층위의 인구 통계학적 집단으로 연속적으로 집결된다. 대량생산품은 소비자들에게 동질화와 특수성을 동시에 제공하며, 이제 이 두 모순적 지향을 종합해낼 수 있는 시민 주체를 대중 홍보로 불러낼 필요가 없어진다. 그리하여 예컨대 '베네통(United Colors of Benetton)' 광고에서 보듯, 구별 없애기와 개성 만들기라는 역설적인 이중적 움직임, 충격 효과와 대중 마케팅의 조합이 생겨나는 것이다. 이런 맥락에서 정치적 행동들을 조율하자면 정치적 영역에 호소하던 전통적 관행에 대한 예견적 향수(즉 달라지리라 지레짐작하고 그 전 상태에 대해 갖는 향수—옮긴이)에 머물지 않는 더 유연한 사고가 요구될 터다. 이때 정치적 영역이란 역사의 주체인 인간이 자신의 진정한 정체성을 실현하고 교양층으로, 프롤레타리아트로, 혹은 계발 가능한 자로 해방되는 영역으로 상정된다.[16]

그 몸에 차이의 표식이 새겨진 주체가 궁극적으로 공공 영역의 가상적 정치 속으로 동화될 수 없다는 주장은 대학에 특히 해당된다. 문화 개념의 쇠퇴가 곧 국민국가에서 공공 영역 공동체의 최고 모델인 대학의 쇠퇴라면, 앞에서 살펴보았듯 수월성을 들먹이는 것은 가상의 공공 영역을 정치적 맥락이 아니라 경제적 맥락에서 재규정하려는 시도이기 때문이다. 다른 식으로 말하자면, 수월성은 성별화라든가 기타 다른 형태의 몸의 표식들을 비우며 그것들에 무관심한 척한다. 그리고 (공동체적 결속의) 사회적 책무성의 소우주 모델보다는 내재적 회계 논리에 호소함으로써 그리한다.

1968년은 학생단(student body)이 대학 영역에 진입한 해라는 의미를 가지며, 이런 진입은 대학이 더 이상 개인 주체가 그곳을 거쳐가는 여정의 이야기로 이해될 수 없다는 것을 뜻했다. '몸(body)'이란 단어에 대한 나의 말장난은 우연한 것이 아니다. 학생들 사이의 성별, 계급, 종족적 차이는 모두 학생 프로그램의 일부로 시급하고 반복적으로 제기된 문제들이었다. 학생들은 몸에서 분리된 가상적 실체로서의 '학생'이라는 신화를 거부하는 것에서부터 시작했는데, 이는 실제적으로는 성적 관행에 대한 낡아빠진 규제들을 거부한다든가 방을 장식할 권리, 마그레브(모로코, 알제리, 튀니지, 리비아에 걸친 아프리카 서북부 지역—옮긴이) 출신 이민들에게 교육을 제공할 권리를 주장하는 형태로 나타났다. 데이비드 코트는 1968년 프랑스에서 불거진 학생들의 불만을 "사소한 좌절"로 치부해버리지만, "기술공학적 권위주의에 대한 더 폭넓은 불평불만"에 비해서는 지엽적이더라도 그의 생각만큼은 아니다.[17] 그렇지만 크리스토퍼 핀스크가 지적했다시피, 1968년 5월 사태는 좌파 지식인들이 교육제도에 편안히 안주하고 있다는 사실을 감추는 거부의 정치학을 위한 초석(礎石)적 신화로 이용되기 십상이다.[18] 1968년을 이해하려면 이 '사태'가 특정한 대학 교육 서사, 즉 가상의 학생이 무지에서 지식으로, 의존에서 자율성과 역량으로 옮아가는 개인적 해방의 경험이라는 서사와 결별하게 된 과정을 인식할 필요가 있다. 학생들이 미래의 교수가 아니라 학생으로서 저항한 바로 그만큼 1968년은 그 서사와 결별했던 것이다.

나는 학생들의 폭발이 특정한 대학 개념에 종지부를 찍었다고 생각한다. 학생들은 자율성을 추구한 것이 아니었던 것이다. 조금 더 까놓고 말해서 그들은 자율성을 자유와 동일시하지 않았다. 그들은 일부 교수들이 지금 알고 있듯 가르침의 관계는 우리가 끝내 버릴 수 있는 성격의 것이 아님을 알았다. "배움은 끝이 없다"는 등의 진부한 이야기를 하려는 것은 아니다. 물론 이 말은 아마도 사실이겠지만 말이다. 그보다 가르침의 관계는 비대칭적이며 끝이 없다. 양측은 대화를 통해 사유에 헌신할 책무들의 그물망에 걸린 격이다. '사유(Thought)'는 '문화'와 같은 어떤 제3의 항으로도 변증법적으로 해소해버릴 수 없는 하나의 '대타자(Other)'의 목소리로 나타난다.

투명한 '문화의 대학' 덕분에 독일 관념론자들은 공부의 시간을 단일한 순간이자 영원성으로, 즉 의식이 깨어나는 단일한 순간이자 절대적 지식의 영원성(구원의 시간에 의식의 깨어남)으로 제시할 수 있었다. 내가 지금 주장하고 있는 것은 1968년의 학생들이 구원 없는 대학을 상상했을 가능성이다. 이런 대학 구상은 학생들이란 단순히 차기의 지식인이나 전문 경영자가 아니라는 뜻이다. 오히려 대학은 가르침의 시간을 함축한다. 즉 주체를 초과하는 사유 혹은 공부로, 이는 구원의 메타서사를 거부한다.

내가 제시한 문제틀은 더없는 경계를 요하는 문제틀이다. 마치 대학 기관이 다른 목적들에 사용되어야 할 단순한 도구나 기구인 것처럼 대학의 정치를 생각하기란 이제 불가능하다. 대학의 정치를 캠퍼스 급진주의로 해결할 수 있다고 생각한다면 판단 오류에 더해 가장 나쁜 종류의 의도적 망각을 범하는 셈이다.[19] 1968년의 깨달음은 대학의 기능, 그 역할의 문제가 자명한 것이 아니라는 점이다. 대학을 비평적 활동을 위한 적극적이거나 소극적인 틀로 미리 상정할 수도 없거니와, 대학이 하나의 기관(제도)이라는 사실의 함의로부터 이런 활동들이 자유로울 수 있다고 상정해서도 안 된다.

하나의 기관으로서 대학은 역사를 가지고 있으며, 게다가 이 역사란 모든 기관의 창립이라는 수행적 행위에 따라오기 마련인 모순들로 구축된 역사다. 한 기관의 역사는 그 창립의 구조적 모순을 항시 드러내기 마련이다. 기관은 근원적으로 새로운 기관으로 불려나와 존재하게 될 때 창립되고 정초된다. 그것은 그것이 전에 존재하지 않았던 장소에 존재하게 되며, 그래서 그 창립은 결코 자연스러운 것도 보장된 것도 아니다. 그것은 그저 불쑥 생겨난 것은 아니었다. 이런 의미에서 모든 기관은 토대가 있으면서도 없다.[20] 1968년의 캠퍼스 급진주의자들이 이미 깨달은 것은 대학이 **관료 체제**로 분석되어야 한다는 점이었다. 학생들은 이에 관해 일련의 주장을 내놓았다. 그 일관된 흐름은 **상품**의 생산, 분배, 소비와 **지식**의 생산, 분배, 소비 사이에 유비를 설정하는 데 대한 저항이었다.

여기서 내가 일관된 흐름을 거론하고 있지만, 매우 주의할 필요가 있다. 학생 봉기는 극히 일관성 없이 이질적이고 상호 모순적인 목표를 가진 많은 상이한 경향들로 구성되어 있었다. 이것은 프랑스나 미국의 학생 봉기에만이 아니라 세계 전역의 다양한 사태들에 해당되는 말이다. '학생들'의 입지를 다루고 있지만 그렇다고 내가 학생의 입지 중 가장 본질적인 면모에 접근했다고 주장하는 것은 아니다. 나는 특정한 역사 시기에 학생이었고 또 다른 시기에 교수로 있는 사람으로서 말하고 있다. 학생들과 정기적으로 이야기를 나누는 사람, 그렇지만 그들 자신보다 그들을 더 잘 (혹은 더 못) 이해한다고 주장하지는 않는 사람으로서 말이다. 그래서 내가 '학생들'이라고 말할 때는 단지 대학이라는 기관에서 학생들이 차지하는 구조적 입지에 수반되는 일종의 곤경을 시사하고자 할 뿐이다. 마찬가지로, 내가 3월 22일의 운동(프랑스 68혁명의 촉발제가 된 낭테르 대학생들의 대학 행정동 점거 농성을 말하는 것으로, 다니엘 콘벤디트가 주도했다—옮긴이)을 다룰 때 다니엘과 가브리엘 콘벤디트의 글들에 의지하는 것도, 그 글들이 학생들의 성격에 관한 어떤 영원한 진실을 담아내서가 아니라, 여러 저항의 지점 가운데 하나, '학생들'이 대학 체제의 행진과 보조를 같이하지 않은 심급의 이름이 된 바로 그 지점을 표시하기 때문이다.

학생이나 선생으로서 우리는 우리의 상황에서 느끼는 불편을 지켜내야 한다. 우리는 대학의 문제를 해결해냈다고 하는 모든 주장에, 그리고 제도적 문제들을 해결하여 우리가 그 내부에서, 그것에 대해서, 또 거기에 맞서서 일하는 그 정치·제도적 구조들의 문제를 잊을 수 있도록 해주겠다고 하는 모든 만능 해법에 심각한 불신을 보내야 한다. 1968년 5월의 학생들은 새로운 사회적 지향의 토대를 가르침의 관계에서 모색했다. 소크라테스는 가르침이 로고스보다는 에로스의 기호(記號) 아래 일어난다는 것을 알고 있었다. (물론 성희롱은 에로스와 로고스를 통합해내려는 비합법적 시도의 한 예다.) 학생들은 이성중심적 교수법을 거부했고, 배움의 활동을 정보 전달의 문제(국가 내의 관료 역할의 훈련 과정)나 무시간적이고 비정치적인 활동으로 환원하기를 거부했다. 그리고 동시에 그들은 로고스의 화신임을 자임하고 타인을 대변한다고 자임하는 지식인이 되기를 거부했다. 그 지식인들은 자신들이 타인들을 그들 자신보다 더 온전히 이해했다고 여긴 것이다. 그러나 일부 학생들이 1968년에 알게 되었다고 보이는 것은 그 지식인들이 실은 자기들 자신도 대변하지 못한다는 사실이다.

《한물간 공산주의: 좌익 대안》에서 콘벤디트 형제가 제시한 학생 항쟁에 대한 설명은 매우 중요하니, 프랑스 학생운동이 제도적 실용주의를 택하고 전위주의를 의식적이고 지속적으로 거부한 점에 주목하게 만든다. 즉 "우리가 건설해야 하는 조직의 유형은 전위도 후위도 될 수 없고, 싸움의 중심에 서 있는 조직이어야 한다"는 것이다.[21] 콘벤디트 형제는 추가 공부가 필요하다고 인정한다. 학생들은 그저 영웅적인 투사가 아니었다. 그들의 전투성은 민주주의의 재현적 주장, 자유민주주의가 완벽한 대표성을 달성하며 자기 모습을 자신에게 되비춘다는 주장에 도전한다. 1968년의 학생들은 사회가 자신의 **선출된 대표자들**—민주적으로 선출된 정부—에 반기를 들 동기를 부여한다. 그것도 전투적 확실성의 이름이 아니라 자신들이 누구인지에 대한 불확실성의 이름으로 그리한다. 콘벤디트 형제가 지적하듯이, "그들은 하나의 계급이 아니며, 지켜낼 아무런 객관적 이해관계도 없다".(54) 그들은 논쟁적 저작치고는 놀라울 정도로 정직하게 이 불확실성을 요약한다. "60만 명의 우리가 존재한다. 때로는 그저 어린아이로, 때로는 어른으로 취급되며. 우리는 일하나 아무것도 생산하지 않는다. 돈이 없을 때도 많지만 우리 가운데 정말 가난한 사람은 별로 없다. 우리는 대부분 부르주아 출신이지만 언제나 부르주아처럼 굴지는 않는다. 우리 가운데 여학생들은 남자 같은 모습이지만 정말 남자가 되고 싶은지는 확신이 없다. 우리는 교수들을 일부는 아버지이고 일부는 상사이며 일부는 선생인

사람으로 바라보며, 어느 한쪽으로 마음을 정하지 못한다."(41)

학생들은 어른도 아이도 아니며, 1968년에서 중요한 것은 학생들이 불확실성의 이름으로 교양(육성)의 서사—간단히 말해 아동기에서 성인기로, 의존에서 해방으로의 이행(근대의 지식 과정 자체를 특징짓는 칸트의 계몽 서사)—를 거부했다는 점이다. 성숙에 대한, 노동에 대한, 부에 대한, 계급에 대한, 성별에 대한 불확실성의 이름으로. 이러한 양가성이 급진적 실용주의, 즉 사건의 한복판에서 '현장에서' 싸우기를 원하는 전위주의의 거부와 함께 간다. 다시 말해 학생들은 지식인이 되기를, 역사의 주체를 미리 체현해내는 존재가되기를 거부하는 것이다.

이처럼 1968년은 '학생'이 근대적 주체가 아니며 그런 적도 없다는 깨달음의 이름이다.[22] 이런 의미에서 학생의 입지는 늘 공공 영역과 곤혹스러운 관계를 갖는 자의 입지였다. 공공 영역은 시민의 생득권으로 제시되지만, 학생들은 이 생득권에 도달하기 위해 훈련의 시기를 통과해야 한다. 훈련의 필요성부터가 이런 달성이 힘겨운 과정이라는 표식이다. 이제 학생들은 자신이 받은 교육을 잊어버리는, 이미 끝난 일로 여기는 대가를 치르고서야 참여하게 될 것이다.

학생들은 교육의 야릇한 시간성에 의해 사회적 자리를 박탈당하지만, 그렇게 위치가 정해진 덕분에 사회가 자신에게 자신을 대변해낼 수 있고, 자기 의지의 자율적 행사를 통해 스스로를 규정해나갈 수 있다는 가능성(이런 가정이 근대의 대의 민주주의가 권위를 자임하는 근거가 된다)에 비판을 제기할 수 있게 된다. 내가 주장하고자 하는 것은 우리가 사회의 일부이자 일부가 아니기도 하다는, 우리는 그것이 무엇인지 이해하기도 전부터 언제나 사회 속에서 기능하며 죽을 때까지 그리한다는 의식을 재연해낼 수 있는 위치에 학생들이 놓였던 점이 1968년 봉기의 구조적 요인이었다는 점이다. 학생들이 내보여주는 근대성의 사회적 곤경은 차이의 곤경(타자들이 존재한다는 사실)과 시간적 비등가성(지연)의 곤경이다. 지식도 없이 너무 일찍 태어났고, 그렇지만 또 너무 늦게 태어나서 그 지식을 실제 체험하지 못하고 고작해야 어딘가 다른 곳으로부터 전해진 전통으로만 경험할 수 있는 존재로서 학생들은 근대성의 시간적 곤경을 가리키는 이름이다. 한편으로는 너무 일찍 태어났으니, 탄생할 때부터 문화 속에 속하지만 그 문화의 언어는 아직 습득하지 못한 것이다. 다른 한편으로는 너무 늦게 태어났으니, 그들이 태어날 때부터 속하게 되는 문화는 그들보다 먼저 생겼으며 그들은 그 먼저 생긴 것을 자기 것으로 만들 수는 없다. 다만 그 언어의 조각들을 다룰 수 있을 뿐이다.

따라서 학생들의 입지에 대해 생각하다 보면, 향수도 교육도 비관념론적 의미의 문화와 맺은 거래를 청산하지 못한다는 점을 상기하게 된다. 여기서 문화란 전통이자 배반이다. 우리는 문화를 건네받는 만큼 문화에 건네진다. 근대주의는 이 곤경을 두 가지 방식으로 잊고자 하는데, **보수주의**는 우리가 전통에 따라 살 수 있다고 (너무 늦지 않았다고) 말하고, **진보적 근대주의**는 우리가 완전히 새로운 출발을 할 수 있으며, 전통을 잊고 밝은 신세계를 건설하러 나아갈 수 있다고(너무 이른 게 아니니 우리가 스스로 배워나가면 된다고) 말한다.

보수주의자와 진보주의자는 저마다 마치 문화가 사회와 동의어이 거나 동의어여야 하는 것처럼 문화에 대해 말한다. 보수주의자들은 문화가 사회의 모델을 제공해야 한다고, 우리는 고급문화나 유기적 마을들의 세계에서 살아야 한다고 말한다. 간단히 말해 그들은 문화가 사회를 규정해야 한다고 믿는 것이다. 진보주의자들은 문화란 바로 사회이며, 그렇지 않다면 단지 이데올로기적 환상에 불과하다 고, 인간 공동체(즉 사회)의 자기정의(定義)가 우리가 함께 사는 방식 (즉 문화)의 모델을 정의해야 한다고 말하는 경향이 있다.

학생들은 그들이 아직 문화의 일부가 아니라는 점과 문화는 이미 끝났다는 점, 즉 자신들보다 이전 것이라는 점을 둘 다 알고 있다. 향수도 교육도 학생들의 불안을 해결할 수 없다. 그들은 잃어버린 문화를 단순히 애도할(보수주의) 수도 없고, 전통을 잊고 밝은 신세계를 건설하러 나아갈(진보적 근대주의) 수도 없다. 전통은 문화로서 살아낼 수도 없고, 미신으로 잊혀질 수도 없다. 슐라이어마허도 칸트도 답이 아닌 것이다. '우리'가 우리 자신의 구원을 만들어낼 수는 없다. 가르침의 관계란 투명성의 관계가 아니다. 그 투명성이 표현적 계시(독일 관념론자들)든 정보의 전달(기술 관료들)이든 전문적 합의의 수립(피시와 하버마스)이든 말이다. 1968년 사태는 보수적인 향수도 아니고 진보적인 근대주의도 아닌 교수법의 항목들을 제공한다. 이 사태는 소통의 이데올로기와 결별하고 교육적 관계의 특수한 시공간성을 고집한다. 이것은 근원적으로 회계가 불가능한 시간성이다. 그렇다면 우리 앞에 놓인 과제는 민족문화에 대한 향수에도 소비자주의 담론에도 빠져들지 않으면서 현재 대학의 상황을 이해하는 일이다. 이것이 마지막 세 장의 과제이기도 할 터인데, 이 장들에서는 교수법의 문제, 제도의 문제, 공동체의 문제를 차례로 다룰 것이다.

10장

가르침의 현장

　문화를 수월성 담론으로 대체하는 것이 1968년에 대한 대학의 반
응이다. 대학이 문화의 수호자를 자처하면서도 한편으로는 점점 관
료 체제가 되어가는 모순에 대한 학생들의 비판에 직면하여 대학
은 점차 그 문화적 주장을 포기해왔다. 관료적·행정적 기관이냐 아
니면 이상주의적 기관이냐 둘 중 하나로 자기규정을 하라는 요구
앞에서, 대학은 전자를 선택했다. 그리고 그 결과 1968년으로 돌아
가는 길은 이제 없다. 1960년대 말의 급진적 자세를 되풀이하는 것
은 수월성 담론에 저항하는 데 적합하지 않다. 수월성 담론은 캠퍼
스 과격주의를 캠퍼스 생활이나 학생 참여의 수월성을 나타내는
증거로 편입할 수 있기 때문이다. 《매클린스》도 대학 평가를 할 때
이렇게 하고 있다.

　그렇다고 해서 수월성 담론에 대한 어떤 저항도 불가능하다는 말
은 아니다. 그보다 우리는 이런 저항이 취해야 할 모습에 대해 달
리 생각할 필요가 있다. 우리가 1968년 사태로부터 배울 점은 근대
성과 문제적 관계에 놓인 학생의 등장이 저항의 자원이 된다는 것
이다. 이 자원은 이 장의 초점인바 가르침(teaching, 혹은 교육)의 현

장에서 출현할 것이다. 여기서 관건은 앞서 언급한 대로 가르침에서의 가치다. 선생, 학생, 기관은 누구에게 혹은 무엇에 책임을 지는가? 그리고 어떤 조건에서 그러한가? '수월성의 대학'에서는 가치의 문제는 괄호 속에 유보되고, (수월성 척도의) 통계적 평가가 결정적 답들을 내준다고 상정되고, 이 답들은 다시 재정 지원, 자원 배분, 급여 책정에 반영된다. 이 장에서는 어떻게 우리가 교수법과 관련하여 가치문제를 열어놓을 수 있을지 탐색해보고자 하는데, 이는 곧 관료들의 계산 논리를 받아들이지도 않고 교육에 초월적 가치를 부여하고 그것의 이름으로 이 계산 논리를 그냥 무시해버리지는 않는다는 뜻이다. 앞으로 주장하겠지만, 교수법은 자본주의적·관료적 관리 및 회계의 수월성의 기초가 되는 계산 가능한 시간 개념과는 근원적으로 이질적인 특수한 시공간성을 지닌다. 이런 교수법은 '수월성의 대학'을 운영하는 계산의 논리와는 확연히 어긋나는 교육적 책임성의 개념, 책무성의 개념을 제공할 수 있다.

실제로 어떻게 이것이 가능할 수 있는지 이해하기 위해서는, 가르침의 현장을 교육 그 자체를 어떻게 이해할 것인가 하는 더 큰 그림의 일부로 바라보는 것이 중요하다. 교육 문제를 다룰 때 사람들은 다음 세 가지 관점 가운데 하나를 취하는 경향이 있다. 첫째, 행정가는 소요된 시간 및 자본상의 비용이 지식의 생산과 유포로 보상되는 과정으로 교육을 이해하고자 한다. 둘째, 교수는 비용과 이득의 맥락에서 분석할 때는 개인적 보상을 거의 산출하지 못하는 것으로 보이는 목적들의 추구에 소요된 삶을 정당화하고 싶어 한다. 그래서 특정한 유형의 학생 주체, 즉 비판적이거나 다재다능하거나 역량 있는 주체를 훈련해내는 자신의 능력에 거창한 의미를 두는 경향이 있다. 셋째, 학생은 보통 왜 그래야 하는지 이해하기도 전에 승복을 강요당한다고 느끼는 기관이나 관행에 대해 불평한다. 학생의 관점에서 보면, 위계 관계는 자기 정당화의 근거를 (산물인) 학생에서 찾으면서도 학생을 인정하지 않는 것처럼 보인다. 소비자 사회에서는 이런 불평을 무시하기가 점점 더 어려워지지만 말이다.

교육에 대한 이런 설명들은 저마다 자신의 시각이 교육 과정의 중심에 있다고 상정한다는 점에서 중심 만들기의 시원(始原)적 몸짓을 하는 셈이다. 가치 문제는 이처럼 늘 중심적인 것이라고 간주되는 주관적 관점에서 제기된다. 즉 대학 행정부의 편에서, 선생의 편에서, 혹은 학생의 편에서 가르침을 어떻게 평가할 것인가 하는 식이다. 심지어 이 주장을 한 단계 더 밀고 나가서 행정 본부가 대개 종합적인 메타주관적 관점을 산출하는 메타평가자로서 한번 더 개입한다고 말하는 것도 가능할 것이다. 다양한 손익을 재는 방식으로, 메타평가자는 한 입장의 이점으로 다른 입장들의 손실들을 상쇄하려고 노력한다. 여기서 최종 목표는 세 가지의 다른 이해관계들을 상호 충돌하거나 각축하는 듯 보이는 경우에조차 종합해내는 것이다.

가르침에 대한 평가에 이런 방식들로 접근하는 것이 아무리 통상적이라고 해도 책임성, 책무성의 구조는 훨씬 더 복잡하고 서로 얽혀 있으며, 그래서 나는 이런 종합이란 전혀 가능하지 않다고 주장할 것이다. 가르침에 초점을 둘 때—그리고 그 초점을 이 책에서 대학 기관들에 기울이는 관심과 관련지을 때—내 목표는 가르침을 '중심으로 되돌려놓는' 것은 아니다. 나의 분석에서 드러났듯, 근대 대학의 구성적 계기는 이념을 중심에 놓는 것, 그리하여 교육도 연구도 모두 이 이념에 의존하게 만드는 것이었다. 그렇지만 탈역사적 대학에서는 관료적 행정조직이 중심이 되는데, 수월성 이념의 텅 비어 있음 자체가 활동들의 통합을 순전히 행정적인 기능으로 만들기 때문이다. 따라서 가르침은 사실상 3중의 행정적 기능이 된다. 첫째, 선생에 의한 학생들의 단순 관리(길거리로 내몰리지 않게 지켜주기). 둘째, 행정 내지 관리 계층의 훈련(행정 체계의 자기복제). 셋째, 지식의 관리(학생들을 기능적으로 프로그램화하기). 가르침이 차후에 평가 과정을 통해 관리된다는 점에서는 네 번째 기능까지 있다고 말할 수도 있겠다.

지식의 관리는 물론 내용의 문제에 해당하는 것, 즉 어떤 지식을 선생이 관리하여 학생에게 **부여할지**의 문제가 개입되는 유일한 지점이다. 그러나 내용 문제는 생명이 짧다. 학생들에게 부여하기 위해서는 지식을 관리 가능한 1회 복용량으로 만들어내야만 하기 때문이다. 따라서 '수월성의 대학'에서 교재는 새로운 형태를 띠게 된다. 그것은 더 짧아지고 학생들의 부담을 줄이는 경향이 있다. 문학 정전의 문제와 관련하여 6장에서 살펴보았던 대로, 교재는 사실상 가상성을 향하는 경향이 있다. 가르침은 학생들을 관리한다. 그것은 관리자로서 학생들의 자격을 승인해주고 학생들의 정보 처리 능력을 훈련시킨다. 아마도 이 모든 일을 꽤 성공적으로 해내고 있을 것이다.

따라서 '수월성의 대학'에서는 가르침이 중요하지 않다고 한다면 틀린 말이 될 터이니, 가르침은 과거에 문화적 재생산(문화 주체의 재생산)의 논리와 결부되었던 만큼이나 행정의 논리에 긴밀하게 결합되어 있기 때문이다. 따라서 교수법의 문제를 열어놓기 위해서는 가르침을 **재중심화**하기보다 반대로 **탈중심화**해야 한다. 여기서 교수법 상황의 탈중심화라는 표현이 뜻하는 바는, 학생이든 선생이든 행정가든 교수 과정이 갖는 의미의 유일한 담보자로 자처하는 최고 주권적 주체의 관점에 서서는 가르침을 제대로 이해하기 어렵다는 점이다. 가르침의 탈중심화는 **가르침의 실천적 현장**에 주목하는 것에서 시작한다. 이는 어떤 특권적 관점의 가능성도 거부함으로써 가르침을 자율적 주체의 자기재생산과는 다른 것으로 만들어내는 일이다. 이 일은 제도를 장악한 행정가도, 학생을 장악한 교수도, 스스로를 장악한 학생도 해낼 수 없는 일이다.

여기에 따르는 의무의 복합성을 존중하면서 가르침에서 나타나는 가치의 근거 문제를 제기하기 위해서는, 나 스스로도 자신의 자율성을 믿고 싶은 유혹을 버텨낼 수 있어야 할 것이다. 여기에는 스스로 보편성의 유일무이한 목소리를 체현한다고 여기는 그런 입지에서 발언하라는 꾐에 저항하는 것이 포함될 것이다. 대신 나는 교수법은 **교육의 제도적 맥락**에 대한 성찰을 떠나서는 이해될 수 없음을 강조하려 한다. 이런 성찰은 더 폭넓은 사회적 실천들과의 관계로부터 교육을 고립시키는 것도, 미리 정해진 혹은 외부에서 나온 사회적 명령들에 교육을 종속시키는 것도 모두 거부한다.[1] 가르침에서는 제도적 형식들이 늘 작동하니, 화법, 강의실, 가능성의 조건들이 그것이다. 그러나 제도적 문제를 환기함은 교수법적 화용론이

제도적 형식들에 대한 관심으로부터 근본적으로 분리될 수 있다고 상상하지 말라는 경고다.[2] 제도적 형식들을 시야에서 놓치지 않으면서 교수법 현장의 화용론에 관심을 기울이는 것이 중요하니, 이는 곧 교육적 관계를 관리적 지식의 대상으로 만드는 것을 거부하는 일이다. 가르침을 이해한다 함은 지식, 권력 혹은 욕망의 움직임을 추적하고 감시하는 플로차트(flow chart: 어떤 현상의 과정을 일목요연하게 나타낸 도표를 말한다. 일종의 '흐름도'라고 할 수 있다—옮긴이)를 그려내는 문제가 아니다. 최선의 의도로 그려낸 경우에도 그런 차트는 언제나 단일한 권위적 관점을 수립하고, 가르침을 결국 경찰의 역할을 수행할 최고 주권적 주체의 지식 대상으로 환원하는 경향이 있다.

가르침의 목표들을 이처럼 최고 주권적 주체의 관심사로 환원하는 것은 전혀 새로운 것도 아니고, 다만 오랜 기간에 걸쳐 다양한 형태로 나타났을 뿐이다. 계몽주의는 교육을 해방의 터라고, 학생을 선생에 대한 의무를 포함하여 모든 의무에서 자유롭게 해주는 터라고 한다. 근대 관료 국가는 이런 관계를 교육의 전달을 통해 기술 관료를 개발하고 훈련하는 일이 수행되는 관계로 환원하고자 한다. 이러한 시도들은 자율성 이데올로기라는 통칭으로 요약될 수 있다. 그렇지만 나는 교수법을 달리 이해하는 것 또한 가능함을 시사하고 싶다. 즉 내재적인 인간 자율성의 주입이나 드러냄과는 다른, 주권적 주체들의 생산과는 다른 것으로 보는 것이다.

교수법에 대한 이런 고찰은 자율성과 보편적 소통 가능성이라는 근대주의적 기획이 일시적으로만이 아니라 근본적으로 불완전한 것임을 인식하는 데에서 출발해야 한다. 어떤 권위도 교육적 관계를 완료시킬 수 없고, 어떤 지식도 우리에게 사유함(thinking)이라는 과제를 면해줄 수 없다. 탈역사적 대학이 권위와 자율성을 하나의 이념으로 통합된 공동체 속에서 결합해내려는 과욕을 혹시 내려놓을 수 있다면 그것은 바로 이런 의미에서다. 그 이념이 이성이든 문화든 소통이든 전문적 수월성이든 말이다. 따라서 내 목표는 가르치고 배우는 일을 과학적 지식 전달의 수단이 아니라 의무의 터, 윤리적 실천의 장소로 반근대주의적 재규정을 하는 것이다. 따라서 가르침은 진리 규준들에 대해서가 아니라 정의 문제에 대해 책임을 지게 된다. 우리는 가르침이 무엇인지 알려고 하기보다 가르침을 정당하게 대우하려고 노력해야 한다. 가르침이 무엇이거나 무엇이 되어야 하는지 안다는 믿음은 실제로 정의로운 가르침에 큰 장애가 된다. 가르침은 이제 단순히 정보의 전달이나 자율적 주체의 해방에 대한 것이 아니라 그 대신 개개인의 정의 의식을 초과하는 의무의 터가 되어야 한다. 따라서 내가 온갖 윤리적 무게를 동반하는 발신(address)의 교육적 현장에 주목하는 것은 회계와 상충하는 책무성을 개발하는 한 방편이다.

이것은 간단치 않은 내용을 포함하는지라 잠시 속도를 늦춰 조금 더 정확하게 설명하고 싶다. 무엇보다도, 가르침의 현장은 발본적 형태의 대화로 이해되어야 한다. 이것은 하버마스가 주장하는 소통적 합리성과는 다른데, 후자의 경우 선생과 학생의 대화란 사실상 분리된 독백들이다. 나는 선생과 학생 사이의 대화가 최종적 합의 (심지어 합의하지 않는다는 합의라 해도)로 종합되지 않는다고 주장하고자 한다. 그런 합의란 식견과 합리성을 갖춘 주체가 문제의 양면을 모두 점유할 수 있음을 입증한다. 다시 말해, 가르침의 대화는 한쪽 입장의 정당화 및 강화나(소크라테스의 반대자가 소크라테스에게 동의할 수밖에 없게 된다) 아니면 양측의 종합[제임스 조이스(James Joyce)의 "유대희랍은 희랍유대야"(《율리시즈》에 나오는 말로, "극단은 서로 통하거든. 죽음은 삶의 최고 형식이지"로 이어진다―옮긴이)]이 될 하나의 결론에 도달할 수 있도록 변증법적으로 구성된 것이 아니다.3 대화는 하나의 독백으로 녹아들어 용해되지도 않고, 말라르메(Stéphane Mallarmé)의 미장파주(mise en page, 지면 배치) 사용(말라르메가 시를 페이지에 인쇄할 때 레이아웃을 통해 의미를 산출하고자 한 것―옮긴이)처럼 글쓰는 주체가 장악하고 있는 형식적 도구와 같이 오로지 송신자에 의해 통제되는 것도 아니다. 이런 점에서 보자면, 내가 대화 형식을 환기하고 있는 것은 수신자보다 송신자를 특권화하는 근대주의적 발상을 거부하고, 합리적 이해나 의지의 낭만적 노력을 통해 현실을 종합하는 외로운 예술가의 형상을 거부하기 위해서다.

이렇게 수신자에게 주목함이란 단순히 한 담론의 수용 조건을 규정하려고 시도함이 아니다. 그것은 또 다른 방식으로 독백을 만들어내는 꼴이 될 것이다. 청자는 소통에 대한 소쉬르(Ferdinand de Saussure)의 설명을 예시하는 선(線) 그림에서처럼 텅 빈 머리가 아니다. 소쉬르는 소통을 송신자로부터 침묵하는 수신자, 수용 용기로만 존재하는 수신자에게로 전달되는 메시지의 이동으로 만들고자 한다. 메시지는 송신자에게서(꽉 찬 용기의 비움) 수신자에게로 (빈 용기의 채움) 이동된다. 따라서 대화란 그저 두 사람 사이의 역할

교환에 불과해지며, 그리하여 첫 송신자가 다시 빈 수신자가 되고 이 같은 일들이 연쇄적으로 이루어진다. 이에 비해, 바흐친(Mikhail Mikhailovich Bakhtin)의 다음과 같은 지적은 정확해 보인다. "이런 발화를 수신하는 자는 말 못하는, 말 없는 짐승이 아니라 내적 언어들로 가득한 인간이다. 그의 모든 경험들―그의 이른바 통각적 배경―은 그의 내적 발언 속에 약호(略號)화된 채 존재하고, 오로지 그런 한에서만 바깥에서부터 수신한 발언과 접촉하게 된다. 말이 말과 접촉하는 것이다."4

따라서 나는 소쉬르의 소통 모델을 제쳐두고 대신 바흐친이 대화주의라고 부른 것을 택하고 싶다. 이 용어는 자주 오해되고 오용된다. 바흐친의 대화주의란 도치된 혹은 순차적인 독백의 능력, 대화자들이 차례로 독백적 송신자(소크라테스의 경우처럼)가 되는 역할 교환이 아니다. 수신자의 머리는 언어로 가득 차 있어서 소통적 전달의 이야기로는 언어적 상호작용에서 일어나는 일을 제대로 설명할 수 없다. 간주관적(intersubjective)이라기보다 간담론적(interdiscursive)인 수신자는 의식의 가상점[데카르트식으로 말하면, 청취하는 송과선(뇌의 중앙에 있는 작은 기관으로 데카르트는 이를 영혼이 머무는 곳으로 보았다―옮긴이)의 백지 상태(tabula rasa)]이 아니다. 모든 의식은 이질적인 다양성을 가진 언어의 의식이다. 이해와 오해는 말하자면 언어적 상호작용의 조건으로 얽혀 있다. 소통은 이미 조립된 의미의 전달이 될 수가 없으니, 단어들의 의미가 한 발화에서―더 정확하게는 한 개인어에서―다음 발화까지 동일한 것으로 남아 있지 않기 때문이다. 송신자가 말하는 것은 청자가 지닌 일군의 개인어들 가운데 자리 잡고, 둘의 대화는 어느 한 편도 지배자가 아닌 담론 행위 속에서 그 의미를 획득한다. 따라서 수신자를 인지함이란 담론 속에 근원적 아포리아를 각인함이다. 그것은 타자에 의한 읽기의 심연 같은 공간이라고 할 만한 것을 존중하는 방식으로 말함이다. 따라서 가르침은 일차적인 면에서 번갈아 발송인과 수취인으로 기능하는 자율적 주체들 사이의 소통의 문제가 아니다.

소쉬르의 독백적 소통 모델과 바흐친의 대화주의의 차이는 교수법 논의에 그다지 중요하지 않을 것처럼 보일 수도 있다. 그러나 실제로 그것은 교수법에서 자율성을 중시하는 오도된 헌신에 대해 많은 것을 알려주고, 우리가 가르침의 관계에 수반되는 세 가지 함정을 이해할 수 있게—그리고 피할 수 있게—도와준다. 첫째, 교수를 이미 구성된 의심할 수 없는 지식 전달의 절대적 권위로 만들고 학생들은 그 용기로 만드는 위계질서. 둘째, 가르침이 선생과 학생 사이에 아무 차이도 야기하지 않는다는 주장, 즉 배울 것은 아무것도 없다고 주장하는 선동. 셋째, 그런 훈련의 목적과 기능에 대한 질문은 생략한 채 교육을 기술 관료들의 발전과 훈련으로 치부해 버리는 환원론. 이 세 가지는 모두 질문하기를 종식시키려 드는데 이런 일이 첫 번째와 세 번째 경우에는 아주 명백하게, 그러나 두 번째 경우에는 조금 은밀하게 이루어진다. 두 번째 경우에 사유는 질문받기보다 희생되는데, 다름 아니라 무차별적인 평등주의의 전제에 질문을 제기할 수도 있기 때문이다.

교수법의 이 오도된 헌신들에 공통된 것은 **자율성**을 향한 지향, 지식은 그물처럼 짜인 윤리적 의무들의 방기를 수반한다는 확신이다.

즉 지식을 가진다 함은 자족적인 독백적 목소리를 얻음이다. 첫 번째 경향은 소쉬르의 소통 모델이 가진 모든 문제를 확대 복사한다. 마지스테르(magister, 스승)의 권위에 찬 목소리는 지식의 의미에 대한 그 또는 그녀의(대개 남자이다) 특권적 관계에 기반한다. 이 관계에는 수신자라는 반대극이 일체 끼어들 수 없으니, 권위적 담론이란 곧 말하는 대상이 누구든 아무런 차이가 없음을 뜻한다. 수신자의 극은 텅 비어 있으니, 빈 용기다. 그리고 그 과정의 끝은 이런 자율성의 복제로, 이는 학생이 이어서 교수가 되면서 이루어진다. 따라서 학생의 자율성이란 교육 과정의 최종 산물로, 스승의 자율성의 복제물에 불과하다.

둘째, 선동적 양식에서, 학생들의 자율성은 선험적 소여로 상정되며, 교육 가능성의 무의식적인 조건으로 처음부터 주창된다. 학생들은 그들이 아는 것이 무엇이며 무엇을 배우고 배우지 말아야 할지 결정할 자율성을 지닌다. 그들은 교수와 아무런 특별한 관계를 갖지 않는 것이다. 이것은 학생 수신자를 인정하자는 주장처럼 보일 수도 있으나 실제로는 소쉬르로 되돌아간다. 다만, 수신자를 언제나 이미 어떤 메시지든 보낼 수 있는 송신자로 다시 기술한 것뿐이다. 수신자는 자기가 이미 스스로에게 사실상 (혹은 **잠재적으로**) 발송한 메시지만을 들을 수 있는 것이다.

셋째, 기술 관료적 훈련 양식에서, 자율성은 지시대상, 즉 그것이 어떻게 주입되든 상관없는 기술적 지식에 부여된다. 이 경우에 교수법의 관계는 또다시 소쉬르에 부합하는 단순 복제로 환원된다. 이번에는 주체를 과제들에 맞추는 관료 국가의 복제다. 교육의 주체는 체제이며, 교육을 통해 학생이 얻는 자율성은 체제 속에서 미리 만들어진 자리를 차지할 자유이며, 이는 우리가 흔히 "자신을 위해 일한다"라는 환상의 틀로 기술하는 것이다.

교육의 기능에 대한 이 세 가지 설명에 깔려 있는 공통된 서사는 교육의 목표는 학생이 어떤 모방적 정체성, 즉 교수의 복제나 체제 내 자리의 복제인 정체성을 획득하는 것이라고 주장한다. 그리고 이 정체성과 함께 자율성 혹은 더 분명하게 말하자면 **독립성**, 즉 의존의 종언, 다른 사람들에 대한 의무적 관계의 종언이 따라온다. 학생은 모종의 자유, 자족적 정체성의 입지를 획득한 것이다. 그것은 교수나, 동료들의 합의나, 고용주에 의해 수여된다. 학생은 이제 더 이상 경청을 할 필요가 없을 것이다. 사실 경청해서도 안 되는데, 경청하기란 질문하기에 준하는 것이 될 것인데 논리를 조금만 비틀면 바로 의존을 뜻하기 때문이다.

이것은 계몽주의에서, 특히 프랑스의 중등학교에서 주입한 지식은 인류를 자유롭게 만들 것이며, 교육은 아이를 어른으로 바꾸는 과정이라는 장구한 교육 서사의 일부다. 즉 교육은 정의상 어른에게 의존적인 아이들을 독립적 존재로, 근대국가가 필요로 하는 자유로운 시민으로 바꾼다. 그들은 스스로 판단을 내릴 것이다. 그들은 개별적으로, 비밀리에, 다른 사람들과의 모든 관계에서 끊어내는 작은 상자 속에서 투표를 할 것이다. 따라서 프랑스 교육 체계는 늘 대학보다는 초등교육을 중시해왔으니, 교육에 대한 국가의 관심은 무엇보다 시민 주체의 생산에 있기 때문이다. 주체의 '자유'는 국가에 종속되는 자유다. 국가가 주체들의 자유로운 선택의 대상인 한에서만 국가의 존재와 성격이 유지된다는 허구―사람들이 "그런데 난 그것에 표를 던지지 않았어"라고 말하는 순간 그 한계가 드러나는 재현의 허구―덕분에 종속은 속박이 아닌 것으로 간주된다.5 우리는 이 자유가 근대국가라는 추상적 실체에 대한 종속이라는 대가를 치르고 얻은 것임을 인식할 준비가 되어 있을지도 모르지만, 이것이 교수법의 이해에 갖는 함의들을 철저히 사유하는 일이 아직 남아 있다.

자율성의 유혹, 모든 의무로부터의 독립이라는 유혹 대신에, 나는 교육이란 관계, 의무의 그물망이라고 주장하고 싶다. 이런 의미에서, 우리는 선생을 마지스테르보다 레토르(rhetor, 수사가)로, 자기 권위적인 담론을 펼치는 사람보다 수사적 맥락 속에서 말하는 사람으로 논해야 하는지도 모르겠다. 이럴 때 이점은 선생이 지닌 담론의 정당화가 그 담론에 내재하는 것이 아니라 언제나, 적어도 부분적으로는, 이를 수용하는 수사적 맥락에 의존하고 있다는 점을 인정한다는 데 있다. 마지스테르가 청자의 특수성에 무관심하다면 레토르는 청중을 고려하는 화자다.

그렇지만 '수사학'을 끌어들일 때는 궤변의 수사학을 교수법 현장의 **모델**로 포용하는 데 대한 일정한 유보가 필요하다. 설득에 호소하는 것은 교육적 관계를 주관적인 추산의 자리로 되돌려 놓을 위험이 있다. 이것이 스탠리 피시의 인식론으로 여기서 수사적 설득의 행위는 언어를 여전히 도구적으로 사용하는 주관적 의지들의 경쟁적 각축이다. 즉 화자는 확신의 효과를 자아내어 수신자 스스로 화자가 생각하는 존재가 되게 만드는 설득의 도구로 사용하는 것이다. 피시의 수사학은 수신자의 극에 대한 사려 깊은 존중을 보여주지 않는다. 오히려 그것은 수신자의 극을 지우고, 화자의 극과 동일한 것으로 만들려고 한다. 다시 말해, 수신자는 화자와 동일한 '입장'을 취하게끔 된다. 수신자의 극은 화자에 의한 추산의 대상으로만 인식된다.

교사의 수사학적 화용론이 확신을 지향하지 않는다면, 우리는 가르침이 환기하고자 하는 윤리적 의무를 어떻게 특징지을 수 있겠는가? 나아가, 간주관적 관계로서의 가르침에만 초점을 맞추는 것을 어떻게 피할 수 있을까? 여기서 가르침이란 간주관적 소통의 성취로 끝나는 것이 아님을 강조해둘 필요가 있겠다. 학생과 선생의 관계는 권위적 지배의 관계도 아니요, 상호 이해 자체가 목적이 되는 양측의 융합(피히테가 그의 글들에서 말하는 선생과 학생의 상호 베일 벗기) 중 하나도 아니다.6 학생들을 설득하지도 않고 그들과 융합되지도 않는 가르침이란 정신분석처럼 끝나지 않는 과정이다.

선생과 학생의 융합을 막고 가르침을 끝나지 않는 (구조적으로 미완인) 과정으로 만드는 것은 의무의 망이 화용적 언어 상황의 네 극(極), 즉 송신자, 수신자, 지시대상, 의미작용(signification) 모두에까지 확대된다는 점이다.7 가르침의 지시대상, 즉 가르침이 가리키는 것은 '사유(Thought)'의 이름이다. 이것이 의사종교적 헌신이 아님을 강조하고자 한다. 내가 '이름'이라는 말을 쓰고 '사유'의 두문자를 대문자(T)로 표기하는 것은 어떤 신비적 초월성를 지칭하기 위해서가 아니라 지시대상이 어떤 하나의 의미작용과도 혼동되는 일을 피하기 위해서다. '사유'의 이름이 이름인 것은 바로 **아무런 내재적 의미도**

갖지 않는다는 점 때문이다.[8] 이런 의미에서는 수월성과 마찬가지다. 하지만 '사유'는 가치 문제를 괄호치지 않는 점에서 수월성과 다르다.

내가 주장하고자 하는 것은 국민국가의 쇠퇴와 함께 대학이 열린 유연한 체계가 되었으며 수월성이라는 빈 개념을 '사유'라는 빈 이름으로 대체하려고 노력해야 한다는 점을 우리가 인식할 필요가 있다는 것이다. 두 텅 빔 사이의 첫 번째 차이는 사유는 수월성과 달리 하나의 이념으로 가장하지 않는다는 점이다. 이념의 가상(simulacrum) 대신, 이름의 공인된 텅 빔이 있으니, 아도르노의 표현을 약간 바꾸어 말하자면 천박함을 정직성으로 대체하는 '사유'의 텅 빔의 자의식적 드러냄이 있다. 그리고 여기에서 비롯되는 두 번째 차이는 '사유'는 해답이 아니라 질문으로 기능한다는 것이다. 수월성은 아무도 그것이 의미하는 바를 묻지 않기 때문에 작동한다. 사유는 우리에게 그것이 의미하는 바를 묻도록 요구하니 ― 진리와 근원적으로 분리된 ― 순전한 이름이라는 위치가 그 같은 질문을 강제하기 때문이다. '사유'가 명명하는 것이 무엇인지 하는 질문을 열어두려면, '사유'의 이름이 슬그머니 하나의 이념이 되고 진리의 신화적 이데올로기를 세우지 못하도록 한시도 경계를 늦추지 말아야 한다. 이름은 아무런 의미작용을 가지지 않고 명명하는 기능만 가지므로 진리 내용을 가질 수 없다. 이름의 의미 효과들은 구조적으로 최종 결정이 불가능하며, 늘 토론에 열려 있다.

하나의 지평으로서 '사유'의 이름은 의식이 융합될 수 있는 내용, 혹은 논쟁의 종료를 가능케 할 의미작용을 부여받을 수 없다. 그 의미작용에 대해 논쟁이 일어날 수는 있으나, 언제나 이것은 '사유'가

마땅히 그래야 할 바에 대한 처방을 둘러싼 논쟁적 각축이 될 것이다. 순전한 이름인바 이 '사유'의 성격 가운데 어떤 것도 이런 설명 중 어느 하나를 정당화해주지 못할 것이다. 달리 말하자면, '사유'가 마땅히 어떠해야 한다고 말하려는 어떤 시도도 그런 시도로서 스스로 책임을 떠안아야 한다. 아무런 내용이 없는 것이니만큼 '사유'의 이름은 우리가 무엇을 언제 어디에 입각해서 말하고 있는지 생각할 필요성을 면해줄 알리바이가 될 수 없다.[9] 그래서 가령 나는 이런 성찰들이 (선생이라는 이름의 의미작용이 무엇인지 절대적인 의미에서 알지는 못하면서도) 선생을 업으로 삼는 사람의 관점에서 쓰인 것임을 인정한다. '사유'는 교수법 현장에서 작동하는 많은 이름 가운데 하나이며, 그것에 어떤 의미작용을 귀속시킴은 그 자체가 일정한 수사적·윤리적인 무게를 갖는 것임을 이해해야 하는 행위다.

강의실에서 '사유'는 화자와 청자와 나란히 제3항으로 끼어들어 자율성 추정을 해체한다. 교수의 자율성이든 학생의 자율성이든 지식 전체(하나의 전통 혹은 하나의 학문)의 자율성이든 말이다. '사유'는 논쟁적 차이(differend)를 명명한다. 사유는 그것을 둘러싸고 논쟁이, 이질적 어법들로 이루어지는 논쟁이 일어나는 이름이다. 매우 중요한 점은 이 제3항이 논쟁을 해결하지는 않는다는 것이다. 그것은 모든 다른 어법들을 자신의 어법으로 번역하여 그것들 간의 논란을 매듭짓고 그것들의 주장들을 하나의 동질적인 저울로 배열하고 평가해낼 수 있는 메타언어를 제공하지 않는다. 하나의 이름으로서 '사유'는 유통되지 않고, 우리의 반응을 기다리고 섬긴다. 교육에서 도출되는 것은 '사유'의 숨은 의미도, 학생들의 진정한 정체성도, 교수의 진정한 정체성(학생들 속에 복제되는)도 아니다. 그보다 도출되는 것은 '사유'의 이름이 무엇을 의미할 수 있는지에 대한 이 논쟁적 차이의 아포리아적 성격이다. 즉 그것이 (그런 토론이 일어날 수 있을 단성적이거나 공통적인 언어의 부재에도 불구하고) 논의되어야 하는 필연성과 그 불가능성이다. '사유'는 이런 의미에서 텅 빈 초월성, 숭배하고 신봉할 수 있는 초월성이 아니라 교수법 현장에 참여하는 사람들을 자신들이 놓인 상황의 근거 없음에 대한 성찰로 되던지는 초월성이다. 즉 그들이 서로에 대해 갖는 의무에 대한, 그리고 그들을 수신자로 불러내는 이름(여기에 대해 생각하기도 전에)에 대해 갖는 의무에 대한 성찰을 요구하는 것이다.

따라서 '사유'에 하나의 의미작용을 부여하는 행위, 사유하는 것이 무엇을 의미하는지 말하는 행위란 담론의 성격에 관하여 차이가 열리는 논쟁적 갈등의 순간이고 그런 최소 의미에서 정치적 문제일 수밖에 없다. 달리 말하자면, "사유함은 무엇인가?"는 결코 이론적 질문, 완전히 정초된 인식론이라면 답할 수 있는 그런 질문이 아니다.[10] 가르침이라는 실천에 대한 우리의 성찰은 대칭성이 결여된 화법으로 구조화되어 있는 교육 현장을 강조해야 하고, 이 불평등한 관계를 윤리적 각성의 틀로 다루어야 한다. 가르침의 현장은 진리 영역보다는 정의의 영역에 속한다. 즉 선생에 대한 학생의, 그리고 학생에 대한 선생의 관계는 비대칭적 의무의 관계이며, 그것은 양측 모두에 문제적이며 더 공부를 요하는 것으로 보인다.

교육적 실천의 조건은 모리스 블랑쇼의 표현으로는 "타자에 대한 한없는 관심"이다.[11] 개인 주체가 개별 대상에 기울이는 관심은 아니니, 자율성을 특권화하는 계몽주의로 돌아가는 것은 아니기 때문이다. 어떤 개인도 정의로운 **존재**일 수가 없으니, 정의를 행함이란 정의의 문제가 개인적 의식을 초과하며 개인의 도덕적 태도로 답할 수 있는 것이 아님을 인식함인 것이다. 이는 정의가 절대적 **타자**에 대한 존중, 타자에 대한 어떤 지식보다 선행되어야 하는 존중을 수반하기 때문이다.[12] 타자는 말하고 우리는 타자에게 존중을 보내야 한다. 청자로 불려나온다는 것은 들으라는 명령을 받음이며, 이 관계의 윤리적 성격은 정당화될 수 없다. 우리는 왜 그래야 하는지 알지 못한 채, 우리가 들어야 할 것이 무엇인지 알기도 전에 들어야 한다.[13] 말을 듣는 상대가 되는 것은 하나의 의무 아래 놓이는 것이며, 서사직 화용론 내부에 자리하게 되는 것이다. 토론이 이루어지게 될 틀에 대한 예비적 논의조차도 이런 원초적 존중, 사실진술적 내용이 없다는 점에서 의미 없는 존중을 필요로 한다. 또한 이 '존중'은 경의의 문제가 아니다. 그것은 타자성에 유의함이라는 단순한 사실, 즉 존중과 경고를 연결짓는 '아흐퉁(Achtung, 주목)'이라는 독일어에 담겨 있는 그것이다. "주목하라! 타자를"이 아마도 이 윤리의 (칸트 이후) 규칙, 법(Law)이 아닌 타자에 대한 존중일 것이다. 이는 곧 국가 기관들에 대한 주관적 존중의 태도가 아니라는 말인데, 주체는 그것이 존중하는 타자 속에 반영된 자신의 모습을 발견하지 않는 것이다.

강의실에서 타자는 수신자를 지우는 데 기여해서는 안 된다. 타자가 점하는 화용적 층위는 단순히 철학자-스승과 서구 '사유'(혹은 무의식)의 전통 사이에 소통을 위한 구실만은 아니다. 강의실에는 어떤 타자가 있으며 이것은 많은 이름을 가지고 있다. 즉 문화, 사상, 욕망, 에너지, 전통, 사건, 태고적인 것, 숭고한 것 등이다. 교육기관은 이 타자를 가공하고 그것이 체계에 가하는 충격을 약화시키려 한다. 기관으로서 교육은 이 타자성의 물길을 내고 유통시켜 모종의 이익을 얻어내고자 한다. 그러나 충격은 배우고 가르치는 일의 최소 조건인 만큼 일어나기 마련이고, 계산할 수 없는 일련의 차이들을 열어놓는데, 이 차이들을 탐색하는 것이 교수법의 책무다. 에-두케레(*e ducere*), 바로 끌어내기로서 교육은 학생이 스스로를 스스로에게 드러내는 산파술적 과정, 즉 학생이 사실상 이미 알고 있던 것을 분명히 기억해내는 과정이 아니다. 오히려 교육은 자기 현전의 허세를 해체하는 사유의 타자성을 이처럼 끌어내는 과정으로, 이 타자성은 언제나 더 공부할 것을 요구한다.[14] 그리고 이는 비록 비대칭적으로나마 학생과 선생 모두에 작동한다.

　수신자의 극이 존중되어야 한다는 요구는 선동이 아니다. 학생들을 교수로든 아니면 체계가 요구하는 충실한 종복으로든 단순 재생산이 일어나는 장소로 밀어넣기를 거부한다고 해서, 학생들이 자율성이나 진정성의 입지를 점하고 있다거나 교육받은 자가 되기 위해서는 현재 자신의 존재를 긍정하기만 하면 된다는 뜻은 아니다. 파울로 프레이리에게는 죄송한 말이지만, 급진적 교육학은 교육을 마르크스주의 대서사에 종속시키는 것을 피해야 한다. 학생들은 프롤레타리아에 유추되는 존재도 아니고, 교육 과정에서 억압된 의미를 체화하지도 않는다.[15] 교수들의 권위에 대해, 교육 과정의 초월적 주체로서의 교수에 대해 공격을 개시하는 일이 단순히 교수를 학생으로 대체하려는 것이 되어서는 안 된다. 이는 1968년의 선동적 판본, 즉 학생들이 진정한 대학을 구현할 수 있도록 위계질서를 전도시키는 것이 될 것이다.

지식을 더 효과적으로 산출하거나 더 효과적인 지식을 산출하는 개혁 프로그램은 대학에 대한 물음의 답이 될 수 없다. 오히려 생산이라는 유추 자체, 즉 대학을 지식의 생산, 분배, 소비를 위한 관료 기구로 여기는 유추를 의문에 부쳐야 한다. 여기서 관건이 되는 문제는 하나의 **기관**으로서 대학이 자본주의 관료 체제에 어느 정도 가담하느냐 하는 것이기 때문이다.[16] 대학이 이런 일을 하지 않는 것처럼 구는 것은 내가 보기에 부정직하다. 기관으로서의 대학은 모든 종류의 지식들을, 심지어는 서항석 지식들까지 체제 전체에 이롭게 유통되도록 다루어낼 수 있다. 이는 우리도 익히 아는 일이니, 급진주의는 대학 시장에서 잘 팔린다. 더 급진적인 종류의 지식이나 더 급진적인 학생 따위를 생산할 그런 대학을 요구하는 급진주의가 헛된 것도 그래서다. 이런 호소들은 자본주의 관료 체제로서 대학이 갖는 기관적 위상을 고려하지 않기 때문에, 자신들이 반대하는 바로 그 체제를 추인해줄 운명에 처해 있다. 대학에서 생산된 지식의 이데올로기적 내용은 관료적 사업체로서의 기능과 점점 더 무관해진다. 유일한 단서는 이런 급진적 지식들이 생산, 교환, 소비의 순환 구조에 잘 들어맞는다는 점이다. 어떤 지식이든 원하는 대로 생산하라. 다만 더 많이 생산하라. 그래서 체제가 지식 변별성들에 투자하고 지적 자본의 축적에서 이윤을 취할 수 있도록 하라.

나의 분석이 존 길로리가《문화 자본》에서 주장한 대학 분석을 추동한 부르디외의 '문화 자본' 개념과 다르다는 것을 다시 한 번 밝혀두는 것이 좋겠다.[17] 부르디외와 마찬가지로 길로리도, 문화 자본 개념이 문화 생산의 이데올로기적 내용에 상대적으로 무관심한 듯 보인다는 사실에도 불구하고 문화 자본은 일차적으로 이데올로기적 기능을 견지한다고 본다. 우리가 살펴본 대로, 이는 문화 자본이 국경으로 가두어놓은 문화 체제 속에서 유통된다고 파악하기 때문이다. 상징적 지위를 수량화하고 재정적 가치에 흡사한 것으로 분석하기 위해서는 그것이 분배되는 체계가 닫혀 있어야 한다. 그리하여 부르디외와 그 추종자들은 종종 맥락적 특수성을 고려해야 한다면서 연구 영역을 한정 짓는 경향이 있다. 이런 좁은 관점에서는 대학은 잠재적으로 초국적인 관료 자본주의 사업체라기보다 국민국가의 이데올로기 기구로 보이기 마련이다.

내 주장은 대학이 초국적기업의 지위를 향해 발전하고 있다는 것이다. 대학 문제가 제기되는 초국적 틀을 인정함이란 가르침이 일반화된 교환 체계로부터 구조적으로 독립적인 것으로도, 하나의 닫힌 교환 체계 안에 철저히 봉쇄되어 있는 것으로도 이해될 수 없다는 것을 시인해야 한다는 뜻이다. 내가 보기에 이것이 지금 우리가 처한 상황, 한계와 개방성을 동시에 지닌 상황이다. 우리는 가르치는 일을 하는 데에 전보다 더 자유롭지만 우리의 자유가 대체 무엇으로부터의 자유인지 더 이상 알지 못한다. 어떻게 우리는 회계의 논리에 이미 언제나 굴복하지 않으면서 책무성의 문제를 제기할 수 있겠는가? 어떤 면에서는 할 수 없다. 사람들은 보수를 받고 장학금을 받기 마련이다. 그렇다면 문제는 책무성 문제를 회계의 논리를 **초과하는** 것으로서 어떻게 제기할 수 있는가다. 새로운 기술공학에 힘입어 가능해진 정보의 상품화가 기하급수적으로 성장하는 것으로 말미암아, 현재 상황은 훨씬 더 예리해진다.

대학 전체가 갈수록 관료화하는 데 대해 교수법에서 도전을 제기하려면, 그저 교육 실천에서 저항적인 입장을 취하는 것보다는 교육 과정에 대한 우리의 시각을 탈중심화하는 것이 필요할 것이다. 이렇게 할 때에만 우리는 교수법을 개방하고 상품화에 맞서는 시간성을 거기에 부여할 희망을 품어볼 수 있다. '사유'에 귀 기울이기란 자율적 주체(저항적 주체조차도)의 생산이나 자율적인 지식체(body of knowledge, 한 학문의 일련의 공인된 지식—옮긴이)의 생산에 시간을 쓰는 것이 아니라고 주장하면서 만이다. 오히려 '사유'에 귀 기울이기, 서로 곁에서, 그리고 우리 자신의 곁에서 생각하기란 의미의 문제를 논쟁의 장소로 열어놓는 의무의 열린 그물망을 탐색하는 것이다. '사유'를 제대로 대접함, 우리의 질문자들에게 귀를 기울임이란 말할 수는 없으나 들리려고 노력하는 것을 들으려 하는 것을 의미한다. 그리고 이런 과정은 (상대적인 면에서만이라 해도) 안정되고 교환 가능한 지식의 생산과는 상충된다. 가치 문제를 탐구하는 것은 배우고 가르치는 현장의 모든 극들을 통합하여 단일한 평가의 잣대를 만들어낼 수 있는 동질적인 가치 기준은 존재하지 않음을 인식하는 것을 의미한다.

이런 탐구는 놀라운 것이 될 수도 있다. 통상적 지혜와는 거꾸로 청중은 사건에 선행하지 않는다. 청중 앞에서 사건이 일어나는 것이 아니라 사건이 청중을 일어나게 한다. 이런 종류의 교수 행위를 위한 청중이 '일어나도록' 만드는 것은 현재의 대학 속에 있게 된 우리들이 —선생이나 학생이나 공히 — 직면하는 과제다. 이 청중은 일반 대중(general public)이 아니라 연령, 계급, 성별, 성애, 종족 등에서 폭넓은 다양성을 지닌 사람들의 집합이다. 그것은 단순히 학생들로만 구성되지 않는다. 국영이든 민간이든 기금 지원 기관도 포함되어야 할 것이다. 이런 청중을 창출하고 그들에게 말을 건네는 것으로 대학의 부활이 이루어지거나 우리의 모든 문제가 해결되지는 않을 것이다. 그렇지만 미리 아무것도 가정하지 않는 만큼 해방적인 방식으로 차이들을 탐구할 수 있게는 해줄 것이다.

11장

폐허에 거주하기

　현재 상황에 대한 지금까지의 기술은 대학 일반과 특히 인문학
에 다소 암담한 결과를 초래하는 것처럼 보일지도 모른다. 그렇지
만 절대 그렇지 않다. 얼마간 수정구슬을 들여다보고 있자면 하고
싶은 이야기들이 있을 법하다. 가령 인문학이 20년 후에는 더 이상
민족문학들의 연구에 중심을 두지 않을 것이라는 것도 그렇다. 그
리고 이런 예언들은 얼마간 정확한 것으로 판명될 수도 있다. 그렇
지만 나의 논의는 21세기의 대학이 취할 정확한 분과학문의 모습
보다는 그 모습이 무엇을 의미할지, 다시 말해 그것이 하나의 제도
적 체계로서 어떻게 의미를 부여받을지에 더 관심이 있다. 내가 식
별해내고자 한 경향들은 실제로 불균등하고 결합된 발전의 형태로
출현했는데, 나의 분석이 이 점을 무시하는 경향을 띤 것도 이 때
문이다. 그리고 대학들이 작동하는 방식에 대한 분석에서 경험적
연구보다 대학들의 자기 기술(계획서 같은)을 더 중시하는 나의 습
관 역시 이 때문이다. 교수와 학생들의 일상생활에 일어나는 변화
는 예상보다 훨씬 적을 전망이 농후하다는 점은 기꺼이 인정한다.
그렇지만 일상의 실천들이 조직되고 의미를 부여받는 방식에는 의

미심장한 변화가 일어나고 있다. 이런 변화들은 심지어 두드러지게 격렬한 리듬으로 일어나고 있다. (속도가 아니라 리듬이니, 이런 변화들은 직선적이 아니라 돌출적으로 나타나기 때문이다.) 순전히 발견이라는 목적에서 나는 이런 변화들을 '탈지시화'라는 이름으로 통칭하는데, 이는 대학이 하는 이데올로기적 기능의 쇠퇴를 가리키며 그 쇠퇴는 대학 내부에서 이데올로기 비판이라는 방법론이 부상한 징후적인 현상과 긴밀하게 맺어져 있다.

그렇지만 이러한 탈지시화 과정은 '사유'에 있어 역사적 필연은 아니다. 다시 말해 나는 대학으로부터 퇴각하는 알리바이로 탈지시화를 끌어들이는 것이 아니다. 오히려 이런 변화와 씨름하고 재평기함으로써 혁신적이고 창조적인 사고가 가능해지지 않겠는가 하는 생각이 든다. 그러나 이런 혁신이 일어나려면, 우리는 두 가지 문제를 다루어야 한다. 즉 사회 전체에서 차지하는 대학의 자리와 기관으로서 대학이 지닌 내부 형상이다. 근대 속에서 대학은 국민국가를 위한 주체들의 형성에서, 그리고 그 국민국가에 대한 주체들의 귀속성(문화) 문제를 다루는 이데올로기의 생산에서 중심적인 위치에 놓여 있었다. 하나의 공동체로서 대학의 내부 구성은 일반적인 대화의 문화가 다양한 특수성들을 유기적이거나(피히테) 사회적이거나(뉴먼) 거래적인(하버마스) 통일성으로 묶어내는 귀속성 내지 공동체의 구조를 반영하도록 되어 있었다.

이와 같은 모든 설명에서 대학은 국민국가의 소우주가 될 만한 잠재력을 지니고 있었다. 마지막 두 장에서는 국민국가와 더불어 공동의 삶의 문제에 대해 더 이상 중심적이지 않게 된 대학으로, 그리고 그런 대학 속에서 무엇을 할 수 있을지 묻고 싶다. 이것은 두 가지 문제를 수반한다. 대학 기관이 기관으로서 하는 기능의 문제와 그 대학에 자리할 공동체의 문제다. 그렇지만 나는 새로운 기관도 새로운 공동체도 주창하지 않을 것이며 차라리 이 두 용어에 대해 다시 생각하고자 한다. 내가―다음 장에서 주창하듯―합의의 사유보다 불일치(불화)의 사유를 선호한다면, 불일치는 제도화될 수 없다는 이유에서다. 그런 제도화를 하자면 그 전제 조건은 불일치가 좋은 것이고, 사실상 하버마스의 생각에도 부합하는 것이라는 2차적 합의일 것이다. 이런 경향 중 한 가지를 설득력 있게 주창한 예로는 제럴드 그라프의 《문화 전쟁을 넘어서: 갈등을 가르치는 일이 어떻게 미국 교육을 부활시킬 수 있는가》를 들 수 있다.[1]

나로서는 일종의 실용주의를 제안하고자 한다. 이 실용주의는 (《자유 언론이라는 것은 없다》에서 스탠리 피시가 그런 것처럼) 그저 대학 기관에 외적 지시물이 없음을 수용하고 반기는 것이 아니라 탈지시화를 대선회와 근원적인 측면 이동의 계기로 삼고자 하는 실용주의다.[2] 이런 움직임은 비판적일 수도 있으나 자신의 행위의 바깥에 서서 비판할 능력을 지닌 초월적인 자기인식적 주체에 호소하지는 않을 것이다. 내가 이미 끌어들인 또 다른 용어를 다시 참조하면, 이런 제도적 화용론은 알리바이도 없고, "다른 곳(elsewhere)"도 없을 것이니, 즉 우리를 우리의 행동에 대한 책임에서 구원해주기 위해 그 이름을 불러낼 진리도 없을 것이다. 내가 피시나 로티(Richard Rorty)와 다른 또 하나의 차이가 여기 있다. 즉 실용주의이되 그것이 결국 자신의 알리바이가 된다고 믿지 않으며 그것의 대서사 부정이 그 자체로 하나의 기획이 되지 않는 그런 실용주의다. 달리 말하자면, 훌륭한 실용주의자라는 사실이 그 자체로 자신이 늘 옳을 것이라는 보증이 되지는 못한다. 실용주의를 버리는 것이 실용적일 수도 있고, 그래서 실용주의는 근대주의적 의미에서의 기획으로 기능할 수 없다. 따라서 제도적 실천들—플라톤의 환상들을 떨쳐낸 기관에서조차—은 그 자체가 보상이 될 수는 없는 것이다. 나에게 어떤 원칙들(더 정확하게는 어떤 사고의 습관이나 버릇)이 있다면, 그 토대라고 해봤자 다른 사람들이 그것들을 흥미롭게 여기도록 만드는 (이는 다른 사람들에게 그것들의 '올바름'을 설득하는 것과는 다른 것인데) 나의 능력 이상의 근원적인 것은 따로 없다.

따라서 나에게 제도적 실용주의란 오늘날의 대학을 있는 그대로, 즉 그 기능에 대한 초월적 주장을 할 필요성을 상실해가고 있는 기관으로 인정하는 것을 의미한다. 대학의 작동에 문화의 대서사가 더 이상 요구되지 않는다면, 그 대학은 더 이상 단순히 근대적이지는 않다. 수월성의 관료적 기관으로서 대학은 다수의 다양한 어법들이 하나의 이데올로기적 총체로 통일되기를 요구하지 않으면서도 고도의 내적 다양성을 흡수할 수 있다. 어법들의 통일은 더 이상 이데올로기의 문제가 아니라 확대된 시장에서 그들이 갖는 교환가치의 문제다. 갈등의 관리란 따라서, 냉전의 사례에서 드러났듯 갈등의 해결을 의미하지 않는다. 대학의 비이데올로기적 역할로 말미암아 파열은 더 이상 자동적으로 급진주의라는 주장을 하지 못하게 되며, 마찬가지로 새로운 통합을 위한 급진적 주장은 수월성의 텅 빈 통일성에 삼켜버리기 쉽게 된다.

우리 가운데 대학이 과거에 비평적 기능이 가능했던 곳임을 알게 된 나와 같은 사람들은 우리가 현재 비판의 자유를 누리고 있지만(새 프로그램들의 제도적 얼굴에 상상할 수 없는 변화가 일어나고 있다) 그 자유의 신장은 그 일반적인 사회적 의의가 줄어드는 것과 정비례하여 얻어진 것임을 직시해야 한다. 이것 자체는 변화나 혁신의 기획을 포기할 이유가 못 된다. 그 반대다. 그러나 필요한 것은 우리가 그것들의 의의에 대해 스스로를 속이지 않는 것, 유령 마을을 재건하는 것으로 만족하지 않는 것이다. 오로지 대학 개혁에만 에너지를 집중해서는— 인문학, 사회과학, 그리고 자연과학에서 —우리한테 주어진 과제, 즉 200년이 넘도록 지적 삶을 지배해온 범주들을 다시 생각하는 과제의 여러 차원들을 못 보게 될 위험이 있다.[3]

우리는 대학이 폐허가 된 기관임을 인정해야 하며, 한편 낭만적 향수에 의지하지 않으면서 그 폐허에 거주하는 것이 무엇을 의미하는지 생각해보아야 한다. 폐허의 비유는 지적 삶에서 긴 역사를 가지고 있다. 뉴욕 주립대학교 버펄로 캠퍼스에는 그리스·로마의 사원 건축물들을 빗댄 인공적인 콘크리트 폐허가 장식으로 몇 개 설치되어 있는데, 이제까지 개관한 역사와 일치하는 것이 아니었다면 북아메리카에는 생뚱맞아 보였을 것이다. 이 역사는 근대성이 문화와 조우하는 역사이며, 여기서 문화는 지식들의 매개적 재종합으로 자리 매겨지며, 우리를 잃어버린 기원의 원초적 통일성과 직접성으로 되돌아가게 해준다. 이 기원이 햇살이 가득하고 눈부시게 하얀 인공적 고대든 셰익스피어의 글로브 극장이라는 땅 위에서 이룩되는 사회적 통일성이든 말이다.[4] 이 이야기는 적어도 르네상스 이래

로 우리와 함께했는데, 르네상스는 사실 19세기에 문화적 재통일의
기원적 순간에 대한 부르크하르트(Jacob Burckhardt), 페이터(Walter
Pater), 미슐레(Jules Michelet)의 향수로 일어났다(열거된 이름들은 르네
상스를 '발견'하고 그에 관한 저서를 낸 사람들이다—옮긴이). 그리고 그것
이 어떤 형태를 띠며 나타났는가에 대해서는 나의 다른 글에서 논
한 바 있다.[5]

뒤 벨레(Joachim Du Bellay)의 연작 소네트 〈로마의 폐허〉는 언어적
으로 통일된 국민국가로서 프랑스가 가졌던 르네상스를 처음으로
그려낸 작품이라 내세우며, 이 르네상스는 그가 《프랑스어의 옹호
와 선양 Défense et illustration de la langue française》에서 부르짖은 바
있다. 그의 논의가 대체로 이탈리아어로 된 스페로니의 대화를 표
절 번역한 것이라는 점에서 새로운 기원과 민족적 특수성을 밝혀
냈다는 그의 주장은 얼마간 빛이 바래게 된다[뒤 벨레의 책은 대부분
이탈리아 르네상스시대의 인문학자인 스페로네 스페로니(Sperone Speroni)의
《언어의 대화 Dialogo delle lingue》를 번역한 것이다—옮긴이]. 뒤 벨레는
프랑스가 민족어에 새로운 생명과 비평적 품격을 부여함으로써 근
대 국민국가로 일어설 수 있다고 말하며, 로마의 폐허에서 얻은 평
면도에 기초하여 이 과업에 착수한다. 로마 기념비의 돌을 가져와
르네상스 궁전들을 건설하는 데 사용했던 것처럼, 잃었던 광휘가
갱생된 토착어의 수립에 기여할 것이다.

뒤 벨레가 로마의 폐허에서 근대성의 토대를 보았다면, 낭만주
의자들은 폐허를 폐허로서 향유하며 위풍당당한 저택의 부지에 인
공 폐허를 조성하기까지 하였다. 메리 셸리(Mary Shelley)의 《프랑켄

슈타인*Frankenstein*》의 괴물이 부분적으로는 C. F. 볼네(Constantin François Volney: 19세기 프랑스 철학자, 역사가, 동양학자—옮긴이)의《제국의 폐허*Ruins of Empires*》를 낭독하는 소리를 엿들으면서 자신의 주체성을 구성해나간 것처럼 말이다. 이 낭만적 이야기에 따르면 파편화된 주체(유기적 생명을 잃어버린 과거의 육체들의 조각들을 기술공학으로 조립한 존재인 괴물)가 이제는 깨진, 생명 없는 전통의 흩어진 조각들을 미학적으로 전용한다. 자신이 삶으로 경험할 수 없는 것을 그는 미학적으로 포착하고, 그럼으로써 (미적 향유의 대상으로서) 전통과 (그 향유 행위의 주체로서) 자신의 주체성의 이차적 종합을 수행하는 것이다. 예술은 기술공학적인 것에 불과한 파편화된 생명을 구해낸다. 더 이상 삶으로 살아낼 수 없는 통합된 생명이 예술로 재합성되는 것이다.

폐허를 부활한 과거의 흔적으로가 아니라 **폐허로** 향유하는 낭만주의자들은 향수라는 주관적 태도를 통해 전통을 미적 감각으로 되살려낸다. 버펄로에 있는 그리스·로마 문화의 모조품은 북아메리카 주립대학교의 토대로서 두 가지 불편한 혼합을 시도하는 듯 보인다. 즉 특정 전통(분명 북아메리카 원주민 전통은 아닌) 속에 예술과 과학 모두를 정초시키는 것이다. 폐허들을 모조하는 것은 과거에 대한 낭만주의적인 미적 향유와 관계가 있고, 그것들이 신생 대학의 콘크리트 건물 옆에 위치하게 된 것은 지식이란 전통과의 대화적 만남이라는 해석학적 주장 덕분이다. 두 경우 모두, 폐허는 인식론적이든 미적이든 주관적인 전용과 장악의 대상이다.

무의식을 로마의 폐허에 비유할 때 프로이트의 요지는 단순히 현전하기라는 근대주의적 과제, 과거를 현재화(다시 태어나게)하거나 아니면 완전한 망각으로 들어가게 만드는 과제를 현재가 한 번도 달성한 적이 없었다는 것이다.6 이후《문명과 그 불만》에서 그는 이 인유(引喩)를 수정하며 그 한계에 천착한다. 즉 그의 말로는 폐허로부터 건설된 건물이라는 비유가 부적절하니, 무의식에서는 이질적인 역사 시기의 두 건물이 말도 안 되게 동시 현전한다는 느낌을 담아내지 못하기 때문이다.7 과거는 지워지는 게 아니라 현재에 출몰한다. 따라서 억압된 기억의 외상적 귀환은 항상적인 위협이다. 대학의 폐허에 거주하는 것은 이 위협을 인식하는 제도적 실용주의를 실천하는 것이어야지, 미적 감각(향수)이나 인식적 장악(진보로서의 지식)의 충일성에 의지하여 인식론적 불확실성을 보상하려고 해서는 안 된다. 문화의 기관의 폐허들은 엄연히 우리가 있는 곳에 존재하고 우리는 그 폐허들 가운데서 협상해야 한다.

이것은 독일 관념론자들이 제안한 것(여기서는 해석학적 재작업으로 전통이 새로운 통일성과 활력을 되찾게 되었으니, 곧 르네상스였다)과는 다른 방식으로 전통에 대한 우리의 관계를 생각하는 것이다.8 우리는 대학의 재탄생이나 르네상스를 만들어내려고 노력해서는 곤란하고, 대학의 폐허란 역사적 차이들의 퇴적물로서, '사유'가 자기현전이 불가능한 것임을 환기시키고 있다고 생각해야 한다. 우리는 하나의 기관 안에서 살고, 또 그 바깥에서 산다. 우리는 그곳에서 일하고 당장 주어진 것을 가지고 일한다. 대학이 세계를 더 진실되게 만들어 구원해내지도 않을 것이고, 세계가 대학을 더 현실적인 것으로 만들어 구원해내지도 않을 것이다. 대학 문제는 안과 밖 사이,

상아탑과 길거리 사이에 안정되거나 완전한 관계를 어떻게 성취하느냐가 아니다. 그러니 대학을 기관들을 취급하는 대로 취급하도록 하자. 따지고 보면, 인간(역사의 보편적 주체)이 스위치로 불을 켜기 위해 자연을 길들이고 자기 의지대로 구부림으로써 전력을 만들어 낸다는 식의 이야기를 믿을 필요가 없고, 내가 이렇게 불신한다고 해서 불이 꺼지지도 않을 것이다. 또 내가 만약 전기요금을 낼 형편이 안 된다면, 이 이야기를 계속 믿는다고 해서 불이 계속 들어오지도 않는다. 계몽(Enlightenment: '불을 밝힘'이라는 뜻도 있다―옮긴이)에는 비용이 따르는 것이다.

이렇게 말하면 기관들을 가볍게 여기는 것처럼 보일지도 모르나 사실은 기관들이 고객의 믿음을 초과하는 무게를 지닌다는 정치적 인식이 포함되어 있다. 내가 폐허에 거주한다는 말을 하는 뜻은 절망이나 냉소주의가 아니다. 그것은 그저 행동의 경건한 연기나 부정까지 포함하여 정치적 행동에 대한 종교적 태도를 버리는 것이다. 레너드 코언(Leonard Cohen)의 금언을 기억하라. "안에서 체제를 바꾸려고 했다는 이유로 그들은 나를 20년의 권태형에 처하였다."⁹ 변화는 안에서도 바깥에서도 오지 않고, 각자가 처한―안도 밖도 아닌―난감한 공간에서 나온다. 우리가 대학을 구제하거나 재건할 수 없다고 말하는 것은 무기력을 옹호하는 것이 아니다. 그것은 대학인들의 작업은 알리바이가 없이 행해져야 함을 강조하는 것이며, 이는 최상의 사람들은 진작부터 해온 것이기도 하다.

이탈리아 도시(로마)의 유비로 돌아가자면, 구도시를 깡그리 밀어버리고 모눈종이로 그린 듯한 합리적인 도시를 건설하자는 것도 아니요, 잃어버린 기원으로 돌아감으로써 구도시를 다시 살려낼 수 있다고 믿는 것도 아니다. 구조적으로 이 두 대안 모두 도시는 우리가 사는 곳이 아니고 우리는 어쨌든 교외로 나왔다는 점을 전제하며, 사람이 살지 않는 폐허를 어찌할지 생각해보는 식이다. 도시야말로 우리가 거주하는 곳이다. 폐허는 또 다른 시간에서 온 것이고 이 시간의 기능성은 이제 상실되기도 했지만, 폐허에는 계속해서 사람이 살고 있다. 우리가 대학을 읽을 수 있는 것은 오로지 교양/문화 이념의 잔해로서라 해도, 그렇다고 해서 우리가 그 관할구역에서 떠났다거나 대학을 바깥에서 바라본다는 뜻은 아니다. 이 유비가 제기하는 질문은 우리가 관광에 몸을 내놓는 것 말고 다른 무엇인기를 어떻게 해낼 수 있는가 하는 것이다. 즉 문화적 치장인 인문학, 여행기인 사회과학, 그리고 진짜 지식과 거대한 장난감의 전율인 자연과학과는 다른 것을 말이다. 소비 지향적 과정이 인문학에서 더 진전된 것처럼 보인다면, 이것은 지원 기금으로 촉발된 시각의 문제일 뿐일 수도 있다. 과학 교육이 성취한 것에 대한 우리의 이해는 얼마나 많이 디즈니랜드에 기대고 있을까? 우리의 자연과학 관념은 미국항공우주국(NASA)과 에프콧 센터(디즈니월드의 두 번째 테마파크—옮긴이) 같은 조직을 통해 대중매체에 깊이 침윤되어 있으며, 이런 방식을 통해 과학적 지식 생산이 대중문화의 재생산 체계에 깊이 파고들게 된다.[10]

초전도 초대형 입자가속기 계획의 폐기는 냉전 종식의 영향이 비단 인문학적 교양의 영역에서 벌어지는 국가 간 경쟁에 국가가 기꺼이 기금을 지원하는 데 그치는 것이 아님을 말해준다. 실제로, 자연과학 교육을 어떻게 구성할 것이며 어떤 주제에 초점을 맞추어야 하는가 하는 점을 둘러싸고 문제가 심화되고 있다. 정보기술(IT)과 기금 고갈이 결합되면서 던지는 메시지는 순수과학을 전공한 대학 졸업생을 수용할 열린 시장이 이제 사라질지도 모른다는 것인데, 반면 공학 직업 전문 학부들이 시장에 더 잘 적응하고 있는 듯하다. 이런 만큼 물리학이나 화학 교육의 주요 대상을 누구로 삼아야 하느냐 하는 문제에는 명백한 답이 없다. 특히 미국의 물리학과들은 마르지 않을 것만 같았던 국방 예산의 확보가 여의치 않아지자, 기금 전쟁에서 '한계효용'이나 '시장 세력'에 의한 재판을 두려워할 이유가 인문학 못지 않을지도 모르겠다. 어쨌거나 캐나다에서 대학 졸업자의 최고 실업률은 인문학이 아니라 물리학 전공에서 나타난다. 이 모든 현상은 20세기에 대학의 가장 두드러진 구조적 현실이었던 인문학과 자연과학 사이의 이원적 분열이 전과 달리 실질적 확실성이 아님을 말해준다. 실질적 확실성이었던 적이 있었다는 이야기는 아니다. 미국에서 영문학은 애당초 고전학을 대체할 실용적이고 사무적인 대안으로 간주되었다.[11] 물론 그라프가 지적하듯, 오래지 않아 영문학 연구는 그 교육이 '학문', 즉 지식 분야의 품격에 오를 수 있도록 독일의 정신과학(Geisteswissenschaft) 모델에 따라 자율적 연구 분야로 전문화되었다.[12]

앞서 이 책에서 나는 철학과의 운명에 대해 어두운 암시를 내비친 바 있는데, 강한 철학과가 없는 대학은 생각할 수도 없다고 본 윤리규제법이 시장의 의무에 밀려 폐기되면서 철학과는 고전학이 이미 걸었던 길을 따라 내려가고 있는 것 같다. 꼭 나쁜 일은 아닐

지도 모른다. 그렇다고 해서 사유함의 본질과 한계, 훌륭한 삶 등에 대한 일련의 질문들―한때 '철학'의 이름 아래 물어왔던―에 대한 물음이 반드시 중단되었거나 중단될 것도 아니기 때문이다. 다만 개개인이 그런 질문을 하는 훈련을 받아야 한다는 점을 분명히 해 줄 어떤 것도 오늘날의 사회에는 없어졌을 뿐이다. 그 대신 철학과 는 전문가들이 질문을 가다듬기보다는 해답을 제공하는 응용 분야 들로 파생되어 나가고 있다. 의료윤리학이 가장 두드러진 예가 되 는데, 그 적지 않은 이유는 의료윤리학의 급격한 부상이 생의학 기 술과 미국 의료보험 '제도'의 경제학이 상호작용한 결과물이라는 점 에 있다.

그 대신 질문하기의 책임은 문학과들에게 넘어간 것 같다. 그 문 학과들이 민족문학의 연구 기획을 점점 더 포기하고 있는 한 그렇 다는 말이다. '영미 비교문학(English and Compartive Literature)'은 미국 에서 일반적인 인문학 학과의 두루뭉실한 이름으로 기능하는 경향 이 있고, 그렇기 때문에 점차 덜 무거운 '문화 연구(Cultural Studies)' 라는 명칭으로 대체될 공산이다. 어째서 문화 연구가 '이념사'나 '지 성사' 같은 전통적 칭호를 누르고 승리하게 되었는지 그 이유는 한 번 생각해볼 가치가 있다. 이는 문화 연구가 역사학과의 기존 연구 프로젝트와 관계가 있다는 점, 아울러 오늘날 아카데미의 전문화가 전문 연구(research)에 의해 하나의 중심 이념으로 구축되지는 않는 다는 데 대한 인식이 '연구들(studies)'이라는 말에 어느 정도 담겨 있 다는 점과 관계가 있다. 달리 말하자면, 7장에서 논의를 통해 입증 하였듯 문화 연구에서 문화의 '개념'은 사실상 근대 대학이 내세운

강한 의미의 '이념'이 아니다. 즉 문화 연구는 문화를 연구와 교육의 규제적 이상(理想)으로 내세우기보다는 더 이상 문화가 그러한 이념으로 기능할 수 없음을 인정한다.

나는 자연과학과 사회과학에서 나타날지 모르는 유사한 과정들을 추적할 능력은 솔직히 없지만, 북아메리카 대학의 문예 관련 분야들의 가시적 지평은 대략 다음과 같이 요약될 수 있다. 일군의 전문 스쿨들 한가운데에서 갈수록 학제적 성격을 띠는 일반 인문학 학과가 발전해나가고 있으며, 이 전문 스쿨들 자체에는 미디어와 커뮤니케이션 같은, 전통적으로 인문학 중심이었다가 위탁된 전문 분야가 포함될 것이다. 이런 전문 스쿨들은 전통적인 인문학 탐구 분야에 사회과학적 요소를 증가시키는 경향을 띨 것이며, 문화 연구를 인문학(미적 대상에 대한 비판)과 사회과학(사회학, 커뮤니케이션) 양쪽에 다리를 걸치는 학제적 노력으로 지정함은 이런 과정에 틀림없이 중요한 역할을 할 것이다. 이것은 역사적 아이러니이니, 이런 전망은 많은 토지불하 대학(land-grant university: 19세기 말 미국의 토지불하법에 따라 주에서 지정한 대학들로 대개 대형 주립대학들이나 일부 사립대학도 있다—옮긴이)들의 원래 계획과 현저한 유사성이 있다. (이들 대학 대부분이 위상 승격과 이에 수반되는 재정 지원을 획득하는 방편으로 연구 중심 대학 모델을 받아들이기 전의 계획 말이다.) 이러한 기대 지평은 이미 '수월성의 대학 속의 교양 대학(Liberal Arts College)'이라는 슬로건 아래 이미 우리에게 판매되고 있다. 말할 필요도 없이 여기서 '교양 대학'을 들먹일 때는 그 교육적 전통보다는 소비자에 대한 잠재적 매력이 강조된다.

이러한 것이 인문학이 '수월성의 대학'에서 요구받는 역할로서, 고객 서비스(돈을 지불하는 학생들에 대한 개개인의 배려 의식)와 문화적 치장 사이에서 흔들리고 있다. 그리고 근대 대학의 역사 내내 인문학에 품격을 보장해주었던 인문학에서의 과학적 연구, 즉 정신과학의 주창은 이제 더 이상 대학 전체를 이끄는 문화 이념에 반영되거나 그것에 의해 보장받지 못한다. 따라서 인문학을 (혹은 사실상 자연과학을) 구원해줄 것은 연구 모델이 아닌 것 같다. 연구 프로젝트에 의해 구조화된 분야로 인문학을 조직하는 것은 (이런 조직의 기원이자 목적 구실을 한 심급인 국민국가의 쇠퇴와 더불어) 더 이상 자명해 보이지 않기 때문이다. 수월성의 일반 경제에서, 연구 활동은 시장 속의 교환가치로서만 가치를 지니며, 국민국가를 위한 내재적인 사용가치는 더 이상 갖지 않는다.

문제는 여전히 어떻게 '사유'가, 10장에서 기술한 의미에서의 사유가 대학 안에서 표현될 수 있느냐 하는 것이다. 한 가지는 분명히 알 필요가 있다. 즉 기관은 그 성격상 절대 '사유'를 소중히 가꾸거나 경제적 명령들(economic imperatives)로부터 보호하지 않을 것이다. 사실 그런 보호는 '사유'에 매우 바람직하지 않고 해가 될 것이다. 그러나 동시에 '사유'의 가능성에 열려 있고 스스로를 하나의 질문으로 삼을 수 있으려면 사고하기는 경제성을 추구해서는 안 된다. 그것은 계산의 한정된 경제(restricted economy)보다는 차라리 낭비의 경제에 속한다.[13] '사유'는 비생산적 노동이며 따라서 낭비로서가 아니면 대차대조표에 올라오지 않는다. 대학에 제기되는 질문은 따라서 어떻게 대학을 사유의 피난처로 만드느냐가 아니라, 발전될수록 '사유'는 더욱 어려워지고 덜 필수적이 되는 경향이 있는 기관에서 어떻게 사고를 하느냐다. 우리가 교수의 상황을 사제직의 쇠퇴하는 권능—한편으로는 불신에 다른 한편으로는 텔레비전 복음주의에 직면하여—의 유비로 만들지 않으려면, 우리는 기관과의 관계를 분명히 파악하고 사제이기를 완전히 포기할 필요가 있다. 바꿔 말해, 대학의 폐허는 학생이나 교수에게 그리스·로마 사원의 폐허가 되어서는 안 된다. 이 사원에서 우리는 우리의 의식이 하는 역할은 까맣게 모르는 듯 의식을 행할 텐데, 그 역할이란 곧 관광 행사에 활기를 불어넣고 그 유적지를 운영하는 파렴치한 관리자들의 주머니를 채워주는 것이다.

나는 우리가 어떻게 믿음은 없으되 사유에 대한 헌신은 간직한 채 대학의 폐허에 거주할 수 있을지 기술해보고자 하는데, 우선 평가 문제에 대해 앞서 했던 이야기로 돌아가고자 한다. 사고하기의 과제를 하나의 질문으로 지켜나가고자 하는 사람들이 부딪치는 도전은 쉬운 답변을 허용하지 않는 어려운 도전이다. 이는 시장을 인정하고, 성역을 마련해줄 만한 한계효용률을 확보하는 차원이 아니다. 이런 정책은 미국의 노생림(老生林)의 경우처럼 성역의 지속적인 위축을 초래할 뿐이다. 박물관화하기 위해서는 얼마나 많은 철학자가, 혹은 미국삼나무가 필요한가? 대형 연구 프로젝트라든가 종(種)을 보존하자는 최소한의 주장이 성공할 공산이 별로 없다면, '사유'와 교수법의 특정 실천들을 요구하는 우리들의 주장도 상황에 부응하여 인문학의 기존 학문 모델은 소멸의 길로 접어들었음을 받아들일 수밖에 없다.

이런 맥락 안에서 보면, 모종의 기회주의가 처방인 듯하다. 대학의 폐허에 거주함이란 할 수 있는 일은 하려고 노력하면서, 그 출현을 미리 그려볼 수 없는 것들을 위한 공간을 남겨두는 것이다. 예컨대 행정 관리자들에게 요구할 것은 인문학의 명패 아래에서든 문화 연구의 명패 아래에서든 분과학문 공간을 개방함으로써 해방된 자원들을 교육과 연구 양자(친숙한 용어로 말하자면)의 단기 협동 프로젝트를 지원하는 쪽으로 돌리는 일이다. 이 프로젝트들은 그 성공의 정도와 관계없이 일정 기간 이후에는 해체되어야 한다. 여기서 '그 성공의 정도와 관계없이'라고 말한 것은, 이런 협동에는 반감기가 있고 그 이후에는 예산을 고수하고 작은 제국을 건설해야 하는 의사학과로 다시 돌아간다는 나의 믿음 때문이다. 달리 말해, 제도적·관료적 삶에 아무 생각 없이 참여하는 방식이 되는 것이다.

내가 지금 주창하는 것은 따라서 일반화된 학제적 공간이 아니라 분과학문들이 이합집산하는 일정한 리듬으로, 이는 분과학문의 정체성 문제가 사라지고 일상적 관행으로 되돌아가지 않도록 고안된 것이다. 오히려 분과학문 구조들은 '사유'의 이름에 응답하고, 자신들이 어떤 종류의 사고하기를 가능하게 하고 또 어떤 종류의 사고하기를 배제하는지 상상하도록 압박을 받을 것이다. 아마 구조주의의 교훈일 텐데, 분과학문 프로젝트에 대면할 때 그 프로젝트의 위치를 잡는 한 핵심적인 방법은 그것이 아닌 것, 그것이 배제하는 것을 고려하는 것이다. 따라서 예컨대 유럽 철학 전공은—내가 제안하는 돌출적인 변화 양상의 성격상—비(非)유럽 철학과 유럽의 비(非)철학 모두를 고심해야 하게 될 것이다.

이런 조직 구조의 지적인 이점은 그것이 '자유 선택 과목'을 지향하는 북아메리카 경향의 에너지를 끌어다 쓸 수 있다는 사실이다. 그런 선택의 틀을 소비자주의에서 떼어놓는 작업도 함께 병행하면서 말이다. 찰스 엘리엇 총장이 하버드 대학교에 도입한 과목 선택 제도에는 두 가지 문제가 있었는데, 모두 학생을 선별적 선택의 유일한 거점으로 만든 데서 비롯된 것이었다. 이 제도는 학생이 어떻게 소양을 갖출지에 대해 소양 있는 선택을 할 수 있다고 상정했으며, 지식이 유기적 구조를 가지고 있어 학생이 길을 찾아나갈 수 있다고 상정했다. 사실상 엘리엇에 반대한 사람들은 학생 선택권을 제한하고 단순한 시장 상황으로부터 지식 구조를 보존하기 위해서 핵심 과정이나 배분이수제(각 영역별 필수 학점 지정 제도―옮긴이)가 필요하다고 즉각 지적했다.[14] 그 결과는 타협이었고, 그래서 선택과 배분이수 사이의 긴장은 미국 대학들에서 교과과정 논란에 불씨를 지펴왔던 것이다.

내 주장은 탈역사적 대학의 시장구조로 인해 소비자로서의 학생상이 점점 더 현실이 되어가고, 시장 명령들의 압력 아래 분과학문 구조에 금이 가고 있다는 것이다. 지식 구조 문제를 이런 상황에서 하나의 **질문으로** 유지할 수 있는 방편, 지식을 시장화된 정보와 다른 것으로 만들 수 있는 방편은 독재적 칙령으로 분과학문 구조를 재천명하는 것이 아니다. 이 세상의 윌리엄 베넷들을 그토록 화나게 만드는 것은 그런 해법이 경쟁력이 없다는 것이다. 따라서 나는 과목 시장을 '사유'와 토론의 문제로 만들기를 주장한다. 그러기 위해서는 그것을 오로지 학생의 욕망의 문제로 남겨둔 채 이 욕망을 교수진은 충족시키려 하고 관료 체제는 관리하려 하는 대신, 아예 교수진과 경영진 쪽에 맡기자는 것이다.

그래서 나는 분과학문별 기초 교육의 포기를 제안하는데, 그렇더라도 지식들에 부여될 분과학문적 형식의 문제는 구조적으로 필수적인 것으로 유지되어야 한다. 바로 그렇기 때문에, 대학은 시대에 뒤떨어진 경직된 분과학문들을 단순히 무정형한 인문학의 학제적 공간으로 (마치 우리가 여전히 '인간'의 형상을 중심으로 지식을 조직할 수 있기나 한 것처럼) 바꿔쳐서는 안 된다. 오히려 분과학문 구조의 완화가 분과학문 정체성을 영속적인 질문으로 삼는 것이 되도록 해야 한다. 내가 제안하는 단기 프로젝트들은 지식들을 일정한 방식으로 묶는 것이 무엇을 의미하고 또 과거에 그렇게 묶였던 것이 무엇을 의미하고 있는지 하는 질문을 열어놓도록 고안된 것이다. 이것은 '근대 미술사'나 '미국 흑인문학' 같은 성좌로 지식들을 묶는 모든 제안의 핵심에 분과학문성의 문제를 열어놓는다. 주기적으로 스스로를 다시 만들어내게끔 강제될 때에만 이런 묶임들이 그 생산과 재생산의 틀에 계속 유의할 수 있다. 그렇지만 우리가 대학의 분과학문 구조의 완화에 몰두하기에 앞서, 우선 지금처럼 '학문의 범위'라는 허울뿐인 토대보다는 학생 대 영년직 교수의 전체 비율이라는 토대에 근거하여 채용 계획에 대해 매우 확고한 합의를 만들어낼 필요가 있다. 예컨대 영문학과 가운데 실제로 중세 연구자를 '필요'로 하는 곳이 별로 없었다는 사실은 주목할 만하다.[15]

그렇지만 나는 이런 계획들에 조심스러운데, 이것들에서는 항상 나쁜 유토피아주의의 냄새가 난다. 실은 일반 모델이나 확고부동한 미래의 대학(the University of the Future)이란 없으며, 그저 일련의 특정한 국지적 상황이 있을 뿐이기 때문이다. 내가 이런 제안들을 하는 것은, 다만 대학에서 현재 일어나고 있는 (그리고 내 생각으로는 돌이킬 수 없는) 부르주아 경제 혁명 속에서 '사유'에 기여할 수 있는 가능성들을 찾기 위해서다. 이것이 '큰 정치'의 움직임, 현 과정을 다른 결과나 다른 목표 쪽으로 돌려놓으려는 시도는 아니라는 점을 이해할 필요가 있다. 오히려 내가 보기에 대학이 폐허가 되었음을 인식함이란 이런 목적론을 버리고 제도 안에서 뭔가 일어나게 만들려고 시도하는 것, 그러면서도 이런 사건들이 그 제도의 참된 진짜 의미라고 주장하지 않는 것을 의미한다. 제도 전체는 아마도 여전히 '사유'에 적대적으로 남아 있겠지만, 다른 한편 탈지시화의 과정은 새로운 공간들을 열고 '사유'에 대한 기존의 방어 구조를 무너뜨리는 과정이다. (모든 부르주아 혁명처럼) '사유'를 오로지 교환가치의 규칙에 복속케 하려 들면서도 말이다. 이런 가능성들을 활용하는 것은 메시아적인 과업이 아니며, 그런 노력들은 구원의 메타서사에 의해 구축되지 않는 만큼, 우리한테 최대한의 경계와 유연성과 기지를 요구한다.

이러한 분과학문이 일반적으로 재편성될 전망을 감안할 때, 우리는 어떻게 대학이 사유인의 공동체가 거하는 장소로 기능할 수 있는지 생각해볼 필요가 있는 것 같다. 단, 공동체 개념을 비판적으로 다시 생각하여 유기체론의 전통과 봉건적 기업 모두로부터 분리해내야 한다는 단서는 덧붙여둔다. 이를 기반으로 할 때, 탈지시화 과정을 재평가하고 개방 시장의 침투로 말미암은 기존 문화 형식들의 파괴를 성토나 애도의 계기가 아니라 '사유'의 기회로 만들기 위해서 어떤 종류의 제도적 정치를 추구할 수 있을지 몇 가지 작은 조언도 가능해지지 않나 한다.

12장
불일치의 공동체

대학의 학자 공동체가 독일 관념론자들이나 그 이후의 사상가들에게 합리적인 정치 공동체의 모델 역할을 하는 것으로 상정되어 온 방식에 대해서는 이미 앞에서 다룬 바 있다. 이 모델에도 다양한 변형들이 없지 않다. 예컨대 피히테의 학생과 교수 집단은 롤스(John Rawls)의 베일로 가린 판정단이 아니다(구성원들이 현재의 정체성을 '무지의 베일'로 가린 채 판정할 때 객관적으로 사회의 정의 여부를 가릴 수 있다는 존 롤스의 관점에 대한 언급이다—옮긴이). 그러나 근대성 속에는 대학을 합리적이거나 정당하거나 민족적인 공동체의 모델로 상상하는 경향이 강고하고도 끈질기게 존재한다. 이 공동체는 이념의 사심 없는 추구를 중심으로 사회성의 순수한 연대를 육화하는 것이다. 이를테면 알폰소 보레로 카발이 유네스코 보고서에서 대학이라는 현대적 기관이 시장의 명령들을 넘어서 존속할 희망으로 내놓을 수 있는 것은 오로지 하나다. 즉 대학이 그것을 둘러싼 사회에 대해 "귀감이 되는" 데 "일차적으로 헌신함"으로써 "문화에 기여"할 수 있다는 모호한 주장으로, 여기에는 독일 관념론자들의 반향이 그대로 울려 나온다.[1] 이런 주장은 대학이 지구적 기관으로서 "국제화"되어야 한다는 자신의 요청에 의해 이미 무너졌으니, 이런 대학이란 한 대학과 그것을 둘러싼 사회 사이의 그 같은 연계가 모두 끊어졌음을 의미하지만, 이 점은 그냥 넘어가도록 하자.

대학에 얼마간이든 머물러본 사람이라면 그것이 모범적인 공동체가 아니며, 대학 교수진보다 더 쩨쩨하고 악의에 찬 공동체도 별로 없다는 것(교외의 '모범적 공동체'들은 예외일지도 모르나)을 안다. 그럼에도 위와 같은 이야기는 사라지지 않는다. 대학은 자유롭고 합리적인 토론의 잠재적 모델이자, 하나의 추상—그 추상이 전통의 대상이건 합리적 계약의 대상이건—에 대한 공통된 헌신에 기초하여 공동체가 건설되는 터전으로 상정된다. 중세 길드는 실천적 공동체의 하나였다(유리 부는 직공들, 화가들, 주류 판매인들). 지식 탐구 모임으로서 중세 대학은 중세적 의미에서 길드와 같은 조합 공동체였다. 근대에 들어와서 대학은 개인들을 국민국가의 이념과의 공통적인 관계로 묶어주는 사회적 유대의 모델이 된다. 물론 이 변화는 불균등하고 가변적인 과정이고 어떤 대학은 다른 대학에 비해 더 근대적이다. 이사회의 역할과 마찬가지로 종교가 대학 재단에서 어느 정도 계속 기능을 하는가가 여기서 한 중요한 변수이며 뉴먼이 특히 씨름한 문제다.

그렇지만 근대 모델의 대학에서 공동체의 사유에 중심적인 것은 **소통**의 개념, 피히테가 말하는 교수와 학생의 결합체를 허용할 뿐 아니라 칸트가 말하는 판관의 행정적 조치를 허용하는 상호 투명성의 개념이다. 공동체를 이처럼 소통의 틀로 이해하는 것은 대학에 국한한 일이 아니다. 근대 대학이 어떻게 사회의 모델이 될 수 있는지 이해하기 위해서는 공동체에 대한 근대성의 접근 방식, 즉 국가의 틀로 접근하는 방식을 들여다보아야 한다. 국가라는 관념은 공동체란 사심 없고 자율적이라고 상정하는 추상적 근거다. 근대 공동체는 한 국가의 주체로서 서로 소통하려는 개인들의 자율적 결정에 토대를 두고 있다. 군주나 종족이나 땅에 대한 주체들의 타율적 의무 때문에 공동체가 생겨나지는 않는다. 가령 미국인이란 무엇이냐 하는 문제에서 근대적 가정은, 인종이나 기후에 각인된 본질이라든가 혹은 원초적 충성의 대상인 군주의 결정이 아니라, 미국인들의 자유로운 동의에 따른 결정의 대상이라는 것이다. 그리하여 근대국가의 주체로 태어난 사람들은 투표와 같은 과정을 통해 그 사회계약을 변경할 힘을 갖는다고 상정된다.

국가에 대한 이런 허구에 내재하는 지배의 효과는, 주체의 이른바 자율성이나 이와 같은 소통적 거래에 참여할 자유란 국가 이념에 대한 복종을 조건으로 한다는 점을 생각해보면 분명해진다. 주체는 스스로 일차적으로 국가에 대해 종속되는 한에서만 '자유'롭다. 국가는 개개인을 공동체의 한 사례로서의 국가의 이념에 종속되는 주체(subject: '주체'라는 의미 외에 '신민'이라는 의미도 있다—옮긴이)로 자리 매긴다. 즉 주체는 우선 국가의 이념에 충성해야 한다. 따라서, 개인이 국가에 종속되는 만큼 그가 다른 사람들과 맺는 관계도 똑같이 국가의 주체/신민인 사람들과의 관계다. 한마디로, 모든 상호작용은 국가라는 추상적 이념을 통해 매개된다. 타자들의 특이성이나 차이는 축소되니, 타자들과의 공동체는 그 타자들이 자신과 동일하게 시민 주체인 한에서만 가능하기 때문이다. 근대에는 국가라는 추상 이념이 이처럼 소통과 시민사회의 가능성 자체를 뒷받침한다.

이런 의미에서 근대적 공동체는 모두가 소통의 **인간적 능력**을 갖고 있다는 가정에 기반하는 만큼 근본적으로 보편을 지향한다. 각 국가들이 자신의 본질적 인간성을 가장 잘 구현하려고 경쟁할 뿐이다. 국제연합(UN)은 각 민족을 국민국가의 주체와 유사하게 (국가들의) 공동체의 주체로 자리매김함으로써 민족주의와 인간 공동체의 이상 사이의 모순을 해소하려고 한다는 점에서 근대적 기관이다. 합의의 지평이 공동체에 대한 근대적 사고를 이끄는바, 그 지평을 보장해주는 것은 사회적 결속의 성격도 주체들 사이의 자유롭고 합리적인 토론과 동의의 대상이 될 수 있으며 따라서 주체들이 사회 성격에 각기 자유롭게 수긍할 수 있게 된다는 가정이다. 역설적이지만 자유롭고 공정한 소통 가능성의 근거가 되는 동의가 실제로는 부재함에도 불구하고, 이미 자유롭고 공정하게 이루어진 것으로 상정된다.

이런 대체용법적 발상은 차이들을 가려내는 언어 자체가 그런 차이들이 작용한 결과로 발생한 희생물이 아니라는 전제에서만 허용될 수 있다. 우리가 동의하지 않음에 동의할 수 있으려면 동의하지 않는 대상이 무엇인지에 대해 동의를 이끌어낼 수 있어야 하며, 또한 우리가 소통을 확립할 수 있으려면 소통한다는 사실을 먼저 소통하지 않고서도 소통 중임을 확신할 수 있어야 한다. 따라서 소통의 모든 문제, 어법의 어떠한 차이도 소통의 근본적 명료성—이상적인 발화 상황—에 단지 부차적이거나 기생적인 것으로 상정되어야 한다.

앞에서 설명했다시피 문화는, 야생의 자연과 분절화된 이성을 매개하는 합리적 소통의 자연스러운 탄생임을 자임한다. 독일 관념론자들에 따르면, 다른 경우라면 추상적 논증의 대상이 되었을 공동체적 소속감이 자발적으로 생겨난다. 문화는 야생의 자연에게 어떻게 합리적이 될 수 있는가를 가르치는 동시에 이성이 자연에 접근할 수 있게 만든다. 예를 들면, 주체는 스스로에게 이렇게 말한다. "나는 애착감도 느끼고, 합리적 상태도 알고 있다. 스스로를 문화적으로 독일인으로 이해함으로써 나는 이 둘을 화해시킬 수 있다." 여기서 문화는 말하려는 욕망과 의미할 수 있는 힘을 결합하는 구실을 한다. 혹은 다른 식으로 말하면, 문화는 정서와 논리를 결합한다. 그렇지만 정서의 힘과 논리의 명쾌함을 묶어낼 수 있다거나 소통의 투명성이 가능하다는 가정을 보장해주는 것은 세상에 하나도 없다. 문화는 자신이 소통의 대상(소통되는 것)이자 소통의 과정(소통적 상호작용 속에 산출되는 무엇)이라는 점에서 그런 보장을 제공할 수 있다고 주장한다. 한마디로 문화는 학문(Wissenschaft. 우리가 이야기하는 주제)이자 교양(Bildung. 우리가 함께 이야기하는 행위)이다.

따라서 근대에 '문화의 대학'이 갖는 이데올로기적 기능은 기관이 아닌 기관, 그저 투명한 소통이 가능할 때 얻어지는 구조인 양 자임하는 것이다. 즉 대학은 기관들이 사회적 결속의 담지자로서 기능하게 해주는 바로 그 원리를 제도화한 것으로 상정된다. 이로써 대학들은 노골적인 지배의 예라기보다 주체들 사이의 소통의 순수한 심급이 된다.

대다수 좌파 비평가도 이 논리를 공유해왔는데, 다만 소통의 투명성의 핵심에 자리한 평등주의적 가정이 온전히 실현되어야 하며 지배는 실패한 소통의 결과라고 주장할 뿐이다. 좌파들이 보수적 체제에서조차 대학의 아주 훌륭한 일꾼이 될 수 있었던 한 이유가 여기에 있다. 그들은 자신들이야말로 진정한 문화의 수호자이며 현행 제체는 문화의 거짓된, 혹은 이데올로기적인 판본이라고 믿는다. 그들이 보기에 사태를 바로잡는 데 필요한 것은 더 명료한 (진실한) 소통인데, 진리가 우리를 자유롭게 하리라는 것이다. 나는 이런 믿음의 방향이 잘못되었다는 생각을 이미 충분히 설명한 바 있다. 그렇지만 이렇게 말한다고 해서 상호작용 따위란 없다는 말은 아니다. 매슈 아널드의 렌즈를 통해 해체론이나 탈근대성을 후기 빅토리아시대의 신념의 위기를 재천명한 것으로 읽는 사람들이 흔히 그런 주장을 펴지만 말이다.

자크 데리다와 장프랑수아 리오타르의 작업은 소통이 원칙적으로 투명하다는 가정에 근본적인 의문을 제기한다는 바로 그 이유로 상당한 적대감에 마주하게 되었다. 서양 철학 전통에 대한 데리다의 강력한 읽기에는 모든 소통의 시도는 근원적 폭력(대타자를 수신자의 지위로 환원하기)과 구조적으로 내재된 재현의 실패를 수반한다는 주장이 깔려 있다.[2] 그런가 하면 리오타르는 어법들의 근본적 이질성을 주장했으니, 진실의 공통된 지평 아래 구문들을 조직하는 것은 불가능하다는 것이다. 그의 생각은 발화(speech)를 진실을 말하는 진술적 시도가 아니라 "정당하게 대접하기"라는 수행적 개념의 틀로 보는 실용주의적 발상으로, 이미 10장에서 가르침의 현장을 다룰 때 활용한 바 있는 발상이다.

그렇다면 데리다와 리오타르처럼 소통의 투명성에 의문을 제기한다고 해서, 일부에서 결론짓듯 "우리는 서로에게 말할 수 없다"는 식의 단순 소박한 주장으로 이어지는 것은 아니다. 오히려, 우리는 끊임없이 서로에게 말하고 있는 한편(리오타르는 침묵도 무언가를 말하는 방식이므로 빌라도 총독은 결백하지 않았다고 주장한다), 이때 일어나는 일을 '소통'이라는 이상적 개념의 틀로 (성공적 소통의 다양한 정도라는 틀이라 하더라도) 기술하는 것은 초점을 놓치는 격이다. 소통의 효과가 발생할 수도 있고 대화자 사이의 외면적 합의로 발화의 맥락들이 일시적으로 안정될 수는 있다. 그러나 이런 일들은 안정화 행위 이상이 결코 아니며, 소통에 대해 근본적인 안정성이나 투명성이 계시되는 것은 아니다. 더욱이 이런 안정화는 결코 전면적이지 못한데, 소통의 근본 규칙들에 대한 합의를 수립하고자 하는 어구들 자체는 그것들이 수립하는 규칙들에 종속될 수 없기 때문이다. 사실상 경기병 부대의 돌격이 증언하다시피, 소통이 되고 있다는 추정은 오해로 인한 가장 끔찍한 결과를 빚어내는 것이다(크림전쟁 당시 잘못된 소통으로 적의 주력 포대 앞으로 돌진한 영국 경비대를 빗댄 말로 〈경비병 부대의 돌격〉이라는 앨프리드 테니슨의 시가 있고 영화로도 만들어졌다—옮긴이).

우리가 공동의 언어를 말한다는 가정이 테러로 향한 길을 밝혀준다면,[3] 도대체 어떤 틀로 공동체를 말할 수 있을까? 소통을 통한 합리적 동의와 자유로운 선택의 대상이 아니라면 도대체 사회적 결속의 성격은 무엇일까? 그리고 이런 소통적 공동체의 모델을 구현한다고 상정되는 기관인 대학에 대해 갖는 함의들은 무엇일까? 소통적 투명성 속에 구축되는 공동체에 대한 유일한 대안은 서로 생판 모른 채 밤마다 충돌하는 원자화된 주체들의 세계일까? 공동체의 토대가 어떤 근본적으로 공유되는 종족적 결합(피와 땅의 전근대적 공동체)도, 소통 가능성의 공유라는 근대성의 가정도 아니라면 애당초 공동체는 어떻게 형성될 수 있을까? 내 제안은 대학에 대해 생각할 때 근대성의 소통적 투명성 주장에 대한 비판을 진지하게 받아들여야 한다는 것이다. 우리는 마이애미 이론 집단(Miami Theory Collective)이 적절히 명명한바 '정처 없는 공동체(community at loose ends)'가 된다는 것이 무엇을 의미하는지 찾아내야 한다.4 바로 그런 것으로서 대학이 안고 있는 공동체의 문제는 근대주의적 모델에서와는 다른 표현으로 담아낼 필요가 있다. 우리는 소통이 투명하지 않은 공동체, 즉 소통 가능성이 공동의 문화적 정체성에 기반하지도, 그에 의해 보강되지도 않는 공동체에 대해 생각해봐야 한다.

정체성 없는 공동체라는 생각은 누구보다도 장뤽 낭시와 모리스 블랑쇼가 각기 《작동하지 않는 공동체》와 《밝힐 수 없는 공동체》에서 전개한 바 있다.5 구성적 불완전성(블랑쇼)이나 부재의 공유(낭시)에 의해 구조화된 이런 공동체는 주체들이 아니라 **특이성들**(singularities)로 구성된다. 이 공동체는 구성원들이 드러내야 할 내재적 정체성을 공유하지 않는다는 점에서 유기적이지 않다. 이 공동체는 보편적 역사 주체의 생산을, 본질적인 인간성의 문화적 실현을 지향하지 않는다. 오히려 특이성들(낭시의 표현으로는 **자아들**이 아니라 '나'들)이 화자와 청자의 위치를 다양하게 점한다.

대학에 대해 생각할 때 이는 특히 중요하다고 생각되는데, 10장에서 한 지적들을 다시 상기하자면, 지식인들이 청자의 위치에 대해서는 잊어버리고 발화 위치나 언술의 위치에 대해서만 걱정하는 경향이 농후하다는 것은 주목할 만하기 때문이다. 이와 대조적으로 '정처 없는 공동체'가 기억하는 것은 '나'나 '너'의 특이성은 개인이 지배할 수 없는 그물 같은 의무의 망에 붙잡혀 있다는 점이다. 즉, 개인이 붙잡혀 있는 의무의 망은 그 개인의 주관적 의식에 완전히 포착되지 않으며, 따라서 우리는 절대 우리가 진 빚을 다 갚을 수는 없다. 사실 우리가 빚을 다 갚을 수 있다는 가정은 근본적으로 비윤리적인데, 모든 책임과 의무를 극복하고 그것들로부터 '자유'를 획득할 가능성을 상정하기 때문이다. 자율성은, 타자들에 대한 의무로부터의 자유처럼, 주관적 자기동일성이라는 불가능한 상상을 제시한다. 즉 나는 더 이상 분열되지 않게 되리니, 타자에 대한 책임으로 말미암아 나 자신으로부터 분리되지 않으리라는 것이다.

바로 이 주관적 자율성의 욕망이야말로, 이를테면 북아메리카인들로 하여금 그들의 사회의 토대가 된 집단 학살 행위들에 대한 책무를 잊어버리고, 미국 토착민과 여타 종족들에 진 빚을 무시하고 싶어 하게 만든 것이다. 현대의 개인들이 사적으로 진 빚은 아니지만 나는 그럼에도 불구하고 그들에게 **책임이 있다**(또한 단순히 그런 행위들의 역사적 유산에서 간접적으로 이득을 취하기 때문만도 아닌데)고 주장하고 싶다. 한마디로 사회적 결속은 자율적 주체의 소유가 아닌데, 이는 주관적 의식과 심지어 개인적인 행동의 역사마저 넘어서

는 것이기 때문이다. 내가 살고 있는 곳의 역사에 대한 나의 책무의
성격이나 그 역사에 관한 나의 정확한 위상은 내가 결정할 수 있는
것들, 혹은 완전히 계산해낼 수 있는 것들이 아니다. 이를테면 미국
백인들의 수입에 'x 퍼센트'의 세금을 매긴다 한들 미국의 인종차별
주의 역사에 완전한 보상은 되지 못할 것이다. (대체 린치 행위는 얼
마'짜리'인가?) 또한 그렇게 시인한다고 해서 인종차별주의의 범죄를
종식시키지도 못할 것이고 심지어 '백인성'을 구성하는 것이 정확히
무엇이냐 하는 문제를 해결하지도 못할 것이다.

이 문제들에 대해 제대로 논의하자면 또 한 권의 책이 필요할 것
이다. 그렇지만 내가 이런 쟁점들을 제기하는 취지는 사회적 결속
을 다시 사유하는 방식을 제기하려는 데 있다. 이는 곧 사회적 결속
의 '농밀화'라고, 혹은 사회적 결속이 근대적인 이성적 주체의 의식
에 대해 불투명해지고 있다고 말할 수도 있겠다. 타자들에 책무를
진다는 이 엄연한 사실은 주관적 의식을 넘어서는 것이며, 우리가
결코 타자들에 대한 책무에서 자유롭게 벗어날 수 없는 이유, 어느
누구도 **모범** 시민(공동체 전체를 대표하는 만큼 공동체의 다른 누구와도 아
무런 결속을 갖지 않을 그런 시민)이 될 수 없는 이유이기도 하다.

이때 특이성들의 공동체를 '여여(如如)한(whatever)' 공동체로 그려
내는 아감벤에게서 유용한 유추를 이끌어낼 수 있는데, 그는 이 공
동체의 사회적 결속을 내가 지금까지 사용해온 것보다 더 가벼운
표현들로 규정한다. 즉 책무가 아니라 **무상성**(transience), 공통점이
전혀 없지만 사태에 따라 집결하게 된 사람들의 연대로 그려낸다.[6]
이런 묘사의 이점은 책무를 말한다는 것이 인간 주체가 더 이상 유

일무이한 참조점이 아닌 윤리에 가담하는 일임을 보게 해준다는 데 있다. 책무는 다른 인간들에 대한 것이 아니라 상황(condition of things), 즉 실천 대상(ta pragmata)에 대한 것이다. 아리스토텔레스가 지적하듯 한 인간이 사후에 자식들의 사회적 불명예로 인해 불행 해질 수 있는 것도 이 때문이다. 사회적 결속은 주관적 의식을 넘어 선다.7 이른바 언어는 소통이나 재현의 도구에 그치지 않는다. 자 기봉쇄가 불가능한 하나의 구조로서 언어는 도구성을 벗어나 사태 (state of things)가 주체에 무관심함을 드러내준다.

자기정당화가 가능한 자율적 사회를 목표로 하는 합의의 정치적 지평과 불일치의 타율적인 지평은 구별해야 한다. 불일치의 지평에 서는 어떤 합의적 답변도 사회적 결속(다른 사람들이라는, 언어라는 사 실)이 제기하는 의문부호를 없애버릴 수 없다. 어떤 보편적 공동체 도 그 답변을 육화해낼 수 없으며, 어떤 합리적인 합의도 그저 하나 의 답변에 동의하기로 결정할 수 없다. 사회적 결속의 질문으로서 의 위상을 유지한다 함은, 종족적인 것이든("우리는 모두 백인이고, 우 리는 모두 프랑스인이다") 심지어는 합리적인 것이든("우리는 모두 인간 이다") 정체성 개념에 의존하지 않으면서 차이를 용인함이다. 그것 은 공동체에 대한 책무를 우리가 그에 책임을 지기는 하지만 어떤 하나의 답변을 제시할 수는 없는 것으로 이해함이다. 이런 공동체 는 자율적이 아니라 타율적이다. 그것은 스스로를 명명하고 규정할 힘을 가진 척 가장하지 않으며, 권위의 자리는 권위적으로 점할 수 없다고 주장한다. 어떤 합의도 대학이나 국가를 그것이 대표하는 합의의 권위적 반영으로 정당화할 수 없다. 사유는 합의를 목표로 하지 않는 경우에만 타율성을 제대로 대접할 수 있다. 합의를 포기함은 동의와 행동의 제한된 혹은 임시적인 형식들에 관한 이야기가 아니라, 포함과 배제의 대립(외계인에 반해 인류 모두를 한데 묶는 총체적 포함이라 하더라도)이 우리의 공동체 개념, 공유의 개념을 구성해서는 안 된다고 말하는 것이다.

정치적인 것을 사회의 심급이 아니라 **공동체**의 심급으로 주장하는 것은 당 노선에 따른 정치적 봉쇄(사회)와 어떤 권위적 심급도 결정할 수 없는 '함께 있음'의 불확실한 경험(공동체) 을 구분짓는 것이다.[8] 여기서 더 정확히 말하자면, 공동체의 심급인바 정치적인 것은 '우리'라고 말할 자격을 부여받고 그 '우리' 속에서 말하지 않거나 말할 수 없는 사람들을 겁박하는 자율적인 집단적 주체를 수립하지 않는 그런 공유다.[9] 따라서 불일치의 공동체는 공유의, 공동체의 필요성으로서 사회적 결속의 발전태가 될 것이다. 그렇지만— 그리고 이것이 핵심적인 한정인데—필요성과 공동체 자체는 합의의 대상이 될 수가 없다. 사회적 결속은 우리가 결국 이해하지 못하는 타인들에 대한 책무라는 사실이다. 우리는 정확히 이유는 말하지 못한 채 타인들에게 책무를 진다. 우리가 그 이유를 말할 수 있다면, 사회적 결속이 인식의 대상이 될 수가 있다면 그런 경우 우리가 사실상 다루는 것은 하나의 책무가 전혀 아니라 교환의 비율인 셈이기 때문이다. 만약 우리가 우리의 책무들이 무엇인지 안다면, 그러면 우리는 그 책무들을 청산하고 배상하여 지불의 대가로 거기서 벗어날 수 있을 것이다.

미국에서는 바로 이 지점까지 교환의 논리가 이런 문제들에 침투해 들어왔으니, 자식들이 부모에게 부모의 책무를 다하지 못한 데 대해 금전적 보상을 요구하는 소송을 벌인다. 이런 행동은 자본주의의 틀에서는 완벽하게 논리적이다. 부모와 자식 사이에 책무가 존재한다면, 그것은 금전적 가치를 가질 수밖에 없으며(그렇지 않다면 진짜 책무가 아닐 것이다) 얼마든지 합의 결정의 대상이 될 수 있다. 다시 말해 일반적 대체가능성(현금 관계)이라는 자본주의 논리란 모든 의무는 유한하며 재정적으로 표현될 수 있고, 금전적 가치로 전환할 수 있다는 것이다. 이것이 제한된 혹은 폐쇄된 경제의 논리다.

물론 내가 해온 것처럼 유한하지 않은 책무 이야기를 꺼내면, 사람들은 금방 종교를 떠올리는데, 종교야말로 계산할 수 없는 (그리고 그래서 갚을 수 없는) 빚이 있을 수 있다는 인식이 근대에 하나의 시대착오적 유물로 보존되어온 바로 그 담론 영역이기 때문이다. 이런 까닭에 계산할 수 없는 책무라든가 알 수 없는 (그리고 그래서 갚을 수 없는) 빚을, 대타자에 대한 유한하지 않은 책임을 거론하면 신비주의처럼 들리기 쉽다. 그러나 나는 신비주의로 들리는 이야기를 하려는 것이 아니다. 내가 하고 있는 것은 비교적 단순한 이야기로, 우리는 타인들에 대한 우리 책무들의 성격을 미리 알지 못한다는 것이다. 계산할 수 없는 책무를 수반하는 타자성—우리 자신이 아닌 사람들, 동물들, 사물들—의 존재라는 엄연한 사실을 제하고는 어떤 기원도 없는 책무들 말이다.

이를 다시 한 번 10장에서 교수법에 관한 나의 논의로 되돌리자면, 학생의 계산할 수 없는 타자성에 대한 인식은 교육 현장에 영향을 미친다. 어느 정도까지는, 학생들이 늘 선생의 타자성을 더 많이 의식하며, 학생들이 하는 말이나 대답이 선생으로 하여금 자신의 생각을 재고하게—학생들이 제시한 방식과 똑같기는 거의 절대 아니겠지만—될 때 이 점이 분명해진다. 마찬가지로, 선생들이 학생들로 하여금 자신의 생각을 재고하게 만들 수도 있겠지만(실제로 그러기를 나는 희망하는데), 그 최종 결과는 궁극적으로는 계산할 수 없는 것으로 남는다. 즉 배우고 가르치는 관계는 타자성의 존재에 대한 책무를 강제한다.

약간 다른 예를 들자면, 프로이트가 지적했듯 가족 관계가 그토록 어려운 한 가지 이유는 자식들도 부모들도 지침서가 없다는 점이다. 여기서도 다시 우리는 우리 책무의 성격을 미리 알지 못하며, 상호 책무의 성격을 엄밀히 규정하려는, 서로의 빚을 조절하려는 어떤 시도도 신경증 대신에 정신병을 초래할 뿐이다. 내가 가족 문제를 비규범적인 방식으로 인용하는 것은 우리가 절대 진정으로 '성장'하지는 않는다는, 절대 온전히 자율적이 되고 인지적 규정 능력을 갖게 되지는 않는다는 점을 지적하기 위해서다. 그 결과 우리는 결코 다른 사람들에 대한 우리의 책무를 청산할 수 없다. 우리는 다른 사람들과의 결속에서 해방될 수가 없는데, 그런 결속의 성격에 대한 철저한 앎이 우리에게 그야말로 주어지지 않기 때문이다. 이런 앎이 주어지지 않는 이유는 우리가 대타자에 대한 우리의 책무를 온전히 알 수 있고 따라서 원칙적으로 그 의무에서 놓여날 수 있으리라는 믿음 자체가 우리의 책임에 대한 부당하고도 비윤리적인 거부가 되기 때문이다.

타인들에 대한 우리의 책임을 온전히 알고자 하는 욕망은 알리바이에 대한 욕망, 무책임해지고 책임에서 자유롭고자 하는 욕망이기도 하다. 타인들에 대한 우리의 책임은 따라서 비인간적인데, 공유된 혹은 공통의 인간성의 추정이란 우리가 타인 속에서 마주하는 것이 무엇인지, 우리를 묶는 것이 무엇인지 알고자 하는 무책임한 욕망이라는 의미에서 그렇다. 인간이 무엇을 의미하는지 우리가 미리 안다고, 인간성이 인지의 대상이 될 수 있다고 믿는 것은 테러로 가는 첫 걸음이다. 이런 믿음이 무엇이 비인간인지 알고, 우리가 책임이 없고 자유롭게 착취해도 되는 것이 무엇인지 알 수 있게 해주기 때문이다. 간단히 말해, 타인들에 대한 책무는 공통의 인간성이라는 이름 아래 지식의 대상이 될 수는 없는 것이다.

그렇다면 우리에게 남은 것은 우리의 책무들을 탐색하되 그 끝에 도달하리라고 믿지 않는 책무다. 이런 공동체, 즉 어떤 공통점도 상정하지 않는 불일치의 공동체는 완전한 자기이해(자율성)라는 기획이나 그 통일성의 성격에 대한 소통적 합의에 전념하지 않을 것이다. 오히려 그것은 그 타율성, 그 차이들을 더 복잡하게 만들고자 할 것이다. 달리 말하자면, 이런 공동체는 해방보다는 차라리 의존의 모델에 따라 이해되어야 할 것이다. 우리는 단도직입적으로 말해 타자에게 중독되어 있어서, 12단계를 아무리 밟아도 그 의존성을 극복하지 못할 것이며(알코올 중독 치유 프로그램에서 연원한 12단계의 중독 회복 프로그램에 대한 언급이다—옮긴이) 그것을 온전히 자율적인 주관적 의식의 대상으로 만들지 못할 것이다. 사회적 결속은 따라서 대타자(타인들이라는 사실)의 타율적 심급이 요구하는 계산할 수 없는 관심을 가리키는 이름이다. 우리 스스로를 사회적 결속감에서 벗어나게 만들 길은 없으니, 다름 아니라 우리가 그 끝에 도달하지 못하기 때문이다. 우리는 결코 우리가 결속되어 있는 타자들을 완전히 알 수도 없고 최종적으로 속속들이 모두 판단할 수도 없다.[10] 따라서 우리는 타인들에 대한 의존으로부터 스스로 해방될수가 없다. 이런 의미에서 우리는 칸트의 온갖 조바심에도 불구하고 미성숙하고 의존적인 존재로 남는 것이다.

이처럼 책무와 사회적 결속의 문제를 두고 조금 골치 아플 정도로 길게 따져봤는데, 하나의 특이한 역설을 지적하기 위한 불가피한 과정이었다. 잔니 바티모가 주장했듯이, 근대 사회는 "일반화된 소통의 사회"다.[11] 그렇지만 바티모가 또한 지적하듯, 근대주의 기획의 핵심부에 자리한 자기투명성의 꿈은 대중매체의 "사회적 소통의 강화"(21)에 의해 완성되기보다 오히려 무너져버렸다. 자기투명성의 유토피아, 모든 구성원들이 모든 타인과 모든 시간에 오해나 지체 없이 무제한으로 소통하는, 스스로에 대해 즉각적으로 현전하는 사회라는 유토피아—그리스의 도시국가(polis)에 대한 독일 관념론자들의 환상—는 실현되지 않았다. 그리고 이는 기술적 한계 때문이 아니라 기술적 승리 때문이다. 다시 말해, 정보를 처리하고 전달할(세계를 '정보화'할) 수 있는 기술공학의 발전이 확대되면서 정보 교환의 속도와 범위는 그런 정보를 장악하도록 되어 있는 주체의 역량을 넘어서게 되었다. 지구화의 효과 하나는 한 명의 주체가 사회적 결속을 환유적으로 문화에 대한 개인적 관계로 체화함으로써 사회적 결속의 복합성을 장악할 가능성을 무너뜨리는 것이다. 지구화는 역설적으로 단일한 세계 문화(혹은 단일한 세계사)의 가능성을 와해시킨다. 그것이 제시하는 단일한 세계시장은 체제가 의미를 획득하는 지점인바 국가에 대한 주체의 관계에 더 이상 입각하지 않기 때문이다.[12]

그리하여 지구 경제에서 대학은 더 이상 공동체의 모델, 지식계의 레빗타운(공동주택)을 제공하리라 기대될 수 없다. 그리고 대학을 공동체의 모델로 주장하는 것은 더 이상 대학의 사회적 기능 문제에 대한 **답변**이 되지 못한다. 오히려, 대학은 문화든 국가든 하나의 통합적 이념에 의존하지 않으면서 사회적 결속을 생각하려는 시도가 이루어지는 여러 장소들 가운데 하나가 되어야 할 것이다. 대학에서 사상(thought)은 다른 사상들과 병존하며 우리는 서로의 곁에서 생각한다. 그러나 우리가 함께 생각할까? 우리의 사고가 하나의 통일체로 통합될까? 사유에는 아무런 속성이 없으니, 고유한 정체성도, 주관적 소유권도 없다. 칸트의 '부조화의 조화(concordia discors)'도, 훔볼트의 유기적 이념도, 하버마스의 합의 공동체도 사유를 통합하거나 통일하지 못한다. 어떻게 사상들이 다른 사상들 옆에 서는지의 문제를 궁구하는 것은, 내가 보기에 정치적 부활이 필요한 잃어버린 문화 이념을 애도하는 작업 너머로 문화연구의 충동을 밀고나갈 수 있게 해준다.

이것이 분과학문성에 대한 나의 제안들에 담긴 취지다. 대학을 단번에 완전히 재통합해낼 새로운 학제적 공간 대신에, 나는 사상들이 서로 어울리는지 여부나 그 방식의 문제를 열어두는 늘 변하는 분과학문 구조를 제안하고자 하였다. 이 문제는 단순히 궁구할 가치가 있을 뿐 아니라, 우리가 직면한 거대한 도전이다. 지식의 질서와 제도적 구조가 지금 무너지고 있고, 그 자리에 수월성 담론이 들어서서 선생과 학생에게 일이 어떻게 어울리며 돌아가는지는 그들의 문제가 아니므로 전혀 신경 쓰지 말라고 말한다. 그들이 할 일은 늘 해오던 대로 해나가는 것뿐이며, 일반적인 통합의 문제는 목표 달성을 도표화하고 효율성을 일람표로 만드는 그리드(격자망)의 도움을 받아 관리자들이 해결해낼 것이다. '수월성의 대학'에서 선생과 학생은 원한다면 문화에 대한 믿음조차 계속 견지할 수도 있다. 그들의 믿음이 수월성 있는 수행으로 이어져 전체적 질의 목표에 도움을 주는 한 말이다.

학생과 선생이 직면하는 문제는 따라서 무엇을 믿느냐 하는 문제라기보다 어떤 믿음이든 도대체 의미를 가지려면 어떤 기관 분석이 필요한가 하는 문제다. 어떤 믿음인들 수월성에 따른 평가의 먹이가 되지 않을 수 있겠는가? 동시에 탈지시화의 과정은 '수월성의 대학'에서 활동에 대한 개방성을 조성하는바, 이 개방성 자체는 작전을 펼칠 상당한 여지를 만들어준다. 학생과 선생 들이 향수를 포기하고 문제들을 열어두는 방식으로 움직이는 것을 시도할 준비가 되어 있다면 말이다.

표현적 정체성이든 거래적 합의든 통합의 수단을 포기한 공동체라는 발상은 내가 보기에 탈역사적 대학의 가능한 모습을 가리키는 것 같다. 대학은 사유가 사유 곁에서 일어나는 곳, 사유가 정체성이나 통일성 없는 공유된 과정이 되는 곳이다. 어쩌면 스스로에 대해서도 옆에 비껴선 사유랄까. 대학의 폐허는 가르치고 배우는 관계의 불완전하고 끝이 없는 성격을 보면서 '함께 사고하기'가 불일치의 과정임을 상기할 수 있는 그런 기관을 우리에게 제공한다. '함께 사고하기'란 대화보다는 대화주의(대립적인 것들의 공존을 강조하는 바흐친의 발상에 대한 언급이다—옮긴이)에 속한다.

내가 제안하고 있는 이런 발상은 대학의 사회적 소명에 해당되는 것이 아니다. 거의 3세기 동안 일부 대학 지식인에게 권력과 특권과 연구비를 보장해온 그 대학과 민족적 정체성의 연계를 포기하는 데서 출발하는 발상이기 때문이다. 그러나 그렇다고 해서 사회적 책임의 방기를 뜻하지도 않는다. 참된 책임, 윤리적 정직성은 이제까지 대학의 연구와 교육이 갖는 사회적 작용에 대한 설명을 뒷받침해온 민족주의의 대서사와 공존할 수 없다. 정당화를 부여하는 이 메타서사를 포기한다는 것은 생각만 해도 두렵지만, 내가 보기에는 불가피한 일이다. 우리가 애써 무시한다면 우리를 배제한 채 그런 포기는 진척될 것이다. 따라서 나는 사고 활동의 유지를 상당히 더 어렵게 만들 이 탈지시화의 전망에 주목할 것을 제안한다. 지식인의 역할과 기능에 중요한 변화가 일어나고 있음은 분명하다. 이것이 어떤 의미를 갖게 될지는 하나의 쟁점이며, 대학인들은 여기에 영향을 미치려고 노력해야 한다. 이 문제에 대한 주목은 필수적이다. 우리가 거기에 어떻게 주목할지는 아직 정해지지 않았다. 20세기가 끝나가고 또한 국민국가의 시대였던 시기가 끝나가는 시점에 '사유'의 자유와 막대한 책임은 모두 바로 여기에 놓여 있다.

대학담론의 활성화를 기대하며

저자인 영문학자이자 문화이론가인 빌 레딩스가 1994년 10월 비행기 추락사고로 사망한 후 그의 부인인 동료학자 다이앤 엘럼에 의해 편집, 출간된 이 책《폐허의 대학*The University in Ruins*》(1996)은 이후 미국 학계를 중심으로 활발하게 일어난 대학 논의에서 가장 자주 거론되는 책 가운데 하나가 되었다. 현재의 대학들은 근대 대학의 이념이 무너지고 그 폐허만이 남아 있는 곳이라는 빌 레딩스의 진단은 과도한 비관론으로 여겨질 수도 있지만, 서구 대학들의 일면을 꿰뚫어보는 힘이 있기 때문에 그만큼 대학 담론에서 무시하지 못할 위상을 점하고 있다. 그리고 대학에 대한, 더 정확히 말하면 전통적인 '근대 대학'에 대한 이 일종의 '사망 선고'는 대학이 기업처럼 이해되거나 경영되는 흐름이 확산되고 있고 대학들을 수치로 평가하여 순위를 매기는 일이 다반사가 되어버린 21세기의 대학들에는 더욱 적실하게 해당되는 듯도 보인다. 그리고 이것은 단지 이 책이 분석의 대상으로 삼은 북미를 비롯한 서구의 대학들만이 아니라 한국의 대학들도 피할 수 없는 현실이기도 하다.

이 책에서 레딩스는 근대국가에 필수적인 교양 있는 시민 주체의 형성이라는 대학의 전통적인 역할이 종언을 고하고 이제 대학은 국민국가의 이데올로기 기구가 아니라 세계시장에 종속된 초국적이고 관료적인 기업이 되었다고 본다. 여기에는 지구화(혹은 세계화, globalization)로 통칭되는 흐름이 국민국가의 경계를 허물고 세계 전체가 현금 관계(cash nexus)를 중심으로 움직이는 단일한 세계시장으로 통합되어 있다는 전제가 있다. 그가 미국화라고 지칭하기도 하는 이 지구화 국면에서 대학 또한 그 존립 근거와 역할이 근본적으로 변하고 있다는 것이다. 이제 대학도 이념이나 본령을 말하기 전에 관료 체제로 운영되는 기업체라는 사실을 받아들여야 하는데, 그는 이런 현대의 대학을 학문 공동체적인 성격을 가지던 '문화의 대학'이 아닌 '수월성의 대학'이라고 지칭한다.

레딩스에 따르면 수월성의 이념은 대학의 가치를 비용 대비 효율로 환산하고 수행 지표에 따라 평가함으로써 대학을 철저한 회계 논리로 관리하는 근거를 제공한다. 이런 가운데 교육보다 행정이 대학을 지배하게 되면서, 가령 학문 분야의 조정에서조차 학문적 고려보다는 행정 관료 체제의 경제적 계산이 앞서게 된다. 사실 대학에 기업체와 같은 속성이 있다는 점은 일찍이 20세기 초 경제학자 소스타인 베블런도 1918년에 출간한 《미국의 고등교육The Higher Education in America》에서 누차 강조한 바지만, 레딩스는 여기서 한걸음 더 나아가 대학이 더 이상 '기업체와 유사한' 것이 아니라 아예 '기업체'라는 진단을 내린다. 실로 전국의 모든 대학이 상대

평가를 통해 등급이 부여되고 구조조정을 강요당하고 있는 작금의 우리 현실로 보면 그야말로 실감나는 관찰이다. 우리 대학 현장에서도 레딩스가 지적하는 현상은 갈수록 심화되고 있는 셈이다.

그런 점에서 이런 진단 자체는 레딩스만의 것이라고 할 수 없을 테지만, 그의 작업이 남다른 것은 대학을 논의하는 책 가운데서 드물게도 현대 문화이론의 배경을 심도 있게 동원하고 있다는 점이다. 사실 서구에서 대학에 대한 책들은 수없이 나왔지만 이 책만큼 문화이론의 전통과 문제의식을 대학 논의에 폭넓게 결합시킨 경우는 드물다.

실제로 저자는 수월성 담론에 지배되는 대학의 현실을 지적하는 데 이어, 미국의 대학들이 지금의 상황에 이르게 된 역사적 경과를 기술하는 데 많은 공을 들이고 있다. 독일 베를린 대학교의 설립으로 대변되는 근대 대학이 교양이념을 중심으로 한 국민국가의 이념적 토대가 되는 과정에서부터 영어권에서 이 교양이 문학적인 것으로 수렴되면서 대학 이념과 결합하는 과정, 그리고 1960년대 유럽 대학의 변모에 큰 영향을 미친 프랑스 68혁명에 대한 해석과 그 무렵 영미 대학의 새로운 대세로 등장한 문화 연구의 부상 과정에 이르기까지, 레딩스는 풍부한 문화이론적 이해를 바탕으로 면밀하게 추적해나간다. 그런 점에서 이 책은 서구 대학의 발흥과 전개, 그리고 변모 과정을 이해하기 위한 텍스트로서 매우 유용하거니와, 특히 그것을 교양 혹은 문화의 이념과 관련하여 이해하는 데 있어서 좋은 길잡이가 될 것이다.

물론 이 같은 역사적 개관의 목표는 어떻게 서구의 대학이 칸트에서 비롯하는 이 같은 근대 대학의 기원에서 멀어져서 이제 폐허로 남게 되었는가, 이성과 교양과 진리 탐구가 아니라 회계의 기준에 따라 평가되고 계량화되는 대학, 레딩스의 표현으로는 수월성 이념이 지배하는 '탈역사적(posthistorical)' 대학이 되었는가를 설명하는 데 있다. 그렇다고 이 책의 서술 범위가 이런 정리에 그치는 것은 아니다. 이 책이 저자가 발표한 여러 글들을 편집한 것이지만 일관된 논리와 내용으로 구성되어 있다는 점은, 후반부의 여러 장들이 이 같은 대학의 폐허 가운데서 어떻게 대학의 기능을 새롭게 설정할 것인지, 그리고 대학의 주체들은 어떻게 여기에 대응해야 할 것인지에 대한 모색에 바쳐져 있는 것을 보아도 알 수 있다.

그렇다면 이러한 폐허의 대학에 미래는 있는 것일까? 이 책의 마지막 세 장은 이 물음에 대한 해답에 할애되는데, 그가 고민하고 풀어내고자 하는 것은 대학이 어떻게 회계(accounting)의 논리에 완전히 굴복하지 않으면서 책무성(accountability)의 문제를 감당해 낼 것인가 하는 데 있다. 물론 오늘날 이 대학의 책무성이라는 용어부터가 대학이 사회의 '필요'에 효율적이고 경제적으로 부응해야 한다는 형태로 나타나는 것이 현실이긴 하지만, 레딩스의 문제의식은 이 통념을 넘어서자는 점에서 의미 있다고 여겨진다.

그는 자신의 입장을 일종의 제도적 실용주의라고 지칭한다. 그 실용주의란 대학이 지녔던 이념이 소멸된 폐허의 현실을 인정하고 그 폐허에서 살아가는 방법을 현실적으로 찾아가는 것이다. 근대 대학의 이념에 대한 낭만적 향수에 머문다거나 새롭게 현대 대학의 이념을 재창안하여 대처하고자 하는 것은 무망한 일이며, 대학이 폐허임을 받아들이는 가운데 폐허의 이곳저곳에 거주하면서 질문하기를 멈추지 않는 것, 그것이 대학인이 할 일이다. 이를 통해 대학은 하나의 통합적 이념(그것이 국가든 문화든)에 의존하지 않고서 사회적 결속을 생각하는 영역 중 하나가 될 수 있다는 것이다. 레딩스는 그 질문하기의 방식을 '사유(Thought)'라는 말에 담으려고 한다. 이럴 때 대학은 자율적 주체들의 투명한 소통이라는 관념을 벗어버리고 이견들의 지속적 논쟁의 장소가 된다는 점에서 이를 레딩스는 '불일치의 공동체'라고도 부른다.

이처럼 '사유'에의 헌신을 가지고 폐허에 거주하기를 배우는 것이 대학에 몸담은 사람들의 책무라는 레딩스의 해답 아닌 해답은 소박하게 보이기는 하지만 수월성 이념이 지배하는 탈역사적 대학에서 대학이 지켜야 할 최소한의 자리를 확보하고자 하는 노력이라는 점은 평가되어야 할 것이다. 또 그가 68혁명의 의미를 해석하는 가운데 제기한 바대로, 권위에 맞서는 학생들의 목소리가 대학에서 떠오르게 된 현상에 주목하고 교수와 학생의 만남이 이루어지는 교실현장이 이 같은 사유의 장소가 될 수 있고 또 되어야 한다는 주장도 새겨볼 만하다.

이처럼 이 책은 대학에 대한 의미 있는 성찰과 분석을 담고 있고 지금도 그 현재성은 여전하다. 그렇지만 동시에 대학을 '폐허'로 규정하는 전제 자체가 논란의 대상이 될 수 있는 것은 물론이고, 역자 자신도 저자의 논지에 모두 동의하는 것은 아니다. 이 자리에서 이 책에 대한 더 본격적인 논의를 할 수는 없지만, 번역하는 과정에서 수시로 떠오른 의문에 대해서는 간략하게나마 밝혀둘 필요는 있다고 생각한다. 무엇보다 대학이 위기에 처해 있는 것은 사실이나 지금이 위기라는 일반화된 인식 속에는 대학의 가능성이 완전히 소진한 것은 아니라는 전제도 깔려 있기 때문이다. 서구 대학에서든 한국의 대학에서든 대학의 문화적 기능이나 민주시민의 양성기관으로서의 역할이 여전히 중요한 것도 사실이고 대학이 국민국가와 가지는 관계가 소멸되었다는 주장도 현실적으로 국가가 대학기능에 미치는 영향력이 여전함을 고려하면 지나친 단순화로 여겨진다.

한마디로 레딩스 자신의 논리전개에서도 드러나듯, 이 책의 이론적 토대는 리오타르의 포스트모던 사회에 대한 인식, 특히 《포스트모던의 조건The Postmodern Condition》(1979)의 논지에 기대고 있다. 따라서 리오타르의 입론에 대한 문제 제기는 레딩스의 대학 논의에도 그대로 적용된다고 해도 무리가 없을 것이다. 리오타르는 탈근대적인 상황이 지구화 과정을 통해 조성된다고 보면서 국민국가가 소멸하고 지식이 정보로 화하는 근원적인 변화가 일어난다고 한다. 레딩스는 이처럼 지식 생산보다 정보 관리가 중요한 체계가 된 포스트모던 사회에서 대학 제도 자체의 의미가 근본적으로 변화하고 있다고 주장하는 셈이다. 그러나 리오타르식의 지구시대 이해와 이에 입각한 대학 논의는 몇 가지 근본적인 의문에 부딪친다.

우선 국민국가의 와해라는 명제다. 국민국가의 경계가 소멸되는 현실에서는 국가의 이데올로기 기구로 기능하는 대학의 전통적인 역할 또한 약화될 수밖에 없을 터이다. 그러나 과연 지구화와 더불어 국민국가의 틀이 그 구성원들의 삶에 가지는 결정적인 의미가 완전히 사라졌는지는 의문이다. 각 지역마다 근대성의 구현 정도에 따라서 국민국가 및 그 민족주의적 특성이 달리 드러나거니와, 지구화 자체도 일원화된 흐름이라기보다 국지적 환경에 따라 다양하고 역동적인 방식으로 구현되는 복합적 현상으로 볼 필요가 있다. 대학의 기능이나 역할, 위상도 그 같은 역동 속에서 이해되는 것이 옳다고 본다.

둘째, 지구화와 더불어 대서사가 종언을 고했다는 리오타르의 전제는 이 책에서 대학의 전통적 사명의 소멸이라는 명제로 구현되어 있다. 그러나 지구화가 전일적 자본주의의 성립을 지칭하는 것이라면 그야말로 통합된 이 세계 체제에 대응하는 대서사가 필요할 법하고, 이 현실을 총체적으로 이해하고자 하는 이론적 모색이 대학에서 이루어질 가능성도 생겨난다. 실제로 프레드릭 제임슨(Fredric Jameson) 같은 미국학자는 지구화 상황에서 총체성의 의미를 다시 제기하고 있다.

셋째, 대학의 기업화 문제도 마찬가지다. 지구화 흐름에 따라 대학도 기업적인 성격을 강하게 띠게 된 것을 부정할 수 없지만, 그렇다고 '기업적'인 것을 넘어서 대학이 '기업'이라고 단정하고 이를 전면적인 대학의 실상이라고 주장한다면 세계화론자들의 입장을 그대로 복사하는 것에 불과할 위험이 있다. 대학이 기업처럼 운영되는 현실에 대한 강한 반발이 일어나는 곳이 또한 대학이고 교양을 통한 시민 양성이라는 대학 교육의 공적인 성격에 대한 주장은 여전히 대학 논의에서 살아 있는 논점이기도 하다.

이 책의 기본 전제에 대해서는 독자들마다 다른 판단을 할 수는 있겠지만, 한 가지 짚어둘 것은 이 책에 실린 글들이 주로 집필된

1990년대 전반기에는 문화이론상에서 리오타르의 입론이 차지하는 비중이 지금보다 훨씬 컸다는 점이다. 《폐허의 대학》은 국민국가 소멸과 대서사의 종말이라는, 당시 지배적이던 리오타르적인 전제를 대학을 이해하는 중요한 논거로 삼은 대표적인 사례일 것이다. 또 비록 기본 전제들의 문제를 지적하긴 했지만, 리오타르의 명제들을 둘러싼 논의는 20여 년이 지난 지금도 소진되지 않고 있는 것도 사실이다. 그런 점에서 이 책은 그것에 전적으로 동의하든 비판적으로 보든, 현재의 지구화 현실 속에서 대학의 위상을 정립하기 위한 논의를 위한 중요한 전거 가운데 하나인 셈이다.

빌 레딩스의 《폐허의 대학》은 대학 연구 분야에서는 거의 필독서가 되어 있는데, 사실 역자는 우연한 기회에 이 책을 직접 번역하거나 아니면 달리 번역자를 추천해달라는 부탁을 받고서 비로소 서가에 꽂혀 있던 책을 읽어보게 되었다. 그 결과 풍성하고 의미 있는 분석과 함께 반드시 동의하기는 어려운 주장도 일부 담겨 있음을 확인하고 좀 망설였지만, 마침 대학을 연구하는 '한국대학학회'를 동료들과 같이 창립하는 등 대학 연구의 필요성을 절감하고 있던 터라 공부 삼아 이 책의 번역을 맡기로 했다. 더구나 내용으로 보아 문화이론에 대한 일정한 공부가 없는 경우에는 번역하기가 쉽지 않을 듯해서 누구에게 맡기기도 미안한 기분이었다.

그러나 역시 막상 번역에 착수하니 내용에서도 문장에서도 읽기가 쉽지 않은 대목들이 속출하여 생각 이상으로 시간이 걸렸다. 다행히 문화이론에 조예가 깊은 동학 김영희 선생이 공역자로 합류하여 큰 힘이 되었고 함께 번역하면서 공부도 많이 되었다. 또 이 책의 내용의 중심을 이루는 교양 혹은 문화(culture)에 대한 이해, 특히 이 개념을 국가 이데올로기와 거의 동일시하는 관점에 대해서도 유보 내지 비판적인 입장을 공유하였다. 두 역자 모두 영국의 교양 이념의 전통을 공부했고 본인은 매슈 아널드로, 김영희 선생은 F. R. 리비스로 학위논문을 썼던 처지라 어쩌면 당연할 수도 있겠다. 하여간 협업을 하다 보니 시간은 오히려 더 걸린 셈이지만, 번역이 더 정확하고 충실해졌다면 모두 공역에 힘입은 것이라고 생각한다. 원고 수정과 교정에 따르는 여러 가지 수고를 감수하면서 번역이 완성되기를 기다려준 책과함께 출판사에 감사드리면서 이 책의 출간이 우리 학계에서 대학 담론을 활성화하는 데 일조할 수 있기를 기대하는 바이다.

2015년 5월

역자를 대표하여

윤지관

주

1장 서문

1| 전형적인 최근 출판물은 제목이 《파산한 교육: 캐나다 인문교육의 쇠퇴》이다. 이 책의 제사(題詞)는 매슈 아널드(Matthew Arnold)에서 따왔고, 저자들은 "헤 겔주의와 스코틀랜드의 상식 철학을 포함한 앵글로-유럽적 영향들의 독특한 혼종"이 최근까지 캐나다의 교육 이론과 실천의 특징이었다고 주장하며, 캐나다 중등 교육 체계가 이를 포기하였다고 질타한다. Peter C. Emberley and Waller R. Newell, *Bankrupt Education: The Decline of Liberal Education in Canada*(Toronto: University of Toronto Press, 1994), p. 11.

2| 베닝턴 대학교에서 일어난 최근의 사건들이 그 한 예로, '대학 구조조정'으로 78 명의 교수진 가운데 약 20명을 즉각 퇴출했다. 빈자리는 지역의 시간강사들로 채워지고, 이들은 규모가 대폭 줄어든 '핵심 교수단' 밑에서 일하게 될 것이다. 예컨대 '지역 음악가'들이 기악곡 강좌들을 가르칠 것이다. 마찬가지로 새로 채용된 사람들에게는 이제 이른바 영년직 교수 신청 자격이 주어지지 않을 것이다. "그 대신 교수들은 저마다 기간이 다른 개별적 계약을 맺고 일하게 될 것이다." Denis K. Magner, "Bennington Dismisses 20 Professors……" *Chronicle of Higher Education,* June 29, 1994, p. A16. 이를 도급제라고 부르든 자유계약 제라 부르든 그 일반적 함의는 분명하니, 갈수록 전임직 직원들이 시간제 선생들을 관리하게 될 것이다. 미국의 큰 연구 대학들에서도, 일자리 시장 붕괴로 인해 옛 도제식 모델의 대학원생 강의조교(TA)가 시간제(그중 많은 수가 최근에 박사학위를 취득한 사람들이다)로 갈수록 대체되는 추세에 따라, 이런 시간제 선생의 수가 늘어날 것으로 예상된다.

3| 조지 소로스(George Soros)의 기획에 대한 훌륭한 개설은 Masha Gessen, "Reaching to the Critical Masses", *Lingua Franca,* 4, no. 4(May/June 1994), pp. 38~49 참조.

4| Alfonso Borrero Cabal, *The University as an Institution Today*(Paris and Ottawa: UNESCO and IDRC, 1993).

5| 물론 일차적으로 이것은 자신이 보기에 "문학 지식인들"과 "과학자들"이라는 "두 집단으로 갈수록 양극화되어가는……서구 사회 전반의 지적 삶"에 대한 C. P. 스노(Charles Percy Snow)의 비판에 대한 언급이다. *The Two Cultures and a*

Second Look(Cambridge: Cambridge University Press, 1957), pp. 3~4. 이 분리에 대응하여 스노는 "과학 문화도 지적 의미에서만이 아니라 인류학적 의미에서도 실제로 하나의 문화"(9)임을 강력히 주장하며 상호 존중에 입각한 두 문화 사이의 대화를 주창하였다.

6| 물론 대학 안에는 인문학과 자연과학의 구분 외에도 다른 분과학문적 구분들이 있다. 이어지는 논의에서, 나는 인문학이 과거에 어떤 식으로 대학 기능의 강력한 패러다임을 제공해왔는지 밝히고자 한다.

7| Jean-François Lyotard, *The Postmodern Condition*, trs. Geoffrey Bennington and Brian Massumi(Minneapolis: University of Minnesota Press, 1984), p. xxv.

8| Johann Gottlieb Fichte, "Deductive Plan of an Institution of Higher Learning to be Founded in Berlin"(1807, pub. 1817) in *Philosophies de l'Université: l'idéalisme allemand et la question de l'Université*, ed. Luc Ferry, J.-P. Pesron, and Alain Renaut(Paris: Payot, 1979), p. 172, 저자의 번역. 독일어 원본은 *Deduzierter Plan einer zu Berlin su errichtenden höhern Lehranstalt, die in gehöriger Verbindung mit einer Akademie de Wissenschaften stehe*이며, 다음 책에서 쉽게 찾아볼 수 있다. Engel ct al., *Gelegentliche Gedanken über Universitäten, ed. Ernst Müller*(Leipzig: Reclam Verlag, 1990), pp. 59~159.

9| Jaroslav Pelikan, *The Idea of the University: A Reexamination*(New Haven: Yale University Press, 1992). 이 책은 뉴먼(John Henry Newman)이 대체로 옳았으며 대학들에 필요한 것은 오로지 그의 제안을 현재 상황에 부응하게 쇄신하는 것뿐이라고 주장한다. 일반적으로 펠리칸은 이런 믿음을 갖고 있다. "인류 통합의 긍정은 대학이나 대학의 학자들에게 이상이자 사실이다. 그런 종류의 궁극적 맥락으로 작동하는 이 사실 없이는 이런저런 특정한 국지적 현상들의 연구는 치명적인 왜곡에 빠지게 되며, 이 이상 역시 바로 이런저런 특정한 국지적 현상들의 연구들이 없이는 실현될 수 없다."(53) 이 통합에 대한 종교적 신념은 아마도 여기 기술된 해석학적 순환의 극복을 가능하게 해줄 것이다. 그렇지만 그것이 종족중심주의의 희생자들을 보호하는 데는 거의 아무 역할도 못했다는 점을 덧붙여야겠다.

10| Allan Bloom, *The Closing of the American Mind*(New York: Simon and Schuster, 1987), p. 336.

11| Jacques Barzun, *The American University: How It Runs, Where It Is Going* 2nd ed. with an Introduction by Herbert 1. London(Chicago and London: University of Chicago Press, 1993), 1968년 초판. 이후 이 책에서의 인용은 본문에 '(쪽수)'로 표시한다. 앞으로 논의될 다른 저작들의 경우도 마찬가지로 처리한다.

12| 이 특별한 구조에 대해서는 Diane Elam, *Romancing the Postmodern*(London and New York: Routledge, 1992) 참조. 저자는 후기와 서문이 둘 다 문제적인 위상을 가지고 있으며 뒤섞이는 경향이 있음을 설득력 있게 주장하는데, 이런 경향은 텍스트성이 갖는 일반적 문제를 징후적으로 보여주는 것이라고 한다.

13| "학과 내에서 연속성을 가장 잘 확보해주는 것은 대개 여성인 행정 조교다."(103) 행정 책임자들은 꾸준하게 "men"('사람'과 '남성'이라는 뜻을 동시에 가진다―옮긴이)이라 언급됨을 기억하라. 그럴 때 'man'이라는 통칭이 페미니즘 반대자들이 흔히 주장하듯 포괄적이지 않음을 상기하지 않을 수 없다.

14| 재클린 스콧(Jacqueline Scott)이 1994년 3월 10일 CBS 라디오 〈모닝사이드 *Morningside*〉 프로그램에 캐나다 여성 대학 총장들의 토론 패널로 참석하여 한 말. 라디오를 제공해주어 이 방송을 들을 수 있게 해준 트렌트 대학교에 감사를 표한다.

15| 이 책의 다른 곳에서도 마찬가지지만, 여기서 나는 '이데올로기'라는 용어를 매우 엄밀하게 사용한다. 이 논의의 이전 판본들을 발표하는 자리에 있었던 사람 중에는 수월성 담론을 지칭할 때 '이데올로기'라는 용어를 사용해달라고 주문하는 사람도 일부 있었다. '모든 것이 이데올로기적'이라는 주장에서였다. 만약 모든 것이 이데올로기적이라면, 이데올로기 그 자체를 알기란 아예 불가능할 것이다. '이데올로기'라는 용어가 비평적 유용성을 가지기 위해서는 이데올로기의 바깥을 상정해야 한다. 그것이 루카치의 '객관적 진리' 개념이든 아니면 알튀세르가 설명하는 '비판적 자의식'이든 말이다. 여기에는 일단 객관적 진리나 자의식의 입지에 도달하고 나면, 우리와 대립하는 담론은 모순적이고 따라서 무력한 것으로 보이게 된다는 가정이 깔려 있다. 그러나 이것으로는 왜 줄곧 노동자들이 지식인들이 그들의 최상의 이익이라고 보는 것에 반하여 투표하는지 설명하지 못한다.

　알튀세르의 이데올로기 논의가 이룬 커다란 기여는 '왜곡'이라는 단순론적 관념들을 제쳐놓으면서도 이데올로기와 국가기구의 연계를 강조한 데 있다. 이 용어의 비평적 유용성을 유지하기 위해서 알튀세르는 이데올로기와 비판적 과학을 분명히 구분했다. 이데올로기의 종말은 없고, 순수하고 단순한 실증론도 없지만, 이데올로기의 바깥은 있어야 하는데, 알튀세르에게 그것은 비판적 과학이 '인식론적 단절'을 통해 자기인식을 획득하고, 자신이 이데올로기임을 아는 이데올로기가 되는 지점에서 등장한다. 그는 이런 자기인식은 마르크스주의만이 가능하다고 주장하는데, 마르크스주의는 자신이 프롤레타리아의, 다시 말해 역사 과정 자체의 이데올로기임을 알 수 있기 때문이다. 실증적 지식은 성취된 혁명의 지평에서만 가능하며, 이 지식의 조건들에 대해 혁명 이전의 사상가가 희망

할 수 있는 것은 상상뿐이다. 그럼에도 불구하고 혁명 이전의 사상가들은 비판적 사고의 행사를 통해, 자신의 사고 체계에 내재된 모순을 발견함으로써, 자신들이 속해 있는 혁명 이전의 틀을 넘어설 수 있다. 바로 이것이 마르크스가 19세기 후반의 사상가임에도 불구하고 이루어낸 성취였다. 따라서 비록 "최종 심급의 고독한 시간은 결코 오지 않"을지라도 비판적 과학을 통해 그 불가피성을 추론함으로써 그 시간을 잠재적으로 획득할 수 있다. Louis Althusser, "Ideology and Ideological State Apparatuses" in *Lenin and Philosophy and Other Essays*, tr. Ben Brewster(London: New Left Books, 1971).

16| 예컨대 존 베벌리(John Beverley)는 《문학에 반대하여*Against Literature*》(Minneapolis: University of Minnesota, 1993)에서 "문화 연구가 급진적 반대의 형식으로부터 부르주아 헤게모니의 전위로 전향"(20)한 데 대해 이렇게 언급한다. "나는 문화 연구를 위한 (그리고 그 내부의) 싸움을 하는 것이 여전히 의미 있다고 믿지만, 오늘날 대학에서 그 존재가 확보된 것처럼 보이는 바로 그 순간에 문화 연구는 하나의 분야로 등장하면서 가졌던 급진적 힘을 잃어버리기 시작했다."(21) 나는 문화 연구의 제도적 순치에 대한 베벌리의 설명에 동의하지만, 이것이 개인적인 나약함이나 외부 압력의 결과로 문화 연구에 닥친 운명이라는 데는 선뜻 수긍할 수 있다.

2장 수월성의 이념

1| *Maclean's*, 106, no. 46(November 15, 1993).

2| Aruna Jagtiani, "Ford Lends Support to Ohio State", *Ohio State Lantern*, July 14, 1994, p. 1에서 재인용.

3| 앞의 책.

4| C. P. Snow, *Two Cultures and A Second Look*(Cambridge: Cambridge University Press, 1969).

5| Phat X. Chem, "Dean of Engineering Forced Out", *New University*(University of California at Irvine), April 4, 1994, 강조는 저자.

6| 1968년에 프랑스 대학들에서 일어났던 혁명적 운동을 '3월 22일 운동'이라고 부른 데서도 볼 수 있듯 3월 22일은 상징적인 날짜인데, 바로 이 날짜에 대학을 비판하는 이 편지가 써졌다는 사실의 역사적 아이러니에서 그간 우리가 얼마나 멀리 왔는지 짐작할 수 있다. 세월의 덧없음이여(Sic transit). ("Sic transit gloria mundi"는 '세상의 영화는 이처럼 사라져간다'는 뜻의 라틴어 명언이다—옮긴이)

7| "Summer Faculty Fellowships: Information and Guidelines", Indiana University, Bloomington Campus, May 1994.

8| 순전히 내적인 가치 단위로서 수월성은 마키아벨리의 비르투(virtù: 탁월한 역량)와 마찬가지로 계산이 동질적인 잣대(scale)로 이루어질 수 있도록 하는 이점을 지닌다. 비르투에 대해서는 Machiavelli, *The Prince*, ed. and tr. Robert M. Adams(New York: Norton, 1977)를 보라.

9| "News You Can Use", *U. S. News and World Report*, 117, no. 13(October 3, 1994), pp. 70~91. 이 호만 보면 그렇게 보이기도 하지만《유에스 뉴스 앤 월드 리포트》가 학부 교육에만 초점을 한정한 것은 아니다. 이에 앞서 같은 해에 이 잡지는 '미국의 최고 대학원들'에 모든 지면을 할애한 '정보지(info-magazine)' 특별호를 냈다. 이 특집호가 한 자동차 회사—조금 더 구체적으로는 한 자동차, 즉 플리머스와 다지의 '네온'—의 후원으로 발간되었다는 사실은 여기서 놓쳐서는 안 될 아이러니다.

10| 소비자주의와 수월성의 수사학 사이의 연계가 광범한 청중에게 호소력을 지닌다는 사실에 이 잡지들은 분명 기대를 걸고 있는데, 해당 호들의 판매량을 높이는 데뿐 아니라 독자들이 앞으로도 더 많은 정보와 더 많은 잡지들을 찾아 돌아오게 만드는 데 도움이 될 것이라고 기대한다. 흥미롭게도 대학들에서 수월성 및 비용 대비 가치의 척도들은, 자동차 산업의 경우와 다르지 않게, 1년 단위로 변화하는 듯 보인다. 이 흐름들에 뒤처지지 않으려면 현명한 소비자는 해마다 가장 최신의 정보를 얻기 위해《매클린스》나《유에스 뉴스 앤 월드 리포트》둘 중 하나 혹은 둘 다를 집어 들어야 하는 것으로 되어 있다. 예컨대 맥길 대학교는 1993년《매클린스》의 '의전/박사(Medical/Doctoral)' 대학(대학들을 크게 세 범주로 분류할 때 그 한 종류로 의전이 있으며 박사 과정이 많이 개설된 대학을 여기에 포함시킨다—옮긴이) 범주에서 선두를 차지했지만, 이듬해에는 덜 인상적인 종합 3위로 쳐졌다. *Maclean's*, 107, no. 46(November 14, 1994). 이와 유사하게《유에스 뉴스 앤 월드 리포트》가 "최고 효율의 학교들"과 "비용 대비 최고 대학들"을 계산해내는 데 사용하는 기준들에 대해 완전한 정보를 얻고 싶은 독자는 이 잡지의 전 호도 구입해야 하는데, 도표에 딸린 기사에서 말해주는 대로 "지난주에 **발표된**, 전국의 대학교 및 전국의 리버럴 아츠 칼리지(liberal arts college) 들에 대한 우리의 순위 평가에서 상위 50퍼센트에 들었던 학교들만이 비용 대비 최고 대학 후보 자격이 있다고 간주되"기 때문이다(October 3, 1994, p. 75, 강조는 저자).《유에스 뉴스 앤 월드리포트》의 경우 완전한 정보를 획득하려면 두 호를 다 봐야 한다는 셈이다.

11| 물론 자동차 판매를 닮았다는 암시를 모든 대학에서 반기는 것은 아니다. 웨슬리언 대학교의 재정지원처장인 에드윈 빌로(Edwin Below)도 이렇게 말한 바 있

다. "나는 학부형들이 이 과정을 마치 중고차를 사듯 대할 때보다는 자신들의 재정적 우려에 대해 솔직히 털어놓을 때 [재정 지원 안에서] 우리가 간과한 게 무엇인지 훨씬 더 잘 보게 된다고 생각한다."(*U. S. News and World Report*, October 3, 1994, p. 72). 그렇지만 모든 대학 행정가들이 이러한 유사성들을 불편하게 여기는 것도 아닌 듯하다. 비록 스스로 양자 사이에 정확한 평행 관계를 그려낼 의사까지는 없는 경우에도 말이다. 같은 호 《유에스 뉴스 앤 월드 리포트》에 따르면, "피츠버그의 카네기 멜론 대학교 등의 점점 더 많은 대학들이 [재정 지원] 신청을 환영한다는 점을 학부형들에게 알리고 있다. 이번 봄 재정 지원 대상이 된 입학 예정자들에게 발송된 편지들에 담긴 대학의 메시지는 분명하다. '다른 재정 지원 제안을 받은 것이 있다면 복사본을 보내달라—우리는 경쟁력 있는 대학이 되기를 원한다.'"(72)

12| Publicity brochure(홍보책자), October 1, 1992. Direction des Communications, Université de Montréal 간행. 저자의 번역. 원문은 다음과 같다. "Créée en 1972, la Faculté des études supérieures a pour mission de maintenir et de promouvoir des standards d'excellence au niveau des études de maîtrise et de doctorat; de coordonner l'enseignement et la normalisation des programmes d'études supérieures; de stimuler le développement et la coordination de la recherche en liaison avec les unités de recherche de l'Université; de favoriser la création de programmes interdisciplinaires ou multidisciplinaires."

13| Michel Foucault, *Discipline and Punish*, tr. Alan Sheridan(New York: Vintage, 1979), pp. 227~228.

14| Alfonso Borrero Cabal, *The University as an Institution Today*(Paris and Ottawa: UNESCO and IDRC, 1993) p. xxiv, 강조는 저자.

15| Karl Marx, *Capital: A Critique of Political Economy*, vol. 1, tr. Ben Fowkes(Harmondsworth: Penguin, 1976), p. 169, n. 31.

16| 따라서 고대의 텍스트들은 이제 훨씬 더 낯선 방식으로 읽힐 수 있다. 즉 역사적 불연속성을 인식하되 타락 서사의 틀을 통해 "우리가 잃어버린 영광"으로 곧장 재전유하지 않는 방식으로 말이다. 그중 조금 더 주목할 만한 사례 중 하나가 현재 리오타르와 같은 사상가들이 보여주는 인식으로 아리스토텔레스의 '중용(golden mean)'이나 실천적 지혜(phronesis) 같은 개념들은 민주적 중도주의와는 아무런 관계가 없다는 것인데—그럼으로써 이들은 사안마다 다른 신중한 판단이 필요하다는 아리스토텔레스의 요구에 대한 훨씬 더 정치적으로 급진적인 설명을 내놓는다. 아리스토텔레스가 《니코마코스 윤리학*Nicomachean Ethics*》에서 지

적한 요점은 중용은 개개인으로서는 감당하기 힘들다는 점, 판단자를 그곳에 이르게 해줄 어떤 계산 규칙도 없다는 점이니, 신중한 행위를 구성하는 것이 사안마다 근본적으로 달라지기 때문이다. 이 '혁명적 신중함'의 정치적 함의에 대해서는 다음 졸고에서 논한 바 있다. "PseudoEthica Epidemica: How Pagans Talk to the Gods", *Philosophy Today*, 36, no. 4(Winter 1992).

17| "1876 Address on University Education(Delivered at the opening of the Johns Hopkins University, Baltimore)", in T. H. Huxley, *Science and Education*, vol. 3 of Collected Essays(London: Macmillan, 1902), pp. 259~260.

18| 지너 드 로스 리오스(Giner de los Rios)가 지적하듯, 스코틀랜드의 대학은 미국의 대학과 마찬가지로 독일의 연구 중심 대학에서 큰 영향을 받았다. "영국 유형은 그 순수한 형태는 옥스퍼드 대학교와 케임브리지 대학교에서 볼 수 있고, 스코틀랜드나 아일랜드, 새 대학들, 그리고 미국에서는 라틴이나 독일 유형 쪽으로 조금 더 변형된다." *La universidad espanola: obras completas de Francisco Giner de los Rios*, vol. 2(Madrid: University of Madrid, 1916), p. 108; Borrero Cabal, *The University as an Institution Today*, p. 30에서 재인용.

19| 로널드 주디(Ronald Judy) 역시 자신의 저서 *(Dis)Forming the American Canon: African-Arabic Slave Narratives and the Vernacular*(Minneapolis: University of Minnesota Press, 1993)에 서문으로 붙인 미국 대학의 짧은 역사에서 존스 홉킨스 대학교의 설립을 미국 대학의 특수성을 규정짓는 중대한 전환점이라고 본다. "학문의 전문화와 도구적 지식으로 나아가는 이러한 움직임들은 1870년 존스 홉킨스 대학교의 설립에서, 혹은 더 정확하게는 1876년 대니얼 코이트 길먼(Daniel Coit Gilman)이 총장으로 임명되면서 정점에 도달하였다. 길먼은 존스 홉킨스 대학교를 인문과학 및 자연과학이 훈련된 방법론으로서 번성하는 모범적인 연구 기관으로 만들었다."(15) 주디의 설명은 존스 홉킨스 대학교 창립을 다름 아닌 일반 교양(문화)의 가능성을 침식하는 방법론적 특수성이라는 관료주의 이데올로기와 연관짓는다는 점에서, 교양이 관료주의적으로 관리되는 지식으로 대체되는 이 현상을 현대의 '수월성 대학'의 변별적 특성으로 보는 나의 설명과는 약간 다르다. 그리하여 그는 1885년 데이비드 S. 조던(David S. Jordan)이 인디애나 대학교에 첫 영문학 학위 과정을 설립한 점을 지적하면서, 인문학 교과과정의 분과학문적 특수성은 19세기 말, 즉 "다름 아닌 인문학이 더 이상 적실성의 요구에 부응할 필요가 없어진 바로 그 시점"에 생겨난다고 주장한다(16). 주디는 이것을 "인문과학의 전문화"라고 부르며 인문 및 자연과학을 전문화라는 일반적인 통칭 아래 통합하는 총괄적인 "관료제 문화"의 발전과 연관짓는다(17).

이처럼 주디는 일반적인 교양(문화) 이념이 일반화된 관료제로 대체되는 과정에 관해 나와 매우 흡사한 이야기를 하고 있지만, 다만 그 시기를 20세기 후반이 아니라 19세기 후반으로 보는 점이 다르다. 이러한 의견의 불일치는 역사적이기보다는 지리적인 것 같다. 나는 근대 독일의 민족문화의 대학에서 관료제적인 '수월성의 대학'으로 바뀌는 과정에 과도기적 단계를 하나 도입하고자 하니, 이 단계에서 미국 대학은 내용 없는 민족문화의 대학으로 자리하게 된다.

20| '수행 지표'를 둘러싼 논쟁에 대한 설명은 Michael Peters, "Performance and Accountability in 'Post Industrial Society': The Crisis of British Universities", *Studies in Higher Education,* 17, no. 2(1992) 참조.

21| Claude Allègre, *L'Âge des savoirs: pour une renaissance de l'Univer-sité*(Paris: Gallimard, 1993), p. 232, 번역은 저자.

22| 앞의 책, p. 232, 강조는 저자.

23| 이 진술은 지나치게 상대주의적인 것으로 들린다. 물론 줄리 톰슨 클라인(Julie Thompson Klein)의 주장대로 "모든 학제적 활동은 통일과 종합의 이념들에 뿌리를 두며, 통상적인 수렴의 인식론을 환기시킨다."[*Interdisciplinarity*(Detroit: Wayne State University Press, 1990), p. 11.]는 게 사실이라면, 이런 이념은 좌파와 우파 모두의 지지를 받을 수 있을 것이며, 이들은 단지 그 수렴점의 마땅한 위치에 대해서만 의견을 달리할 것이다. 사실, 학제적인 것에 대한 클라인의 설명은 학제적 작업에 함축된 조화로운 수렴에 대한 의심이 필요하다는 설득력 있는 주장이다. 이 책에서 나의 주된 목표 중 하나는 대학에 대해 생각할 때 통일과 종합을 자동적으로 우선시하는 습관을 버려야 하며 그렇다고 해서 단순히 부조화와 갈등을 소극적 목표로 삼지도 말아야 한다는 주장을 펴는 것이다.

24| 레이 초(Rey Chow)는 아시아 문학을 가르치는 데에 문화 연구로의 전환이 어떻게 보수적 전략으로 기능할 수 있는지 몇 가지 유용한 지적을 한 바 있다. "학자들이 모두 '중국', '일본' 혹은 '인도'를 '하고' 있다는 단순한 이유로 한 학과로 묶일 때, 실제로 일어나는 일은 식민 영토와 민족국가의 모델에 기초하여 이른바 '학제성'을 천명하는 것이다." "The Politics and Pedagogy of Asian Literatures in American Universities", *differences,* 2, no. 3(1990), p. 40.

초는 아시아 문학을 일반적 교양의 맥락에서 생각하는 것은 아시아적인 것을 "오로지 '학제성', '비교문화적 다원성' 등의 보편주의적 언어 속에" 자리매김하는 주변화의 몸짓이라는 설득력 있는 주장을 편다. "여기서 아시아적인 것은 일반 서사의 국지화된 장식물이 된다."(36) 나와 마찬가지로 초도 학제성이나 문화 연구를 단순히 묵살해버리지는 않는다. 그녀가 하는 일은 어떻게 인문학의 구성이 그녀가 에드워드 사이드(Edward Said)를 따라 '정보화(informationalization)'라고 부르는 과정의 일환이 되는지 보여주는 강력한 사례를 제공하는 일이다.

25| 문화적 지식의 정보화에 대해서는 Edward Said, "Opponents, Audiences, Constituencies and Community" in Hal Foster, *The Anti Aesthetic: Essays on Postmodern Culture*(Port Townsend: Bay Press, 1983)와 Jean-François Lyotard, "New Technologies" in *Political Writings*, tr. Bill Readings and Kevin-Paul Geiman(Minneapolis: University of Minnesota Press, 1993) 참조.

3장 국민국가의 쇠퇴

1| 국민국가 이념의 철학적 규정에 대한 최상의 개관은 이브 기요마르(Yves Guiomar)의 《역사와 이성 속의 국가*La Nation entre l'histoire et la raison*》(Paris: La Découverte, 1990)다. 기요마르가 지적하다시피 국민국가는 인간 사회의 근대적 조직 형태다. 경제적 지구화의 주요 수사(修辭)들에 대한 유용하고 간명한 요약은 "Les Frontières de l'économie globale", *Le Monde diplomatique: manière de voir 18*(May 1993), 지구화에 수반되는 문화적·경제적 긴장들 및 지구화가 국민국가의 형상(figure)에 갖는 관계는 Immanuel Wallerstein, *Geopolitics and Geoculture: Essays on the Changing World-System*(Cambridge: Cambridge University Press, 1991) 참조.

1974년에 발간된 책 《지구로의 확장: 다국적기업의 힘*Global Reach: The Power of the Multinational Corporations*》(New York, Simon and Schuster)에서 리처드 J. 바넷(Richard J. Barnet)과 로널드 E. 뮐러(Ronald E. Müller)는 다국적기업의 힘과 범위를 분석하기 시작하며, 이 지구적 기업들을 경영하는 사람들(사실 대개는 여성이 아니라 남성들)이 "세계를 하나의 통합된 단위로 관리하려는 신빙성 있는 시도"(13)를 하고 있다고 주장했다. 바넷과 뮐러의 관찰에 따르면 "지구적 기업은 세계적 규모의 중앙집중화된 계획화를 추진하는 인류 역사상 첫 기관"(14)이다. 그리고 그들은 그들의 단정에 "현실은 대학 교과목 목록만큼 깔끔하지는 않다"는 언급으로 유보를 달려 하지만, 그럼에도 불구하고 지구적 기업들이 국민국가를 압도할 만한 진정한 잠재력을 가지고 있다고 주장한다. 특히 그들은 "경제적 문제들이 군사적 안보를 압도하게 될수록 지구적 기업이 점점 더 국민국가로부터 권력을 빼앗아 가게 될 것"(96)이라고 주장한다. 흥미롭게도 그들이 지구적 기업의 늘어난 책무성에 대한 주된 해법으로 내놓은 것 중 하나는 이 기업들의 회계 절차들을 공공 기록의 사안으로 만들자는 것이다. 책무성이 회계와 긴밀하게 연결된 것으로 파악된다는 점은 현대 대학의 상황에 대한 나의 주장에 중요한 의미를 가질 것이다.

바넷이 존 커배너(John Cavanagh)와 함께 쓴 《지구적 꿈: 제국의 기업과 새로운 세계 질서Global Dreams: Imperial Corporations and the New World Order》(New York: Simon and Schuster, 1994)는 앞의 책에서 한 단정 중 많은 것이 그 사이 20년이 지나는 동안 사실로 구현되었음을 보여준다. 이 저자들이 설명하듯이 "부상하는 지구적 질서는 몇백 개의 거대 기업들이 선도하며, 그 가운데 많은 기업들은 대부분의 주권국가들보다 크다……. 이 우주시대 사업체들의 건축가와 관리자들은 근자에 세계 정치의 권력 균형이 영토에 묶여 있는 정부로부터 세계를 떠돌 수 있는 회사들로 옮겨갔다는 것을 이해한다".(14) 바넷과 커배너는 결론짓기를 "이 체제의 가장 곤혹스런 측면은 지구적 기업의 막강한 힘과 유동성으로 인해 일국의 정부가 국민들을 위해 필수적 정책들을 효과적으로 수행할 길이 침식되고 있다는 점이다".(19) 이 저자들이 잘 알다시피 "지구적 복지를 진작시키는 것은 고사하고 그것을 정의내릴 세계적 권위란 전혀 존재하지 않는다".(419)

2| Masao Miyoshi, "A Borderless World? From Colonialism to Transnationalism and the Decline of the Nation-State", *Critical Inquiry*, 19, no. 4 (Summer 1993), p. 732.

3| 미요시의 표현에 따르면, "문화 연구와 다문화주의는 학생들과 학자들에게 초국적기업류의 신식민주의에 연루된 데 대한 알리바이를 제공하는 만큼은 자유주의적 자기기만을 은폐하는 또 하나의 장치 역할을 다시금 하고 있는 셈이다." 앞의 책, p. 751.

4| Wlad Godzich, "Religion, the State, and Postal Modernism", afterword to Samuel Weber, *Institution and Interpretation*(Minneapolis: University of Minnesota Press, 1987), p. 161.

5| Jean-François Lyotard, "The State and Politics in the France of 1960" in *Political Writings*, tr. Bill Readings and Kevin Paul Geiman(Minneapolis: University of Minnesota Press, 1993) 참조. '탈정치화'에 대한 더 상세한 논의는 내가 이 책에 붙인 '정치의 종언(The End of Politics)'이라는 제목의 머리말 참조.

6| Marco Antonio Rodrigues Dias, Preface to Alfonso Borrero Cabal, *The University as an Institution Today*(Paris and Ottawa: UNESCO and IDRC, 1993), p. xi. 보레로 카발도 보고서에서 이 점을 보강해준다. "이제 [등가의] 문제가 더 커졌으니, 해럴본드(Harrel-Bond)가 말한 대로 '20세기는 망명자, 이민자의 세기라고 말할 수 있'기 때문이다."(154)

7| Borrero Cabal, *The University as an Institution Today*, p. 138에서 재인용.

8| 앞의 책, p. 138.

9| W. E. B. DuBois, "On the Dawn of Freedom", in *The Souls of Black Folk*(New York: Fawcett World Library, 1961), p. 23.

10| Giorgio Agamben, *The Coming Community*, tr. Michael Hardt(Minneapolis: University of Minnesota Press, 1993), p. 62. 이 대목에서 웅변 투로 마르크스와 엥겔스의 미묘한 울림들을 포착해낸 번역자에게 특별한 치하가 돌아가야 한다.

11| Walter Benjamin, "The Work of Art in the Age of Mechanical Reproduction", in *Illuminations*, tr. Harry Zohn(London: Fontana Collins, 1973) 참조. 여기서 그는 당대 예술 작품의 특성으로 "전시 가치의 절대적 강조"(p. 227)를 거론한다.

12| Gérard Granel, *De l'Université*(Mauzevin: Trans-Europ-Repress, 1982). 그라넬의 주장에 대한 탁월한 요약은 Christopher Fynsk, "But Suppose We Were to Take the Rectorial Address Seriously······ Gérard Granel's *De l'Université*", *Graduate Faculty Philosophy Journal*, vol. 14, no.2~vol. 15, no. 1(1991)에서 찾아볼 수 있다. 핀스크는 그라넬의 하이데거론을 나의 결론과 다르지 않은 결론들로 끌어당긴다. 특히 대학의 제도적 문제를 시급하면서도 답이 불가능한 문제로 만드는 공동체에 대한 해체적 사유에 관해서 그러하다. 그렇지만 그가 그라넬을 따라 "그 불충분성을 알고 인정할 때만 그 목표에 도달할 수 있으며, 이런 식으로 그 지속적 갱신의 필요성을 표현해내는"(350) 해체론적인 대학 개념으로 그가 제시하는 모순어법적인 "일관된 무질서"는 내가 보기에는 여전히 너무 낙관적이다. (그렇다고 비관주의가 유일한 대안은 아니라는 유보를 달고서 하는 말이다.) 하이데거를 구해내는 데 관심이 있는 핀스크와 그라넬은 결국 대학에 소극적 일관성을 부여함으로써 그것을 구해내려는 시도로 끝나게 된다. 이것은 기본적으로 로버트 영(Robert Young)의 주장을 조금 더 강력하게 펼친 셈인데, 영의 주장은 나중에 다루기로 한다.

4장 이성의 한계 속의 대학

1| 하버드 대학교와 미국 고등교육 일반에서 찰스 엘리엇(Charles Eliot)이 차지하는 위상에 대한 훌륭한 서술은 W. B. Carnochan, *The Battleground of the Curriculum: Liberal Education and American Experience*(Stanford: Stanford University Press, 1993), pp. 9~21에 나와 있다.

2| "바로 그렇기 때문에 한 개인, 더욱이 대학 내에서는 '동료 중 최고'일 뿐이지만 외부 세계에 대해서는 교수단 전체의 위엄을 걸치고 있는 한 개인이 국가의 장관들, 개인들, 무엇보다도 젊은이들에 대해 교수단을 대표하는 것이 중

요해진다. 이것이 바로 대학 총장의 참된 이념이며, 전체의 민주적 성격을 제한하지 않기 위해서는 총장은 정해진 절차에 따라서 그리고 재임 기간을 정해놓고 그가 대표하는 사람들 가운데서 선출되고 그들의 선택을 받아야 한다." Friedrich Schleiermacher, "Occasional Thoughts on the German Conception of Universities"(1808), in *Philosophies de l'Université*, ed. Luc Ferry, J.-P. Pesron, and Alain Renaut(Paris: Payot, 1979), p. 302, 저자의 번역. 독일어 원문은 *Gelegentliche Gedanken über Universitäten*, ed. H. Müller(Leipzig: Reclam Verlag, 1990), pp. 159~237.

3| W. B. 카너컨(Walter Bliss Carnochan)의 말대로 "더 이상 찰스 엘리엇은 없다"(Battleground of the Curriculum, p. 112)고 한다면, 그가 주장하듯 단순히 총장들의 시간이나 영향력이 부족하기 때문은 아니다. 오히려 체계 속에서 총장의 자리가 더 이상 내용의 문제인 교과과정과 연관되기보다는 행정 문제인 전체 체계와 연관되는 것으로 간주되기 때문이다. 따라서 대학 총장의 시간을 대부분 차지하는 것은 일반적인 정책 수립보다는 기금 모금이다.

아마도 이 변화를 가장 명쾌하게 밝힌 것은 William H. Honan, "At the Top of the Ivory Tower the Watchword Is Silence", *New York Times*, July 24, 1994, p. E5이겠다. 이 글에서는 "옛날 옛적에는 대학 총장이 바깥 세계에 대고 무언가 말할 것이 있었다"는 점을 환기시킨다. 현재 상황은 매우 다르다. 브라운 대학교 총장인 바탄 그레고리언(Vartan Gregorian)의 말을 풀어쓰자면, 대학 총장들은 "기금 모금에 몰두한 나머지 실질적으로 어느 분파의 마음도 거스르지 않으려 조심한다". 이 기사는 미국학회위원회(the American Council of Learned Societies) 위원장인 스탠리 N. 카츠(Stanley Nider Katz)가 한 몇 가지 시사적인 언급으로 마무리되는데, 그는 자동차 산업과 대학 사이의 놀라운 유사성을 활용하여 그레고리언의 지적마저도 더 밀고 나간다. "카츠 씨는 현금의 학계 지도자들이 침묵하는 이유는 대체로 대학의 규모, 복잡성, 비용이 폭발적으로 증대한 이후로 행정적 부담에 압도당한 탓이라고 말했다. 그의 말에 따르면 '이 기관들은 하루 24시간 먹이 공급이 필요하다. 산업도 마찬가지다. 심지어 현재 크라이슬러의 수장이 누구인지 아무도 알지 못한다. 이 조직들을 경영하는 사람들이 행정 업무에 빠져 허우적대고 있기 때문이다."

4| Immanuel Kant, *The Conflict of the Faculties*, tr. Mary J. Gregor(Lincoln: University of Nebraska Press, 1992). 이 책에서 발췌한 선집도 영어본으로 쉽게 구할 수 있는데, 영역본 제목은 "The Contest of Faculties" in Immanuel Kant, *Political Writings*, ed. Hans Reiss(Cambridge: Cambridge University Press, 1970)이다.

5| Jacques Derrida, "Mochlos; or, The Conflict of the Faculties" in *Logomachia:*

The Conflict of the Faculties, ed. Richard Rand(Lincoln: University of Nebraska Press, 1992).

6| Kant, *The Conflict of the Faculties,* pp. 151, 165. 번역은 앞 책을 참조하되 저자 수정.

7| 데리다가 말한 대로, 칸트에 따르면 상위 학부들은 "국가권력의 이해관계 및 그것을 지원하는 세력들을 대변"할 책임을 지닌다. *Du droit à la philosophie* (Paris: Galilée, 1991), p. 419, 저자의 번역. 따라서 이 학부들은 행동할 책임이 있으며 지시를 내리는 순전히 수행적인 언어로 말해야 한다. 진리를 책임지는 철학은 순전히 사실 확인적인(constative) 언어로 말해야 한다. "하위' 학부의 구성원들은 지시를 내릴(Befehle gehen) 수도 없고 내려서도 안 된다. 궁극적으로는 정부가 이들의 진술 중 사실 확인이 아니며 (이 말의 특정 의미에서는) 재현적 (representational)이 아닌 모든 것들을 통제하고 검열할, 계약에 따른 힘/권력을 가진다. 비사실 확인적 진술들의 분석에서 나타나는 현대적 섬세함이나, 그 섬세함이 이러한 대학 개념에, 시민사회 및 국가권력과 대학의 관계에 미칠 영향을 생각해보라! 대학 담론이 순수히 사실 확인적 성격을 띠는지 점검할 책무를 진 검열관들과 정부 전문가들이 받아야 할 훈련을 상상해보라! 이 전문가들은 어디서 훈련을 받을 것인가? 어떤 학부에서? 상위 학부인가 하위 학부인가? 그리고 누가 이 문제를 결정할 것인가?"(427)

8| Hans Ulrich Gumbrecht, "Bulky Baggage from the Past: The Study of Literature in Germany", in *Comparative Criticism II*(1990).

9| See Jean-François Lyotard, *The Postmodern Condition,* tr. Geoff Bennington and Brian Massumi(Minneapolis: University of Minnesota Press, 1979), pp. 31~34. 리오타르는 프랑스는 "자유의 영웅으로서 인간"에 초점을 두며 따라서 교육 정책도 "대학과 고등학교보다 일차 교육의 정치학으로" 향하게 된다고 주장한다(31). 그렇지만 독일의 사변적 지식 서사는 "국민국가가 국민들을 표현으로 이끄는 유일한 타당한 방법은 사변적 지식의 매개를 통해서"(34)라고 주장한다. 프랑스혁명기의 교육 정책을 둘러싼 논쟁에 대한 두 편의 탁월한 짧은 설명으로는 Peggy Kamuf, "The University Founders: A Complete Revolution", in *Logomachia: The Conflict of the Faculties,* esp. pp. 86~90 및 같은 책에 수록되었으며 특히 디드로(Diderot)와 미라보(Mirabeau)에 대해 흥미로운 지적을 한 Christie McDonald, "Institutions of Change: Notes on Education in the Late Eighteenth Century" 참조하라.

1| Friedrich Wilhelm Joseph Schelling, "Leçons sur la méthode des études académiques"(1803), in *Philosophies de l'Université: L'idéalisme allemand et la question de l'Université*, ed. Luc Ferry, J.-P. Pesron, and Alain Renaut (Paris: Payot, 1979), p. 93, 저자의 번역. 독일어 원본은 *Vorlesungen über die Methode des akademischen Studiums*, ed. Walter Erhardt(Philosophische Bibliothek).

2| Friedrich Schiller, *Letters on the Aesthetic Education of Man*, tr. E. M. Wilkinson and L. A. Willoughby(Oxford: Clarendon Press, 1967).

3| Friedrich Schleiermacher, "Pensées de circonstance sur les Universités de conception allemande", in *Philosophies de l'Université*, 저자의 번역.

4| Mirabeau, in *Une éducation pour la démocratie: textes et projets de l'époque révolutionnaire*, ed. B. Baczko(Paris: Garnier, 1982), p. 71, 저자의 번역.

5| 여기서 우리는 번역의 문제로 접어든다. 새뮤얼 웨버(Samuel Weber)가 《제도와 해석*Institution and Interpretation*》에서 지적하듯, 'Wissenschaft(학문)'는 프랑스어로 'science'로 번역되는데, 이는 '지식'의 형태들인 'savoirs(앎)'나 'connaissances(인식)'와 대립한다. 영어에서 'science(과학)'는 모든 지식 추구의 통합 원리라기보다는 경성과학(hard science)의 지식들의 총합을 지칭한다. 'Wissenschaft'를 명사인 'learning(학식)'으로 번역하는 것도 매력적이나, (분사 'learning'으로도 번역될 수 있는) 'Bildung(교양/육성)'으로 대표되는 배움(learning)의 과정과 엄청난 혼동을 불러일으킬 위험은 있다.

6| Schelling, "Leçons sur la méthode", p. 64.

7| Johann Gottlieb Fichte, "Plan déductif d'un établissement d'enseignement supérieur à fonder à Berlin", in *Philosophies de l'Université*, p. 176, 저자의 번역.

8| Wilhelm von Humboldt, "Sur l'organisation interne et externe des établissements scientifiques supérieurs à Berlin"(1809), in *Philosophies de l'Université*, pp. 321~322, 저자의 번역. 독일어 원본 "Über die innere und äußere Organisation der höheren wissenschaftlichen Anstalten in Berlin"은 *Gelegentliche Gedanken über UniversitiUen*, ed. E. Müller(Leipzig: Reclam Verlag, 1990), pp. 273~284에 재수록.

9| Schelling, "Leçons sur la méthode", p. 73.

10| Schleiermacher, "Pensées de circonstance", pp. 259, 288, 275~276, 293~295

참조.

11| Fichte, "Plan déductif", p. 168.

12| 이것들은 존 헨리 뉴먼 추기경이 《대학의 이념 *The Idea of a University*》에서 교양 있는 신사의 산출에 대해 고찰할 때 지침이 된 관념들이며 그 밑바탕에 깔린 시간성 개념은 계몽시대보다는 19세기에 더 많은 빚을 지고 있는데, 이에 대해서는 다음 장에서 살펴보기로 한다.

13| Schleiermacher, "Pensées de circonstance", p. 271.

14| Fichte, "Plan déductif", p. 176.

15| 앞의 책, p. 251.

16| Humboldt, "Sur l'organisation interne et externe", p. 324.

17| 앞의 책, p. 325.

18| 장프랑수아 리오타르도 유사한 관찰을 한다. *The Postmodern Condition*, tr. Geoff Bennington and Brian Massumi(Minneapolis: University of Minnesota Press, 1979). 여기서 그는 훔볼트의 "더 자유주의적인" 제안이 피히테의 제안을 제치고 베를린 대학교 구상으로 선택되었다고 언급한다(32).

6장 문학적 교양

1| Friedrich Schlegel, *Lectures on the History of Literature, Ancient and Modern*(New York: Smith and Wright, 1841), p. 9.

2| 독일 문학의 발전에 대한 상세한 논의는 특히 라이너 로젠베르크(Rainer Rosenberg)의 탁월한 세 저작 참조. *Literaturwissenschaftliche Germanistik*(Berlin: Akademie-Verlag, 1989); *Zehn Kapitel zur Geschichte der Germanistik*(Berlin: Akademie-Verlag, 1981); *Literatur—verhältnisse im deutschen Vormärz*(München: Kürbiskern und Tendenzen, 1975); and Jurgen Fohrmann's *Das Projekt Der Deutschen Literaturgeschichte*(Stuttgart: J. B. Metzlersche Verlagsbuchhandlung, 1989).

3| *Conversations de Goethe avec Eckermann,* ed. Claude Roëls, tr. Jean Chuzeville(Paris: Gallimard, 1988) 참조.

4| Sir Philip Sidney, *A Defence of Poetry,* ed. J. A. Van Dorsten(Oxford: Oxford University Press, 1973), p. 25. 수사적 범례(exemplum)란 주관적 의식보다는 집단적 기억(이 자체가 수사학의 다섯 분야 중 하나임)에 주어진 사례를 가리킨다. 웅변가는 그런 사례들을 한 묶음 소지하고 있으며, 그 가운데 일부는 완전히 상충하는

데, 그는 그것들을 통일된 논리에 따라서가 아니라 각 상황에서 적절해 보이는 대로 적용한다. 이 점에서 이 사례들은 격언과 다르지 않다. 따라서 이 "말하는 그림들"을 근대적 의미의 사례보다는 상징으로 보는 것이 더 정확할 듯하다. 그 것들은 'wunderkabinett(골동품실)' 내지 보물창고의 기념 공간 속에 뒤죽박죽 섞여 있는 물건들이다.

5| Peter Uwe Hohendahl, *Building a National Literature: The Case of Germany, 1830~1870*(Ithaca: Cornell University Press, 1989); Chris Baldick, *The Social Mission of English Criticism: 1848~1932*(Oxford: Clarendon Press, 1983); Franklin E. Court, *Institutionalizing English Literature: The Culture and Politics of Literary Study: 1750-1900*(Stanford: Stanford University Press, 1992); Gerald Graff, *Professing Literature*(Chicago: University of Chicago Press, 1987); *The Institutionalization of Literature in Spain,* Hispanic Issues I, ed. Wlad Godzich and Nicholas Spadaccini(Minneapolis: Prisma Institute, 1987). Gauri Viswanathan의 *Masks of Conquest: Literary Study and British Rule in India*(New York: Columbia University Press, 1989)는 엄밀히 말해 국경을 넘어서는 민족문학의 효과를 취하며 "영국 제국주의에 봉시히도록 된 문학작품들의 용도" (169)를 탐구한다.

6| Philippe Lacoue-Labarthe, *La Fiction du politique*(Paris: Christian Bourgois, 1987).

7| John Henry Cardinal Newman, *The Idea of a University: Defined and Illustrated*(London: Longmans, Green and Co., 1925), p. 106. 이 책은 "Nine Discourses"(1852)와 이후 더블린의 유니버시티 칼리지에서 강연한 "University Subjects"(1858)에 대한 에세이들을 모아놓았다.

8| T. H. Huxley, "Science and Culture", in *Science and Education,* p. 141. 헉슬리는 1874년 애버딘 대학교의 총장이 되었다.

9| 뉴먼의 말로는, "우리가 어떤 이름을 붙이든, 내가 보기에 이 지적 문화를 그 직접적 영역으로 삼는 것이 역사적으로 볼 때 대학의 책무다".(125)

10| W. B. Carnochan, *The Battleground of the Curriculum: Liberal Education and American Experience*(Stanford: Stanford University Press, 1993), pp. 43~46.

11| 뉴먼이 제안하는 선택의 취지 전부는 이렇다. "나는 단언하는 바입니다, 신사 여러분, 만약 내가 기숙사나 튜터의 관리감독이 없이 광범위한 주제의 시험을 통과하기만 하면 누구에게나 학위를 주는 이른바 대학과, 옥스퍼드 대학교에서 약 60년 전부터 해왔다고 하듯 교수나 시험이 전혀 없이 3~4년 동안 많은 청년들을 한데 모아놓았다가 내보내는 대학, 이 둘 사이에서 선택해야 한다면…… 나

는 아무런 주저 없이 그 구성원들에게 태양 아래 모든 학문을 알라고 강요한 대학보다는 아무것도 하지 않은 그 대학을 택할 것입니다."(145)

12| Matthew Arnold, *Culture and Anarchy*(1868), ed. J. Dover Wilson(Cambridge: Cambridge University Press, 1932).

13| Matthew Arnold, "The Function of Criticism at the Present Time", (1864) in *Selected Criticism of Matthew Arnold*, ed. Christopher Ricks(New York: New American Library, 1972), p. 97.

14| Graff, *Professing Literature*.

15| "내가 문학 일반에 대해 설명할 때 그리스인들의 문학을 기술하는 데서 시작한 이유로 이미 든 것들에 덧붙여, 그리스인들은 거의 모든 면에서 자신의 문학을 창조해냈다고 할 수 있는 유일한 민족이며, 그들이 성취한 것들의 탁월성은 그에 앞서 어떤 다른 민족이 구축한 것과도 거의 전적으로 무관하다는 점을 지적할 수도 있겠다." Schlegel, *Lectures on the History of Literature*, p. 14.

16| John Dryden, *Works*, vol. 17, ed. Swedenberg, Miner, Dearing, and Guffey(Berkeley: University of California Press), p. 55.

17| *The Johns Hopkins Guide to Literary Theory and Literary Criticism*, ed. Michael Groden and Martin Kreiswirth(Baltimore: Johns Hopkins University Press, 1993)에 저자가 집필한 드라이든 항목 및 "Why Is Theory Foreign?" in *Theory Between the Disciplines*, ed. Mark Cheetham and Martin Kreiswirth(Ann Arbor: University of Michigan Press, 1990) 참조.

18| F. R. Leavis, "The Idea of a University" in *Education and the University*(1943) (Cambridge: Cambridge University Press, 1979).

19| 이 논의에서 리비스의 글들은 《검토》 그룹의 환유 역할을 하는데, 이 그룹의 상세한 제도적 역사에 대해서는 Francis Mulhearn in *The Moment of Scrutiny* (London: Verso New Left Books, 1979)를 참조하라.

20| F. R. Leavis, "Mass Civilization and Minority Culture", in *Education and the University*; F. R. Leavis, *Nor Shall My Sword*(New York: Barnes and Noble, 1972).

21| L. C. Knights, "How Many Children Had Lady Macbeth?" in *Selected Essays in Criticism*(Cambridge: Cambridge University Press, 1981) 참조.

22| Lacoue-Labarthe, *La Fiction du politique*.

23| Wolf Lepenies, "The Direction of the Disciplines", in *Comparative Criticism II*(1990).

24| Wolf Lepenies, *Between Science and Literature*(Cambridge: Cambridge University Press, 1988).

25| Jtirgen Habermas, "The Idea of the University", in *The New Conservatism,* ed. and tr. Shierry Weber Nicholsen(Cambridge, Mass.: MIT Press, 1989).

26| 앞의 책, p. 24.

27| John Guillory, *Cultural Capital: The Problem of Literary Canon Formation* (Chicago: University of Chicago Press, 1993) 참조.

28| E. D. Hirsch, *Cultural Literacy: What Every American Should Know*(Boston: Houghton Mifflin, 1987). 이러한 문화적 해독 능력(cultural literacy) 테스트의 뒤에 깔려 있는 정치적 가정들은 좋게 말해 미심쩍어 보인다. 이 가정들은 '문자 해독 능력 테스트(literacy test)'를 짐 크로 법(Jim Crow laws: 미국의 인종차별법―옮긴이)을 유지하고 아프리카계 미국인의 공민권을 박탈하는 수단으로 사용한 미국의 역사적 경험에 오염되어 있다.

29| Edgar Eugene Robinson, "Citizenship in a Democratic World". Carnochan, *The Battleground of the Curriculum,* p. 132에 재수록.

30| 이러한 느슨하게 하기는 커넌(Alvin Kernan)이 《문학의 죽음*The Death of Literature*》(New Haven: Yale University Press, 1990)에서 제기한 의미에서의, 외재적인 정치적 의제의 산물로서의 '문학의 죽음'이 아니다. 커넌은 이 점을 지적하는 데에 섬세하지 못하며, 심지어는 "그 결과는 문학의 급진적 정치화였다……. 텍스트들은 일차적으로 정치적 문건이 되었다"(85~86)라고까지 천명한다. 이어서 그는 이렇게 된 경위에 대해 혼란스러운 그림을 제공한다. 즉 같은 페이지에서 해체론은 "지적 마오주의"라는 비난과 "무질서적 자유"라는 비난을 모두 받는다 (85). 그렇지만 마오주의자와 무정부주의자는 보통 사이가 좋지 않은데 이 점을 커넌은 알아차리지 못하는 듯하다.

또한 지적해두고 싶은 것은, 분과학문 구조로서의 문학의 자리가 의문시된다는 커넌의 말은 맞지만, 그의 다소 혼란스러운 설명이 그 스스로 더 이상 작동하지 않는다고 인정하는 낭만주의적 문학관의 용어들로 이루어진다는 점이다. 한편으로는 좌익 서기들의 내부 반역이 문학에서 그 정신적 내용을 박탈했다면, 다른 한편으로 매체 기술공학의 외부적 힘이 언어의 성스러운 형식을 공격하고 있다는 것이다. 그리하여 이 책 내내 명석한 순간들(커넌이 '문학' 범주의 역사적으로 상대적인 기능을 인식하는 듯 보이는 때)이 다양한 '그들들(theys)'이 커넌이 즐겨 부르던 문학적 노래에 자행한 짓에 대한 거센 비난과 번갈아 나타난다. 분명히 한때는 도덕적 진실과 논리, 품위의 저장소였던 그 성스러운 언어 형식의 쇠망에 대한 커넌의 구절 중 하나는 이러하다. "대개 교육받은 사람들이 매체에 흘러넘치는 허황한 엉터리 상투어에 눈살을 찌푸리는 데는 그만한 이유가 있다. 이는 단지 오랜 문법 규칙을 깨트린다거나, 철자법에 무질서가 횡행한다거나, 쉼표 오류와 현수 수식어(dangling modifiers)가 당당히 자행된다거나, 젠체하는 우둔한 상투어들이 온 나라에 고와트 음향 장비로 증폭되어갈수록 강해지는 자기만족에 젖어 방송을 타고 있다거나 하는 문제만이 아니다. 현대 미국에서 들을 수 있는 가장 창의적이고 강력한 말들이 대놓고 부도덕한 방식으로, 즉 진실이나 논리나 품위에 대한 아무런 진정한 관심 없이 구사되고 있다."(169)

7장 문화 전쟁과 문화 연구

1| 지식인이라는 인물의 쇠퇴에 대한 상세한 논의로는 Jean-François Lyotard, *Political Writings*, tr. Bill Readings and Kevin Paul Geiman(Minneapolis: University of Minnesota Press, 1993)에 수록된 글들 중 *Tombeau de l'intellectuel*에 실린 에세이들과, 내가 리오타르의 주장을 종합적으로 설명한 이 책의 서문을 참조하라.

2| 이 주제에 대한 또 다른 두 편의 훌륭한 탐구가 전자 저널 *Surfaces*, vol. 2(1992)에 실려 있다. Bruce Robbins, *Mission impossible: l'intellectuel sans la culture*, and Paul Bove, *The Intellectual as a Contemporary Cultural Phenomenon*. 이 글들은 몬트리올 대학교의 고퍼 사이트(gopher site)에서 고퍼를 통해 검색해볼 수 있다.

3| Antony Easthope, *Literary into Cultural Studies*(London and New York: Routledge, 1991), and Cary Nelson, "Always Already Cultural Studies: Two Conferences and a Manifesto" *Journal of the Midwestern Modern Language Association*, 24, no. 1(Spring 1991) 참조.

4| 이것은 거창하면서도 조금 잔인한 주장이다. 잔인하다고 하는 것은, "퀴어성(queerness)"에 대한 호소가 대개 더 높은 학문적 기준의 주장보다는 증대된 정치적 급진주의의 이름으로 이루어지기 때문이다. 그리고 이루어진 작업 가운데 일부는—*Inside/Out*, ed. Diana Fuss(New York and London: Routledge, 1991)이나 *Fear of a Queer Planet*, ed. Michael Warner(Minneapolis: University of Minnesota Press, 1993)에 수록된 글들처럼—성애(sexuality)를 근원적으로 불안정한 차이의 장으로 생각할 중요한 논거를 제시한다는 점에서도 잔인하다고 할 수 있다. 이들은 성애를 논의함에서 주체성과 재현의 개념에 대해 생각할 필요가 있음을 인식한다. 예컨대 마이클 워너(Michael Warner)는 퀴어 문화와 다문화주의의 문화적 모델 사이의 차이를 명백하게 인식한다(*Fear of a Queer Planet*, pp. xvii~xx). 그렇지만 약간 논쟁적으로 말해보자면, 나는 퀴어 이론의 급진주의는 문화 연구와

의 유비를 통해 퀴어 이론이 여러 교과과정에 걸쳐 개설로 쓰일 수 있도록 고안되어 강단의 급진주의가 될 위험을 안고 있다고 주장하고 싶다. 이를 달리 말하면, 퀴어 이론이 누구나 각자 나름대로 퀴어하다는 인정으로 귀결될 위험이 있는 한 퀴어 연구 프로그램은 레즈비언 및 게이 연구 프로그램보다 '수월성'을 평가하기가 훨씬 쉽다. 일반화된 성애 개념을 학문적 연구의 대상으로 정전화하는 퀴어 이론이란 성애를 학문적 관리에 열어두는 것 이상이 아니다. 퀴어 연구가 정체성, 경험, 그리고 대상 선택의 개념들을 구분해낼 능력을 갖춘 레즈비언 및 게이 연구를 뜻한다면, 나는 전적으로 퀴어 연구를 지지한다. 그러나 분과학문의 재명명 뒤에 놓인 에너지의 일부는 어딘가 다른 곳에서 나오는 게 아닐까 우려된다.

5| *Relocating Cultural Studies: Developments in Theory and Research,* ed. Valda Blundell, John Shepherd, and Ian Taylor(London and New York: Routledge, 1993).

6| Raymond Williams, "Culture Is Ordinary" and "The Idea of a Common Culture", in *Resources of Hope: Culture, Democracy, Socialism,* ed. Robin Gable(London and New York: Verso, 1989) 참조. 톰슨(Edward Palmer Thompson)의 《영국 노동계급의 형성*The Making of the English Working Class*》(Harmondsworth: Penguin, 1968)은 '문화주의' 관점에서 계급 개념을 논하며, 계급을 자신들 사이에서 그리고 다른 집단에 맞서 스스로의 이해관계를 규정하는 그룹으로 정의한다. 한편 그의 《이론의 빈곤*The Poverty of Theory*》(London: Merlin Press, 1978)은 계급 개념을 이론화하며 따라서 일차적으로 이론적인 관점에서 계급투쟁의 역사에 접근하는 유럽 마르크스주의 전통을 더 드러내놓고 공격한다.

7| 물론 이따금 윌리엄스의 저작에서 이것은 노동계급을 교양 있는 참여적 민주주의 전통의 담지자로 바라보는 감상주의로 나타나기도 했다.

8| Raymond Williams, *Politics and Letters: Interviews with the New Left Review*(London: New Left Books, 1981), p. 115.

9| Williams, *Resources of Hope,* p. 7.

10| 앞의 책, p. 108.

11| Williams, *Politics and Letters* 참조.

12| 사회적 전체성 문제에 대해 지배계급의 시각만이 횡행하는 것에 의문을 던지는 유사한 사례로 윌리엄 엠프슨(William Empson)의 《목가시의 몇 가지 종류*Some Versions of Pastoral*》(London: Chatto and Windus, 1935)도 거론하는 것이 공정할 듯하다. 이 책은 윌리엄스의 *The Country and the City*(London: Chatto and Windus, 1973)에도 분명한 영향을 미친 바 있다.

13│ Williams, *Resources of Hope*, p. 18.

14│ 오로지 이런 의미에서만 문학이 지형학적이 되는 것은 아니라는 점은 문학적인 것에 대한 데리다의 논의를 다룬 밀러(J. Hillis Miller)의 탁월한 연구에서 명백해진다. "Derrida's Topographies", *South Atlantic Review*, 59, no. 1(January 1994). 밀러는 문학적인 것에 대한 데리다의 설명은 비밀의 지형학이라는 특징을 띠고 있다는 사실을 분석해낸다. 그리고 이런 지형학을 통해 낭만적인 문학적 풍경이 제공하는 듯 보이는 그런 유의 손쉬운 지시성(referentiality)을 각하한다고 주장한다. 심지어 여기서 조금 더 나아가, 관광이란 비밀의 지형학에 의해 열린 문학적인 것에 대한 질문을 유예하려는, 문학의 수행이 지시물(reference)을 유보시킴으로써 생겨난 불안을 잠재우려는 욕망이라고 말할 수도 있겠다. 물론 이런 문학 개념이 대학의 민족문학 교육의 역사로부터 익히 접해온 문학 개념과는 근원적으로 상충한다는 점은 분명히 해두어야 할 것이다.

15│ Larry Grossberg, *It's a Sin: Essays in Postmodernism, Politics and Culture*(Sydney: Power Publication, 1988), p. 14. 문화 연구에서 개인적인 것의 문제는 최근 다음 책에서 상세히 논의된 바 있다. Elspeth Probyn, *Sexing the Self Gendered Positions in Cultural Studies*(London and New York: Routledge, 1993).

16│ Easthope, *Literary into Cultural Studies*(1991); *Cultural Studies*, ed. Larry Grossberg, Carey Nelson, and Paula Treichler(New York and London: Routledge, 1992); Graeme Turner, *British Cultural Studies: An Introduction*(London: Unwin and Allen, 1990); Patrick Brantlinger, *Crusoe's Footprints: Cultural Studies in Britain and America*(New York and London: Routledge, 1990).

17│ Easthope, *Literary into Cultural Studies*, p. 174.

18│ 그래서 지금은 "대중문화보다 문학 문화를 우위에 놓는 데 기반한 연구를 지속하는 것이 불가능"하니, "문학'과 '대중문화'가 이제 단일한 참조틀 속에서 함께 의미화 실천으로 간주되어야" 하기 때문이다(71, 107). 사실과 허구의 문제에 대해서는, "모든 텍스트는 역사적 텍스트"이며 동시에 "역사는 실재하나 우리에게는 담론적으로만, 역사적 서사의 형태로만, 역사적인 것의 구성물로만 접근 가능하다"(157)는 점을 상기시킨다.

19│ Dick Hebdige, *Subculture: The Meaning of Style*(London: Methuen, 1979).

20│ *Cultural Studies*, p. 3.

21│ *Relocating Cultural Studies*, pp. 4, 6.

22│ *Reading into Cultural Studies*(London and New York: Routledge, 1992), ed. Martin Barker and Anne Beezer, p. 18.

23│ Ronald Judy, *(Dis)Forming the American Canon*(Minneapolis: University of Minnesota Press, 1993), p. 17. 주디의 논지는 페미니즘의 제도화에 대한 다이앤 엘럼의 논의와 흥미로운 유사성이 있다. Diane Elam, *Feminism and Deconstruction: Ms. en Abyme*(London and New York: Routledge, 1994). 주디 자신의 책은 아프리카계 미국 흑인의 글이 "의미화 자체에 대한 저항"을 표현하고 있음을 강력하게 주장하는데, 이를 통해 그는 아프리카계 미국 '문화'를 수립하거나 연구하는 기획과는 근원적으로 상충하는 '신생 연구(emergent studies)'를 제안한다. '아프리카계 미국 문화' 개념은 그가 지적하듯 아프리카적인 것을 유럽 국가 등장의 정당화 담론인 대학에 의한 '문화적 가치의 생산' 속에 재삽입하는 셈이기 때문이다(287).

24| 이 논지를 특히 예리하게 시각화한 것으로는 부르디외가 작성한 프랑스 대학 제도의 도표 참조. Pierre Bourdieu, *Homo Academicus*, tr. Peter Collier(Stanford: Stanford University Press, 1988), p. 276.

25| John Guillory, *Cultural Capital: The Problem of Literary Canon Formation* (Chicago: University of Chicago Press, 1993), p. 325.

26| 길로리(Guillory)가 '이론'을 다루는 데서도 유사한 징후들이 나타나는데, 특히 흥미로운 결락이 나타나는 한 예를 보자. "인류학이나 철학, 언어학, 비평, 정치 분석의 여러 담론들에서 이론이 대륙(대부분 프랑스)에서 기원한 탓에 이론의 실천은 어떤 단일한 분과학문에 국한되지 않게 되며, 이런 정황으로 말미암아 '이론'이라는 기표가 이론이 기원한 국가에서는 미국에서보다 제도적으로 덜 중요한 것이 되었다."(*Cultural Capital*, p. 177) 이 문장의 첫 부분에서 대륙에서 '프랑스'로 넘어가는 것은 단순한 사실 진술처럼 보이지만, 문장 끝에 이르면 이론에는 '기원이 되는 국가'가 있다고 말한다. 그리고 미국적인 시각 안에서 보면 이렇게 보일 수도 있겠지만, 그렇다고 해서 사실이 되는 것은 아니다. 그러나 '이론'을 미국의 문화 자본 담론으로 분석하기 위해서 길로리는 스스로의 관점을 가장 협소하게 민족주의적인 것으로 축소해야 한다. 이는 마치 바르트가 프랑스의 파스타 광고에 내포된 '이탈리아풍'의 요소들을 프랑스 광고에 대한 진술로 서술하는 대신 그답지 않게도 이탈리아를 설명하는 토대로 삼는 격이다.

27| Bourdieu, *Distinction: A Social Critique of the Judgement of Taste*, tr. R. Nice(Cambridge, Mass.: Harvard University Press, 1984).

28| Guillory, *Cultural Capital*, pp. 326~327 참조.

29| 문화의 국제적 통화가 가진 이러한 문제는 문화 연구 전반으로 확대된다. 그래서 앤드루 로스나 그레이엄 터너가 중심국에서 구식민지(각기 미국과 오스트레일리아를 지칭)로 급진적 비평 방법론들을 수출하는 데에서 맞닥뜨린 정치적 이해 관계에 의문을 제기한 것이다. 그렇지만 민족문화들의 특수성에 주목할 필요

에 대한 이들의 언급은 핵심을 놓치고 있다. 국민국가를 문화 분석의 일차적 단위로, 개개의 문화적 파롤을 규정하는 참조틀인 랑그의 이름으로 파악하는 문제 말이다. 그리하여 문화 연구는 **국민국가와 나란히** 수출 가능한 것이 된다. (문화 연구에 종사하는 필자들이 민족적 이데올로기의 내용이 좌파적 성향을 띨 수 있는 곳에서는 어디에서나 대중문화 주창에 일정한 민족주의적 색채를 가미하는 경향이 있는 것도 이 때문이다.) Andrew Ross, *No Respect: Intellectuals and Popular Culture*(London and New York: Routledge, 1989) 및 Graeme Turner, "It Works for Me': British Cultural Studies, Australian Cultural Studies, Australian Film", in *Cultural Studies* 참조.

30| 이 문제들은 길로리의 책에 표식을 남긴다. 서문에 따르면 1장에서 논의되는 일반적인 문학 정전 문제를 둘러싼 사례 연구들로 장들이 구성된다. 그러나 각 장은 일반적 지적과, 이 책에서도 한 번도 제대로 이행하지 못하는 새 방향의 권고로 끝난다. 1장은 "정치적 통합의 기획"의 일환으로 "문화 자본의 체계적 구성과 분배"(82)에 대한 분석을 주창한다. 2장과 3장은 이런 분석을 행하지만, 반대편에서는 어떤 일을 해야 할지, '문학'을 '문화 자본'으로 이해하는 일이 정치적 통합은 차치하고라도 문학 교과과정의 재구상으로 어떻게 이어질지에 대해 아무런 실마리도 전해주지 않는다. 이런 점에서 이 장들은 폭로와 부정의 대상이 되는 체계에 묘하게 기생하는 듯하다. '문학 이론'의 정전화를 다루는 4장은 문학 연구의 대상을 재개념화하고자 요구하는 것으로 끝맺지만(265) 이것이 어떤 방향으로 이루어져야 할지에 대해서는 아무런 이야기가 없다. 제도적 교수법에 대한 공격에서도 마찬가지인데, 길로리는 카리스마적인 가르침과 감정의 역할을 부정하고 엄밀성에 대한 드 만(Paul de Man)과 라캉(Jacques Lacan)의 관심에서 "사도들이 교회를 만드는 욕망"을 간파해내지만(202) 대안적 교수법이나 제도적 실천에 대해서는 아무 설명도 하지 않는다.

다시 말해 문학 교과과정을 재구상할 필요에 대해서는 많은 말을 하지만, 이런 재구상에 수반될 작업의 종류에 대한 증거는 이 책 자체가 본보기가 되는 것 외에는 거의 없다. 그래서 독자는 결국 묘한 순환 논리라는 인상을 갖게 된다. 즉 문학 교과과정은 그 사회학적 구성에 대한 분석을 제시하고 그것을 넘어서는 움직임을 권고하는 과정들과 책들로 대체될 것이다. 이런 종류의 순환성은 전적으로 새로운 것은 아니다. 사실 그것은 길로리가 리비스의 경우에 날카롭게 분석해내는 종류의 문제에 상응한다. 즉 대항 문화는 성공이 실패(대항적 위상의 상실)를 의미할 것이기에 스스로의 소멸에 전념한다.

31| Gerald Graff, *Beyond the Culture Wars: How Teaching the Conflicts Can Revitalize American Education*(New York: Norton, 1992).

32| 길로리의 《문화 자본》은 일차적으로 문학 정전이란 그 사회를 반영하는 것으로

이해되어야 한다는 생각을 조목조목 논리적으로 반박하는 데 첫 장을 할애한다.

33| *Beyond a Dream Deferred: Multicultural Education and the Politics of Excellence*, ed. Becky W. Thompson and Sangeeta Tyagi(Minneapolis: University of Minnesota Press, 1993), p. xxxi.

34| 앞의 책《지연된 꿈을 넘어서》의 저자 소개에 다음 두 가지 예가 나온다(p. 258). "이블린 M. 해먼즈(Evelynn M. Hammonds)는 MIT의 STS(과학, 공학, 사회) 프로그램 조교수로 획기적인 1986년 논문 〈인종, 성, 에이즈: 타자의 구성*Race, Sex, AIDS: The Construction of Other*〉의 저자이다. 아프리카계 미국 흑인 페미니스트로서 그녀는 미국 연방대법관에 지명된 클래런스 토머스(Clarence Thomas)의 상원 청문회와 아니타 힐(Anita Hill) 교수에 대한 취급에 심각한 문제를 느껴, 〈누가 흑인 여성들을 대변하는가? *"Who Speaks for Black Women?"*〉(Sojourner, October 1991)에서 이에 대해 썼다." "이언 피덴시오 해니 로페즈(Ian Fidencio Haney Lopez)는 위스콘신 대학교의 법학 조교수로 미국 법의 인종 관념과 더불어 동부 로스앤젤레스의 경찰-치카노(Chicano) 관계를 연구하고 있다. 해니 로페즈는 엘살바도르 출신 어머니와 종족적인 아일랜드계 미국인 아버지의 아들로 하와이에서 태어나 거기서 자랐다." 차이의 질적 동질화는 '아일랜드계 미국인'에 '종족적인'이라는 동어반복적 한정어를 붙인 데서 가장 극명하게 드러난다. 아일랜드계 미국인 중에는 다른 사람들에 비해 더 종족적인 사람들이 있다는 함의로 추정되는데, 이는 진정한 차이의(즉 정체성 혹은 동일성의) 동질적 기준을 끌어들이는 셈이다.

35| 이 과정은 브루스 로빈스가 "정당화 담화"라고 부르는 것의 현재적 양식을 논의하는 가운데 고통스럽게 의식하고 있는 그런 과정이다. Bruce Robbins, *Secular Vocations: Intellectuals, Professionalism, Culture*(London and New York: Verso, 1993).

36| *Beyond a Dream Deferred*, p. xxx.

37| 사유하기와 기술하기가 하나의 동일한 활동이라는 해로운 가정은 정전 논쟁에서 물론 고질화되어 있다.

38| 마이클 피터스(Michael Peters)가 지적한 대로 "서구 사회의 대학이 위기 상태라고 말하는 것은 전후(戰後) 세대의 논평자들의 생각과 느낌을 고스란히 되풀이할 뿐이다. '위기'라는 말은 따라서 거의 모든 개념적 가치를 상실하였다." "Performance and Accountability in 'Post-Industrial Society': The Crisis of British Universities", *Studies in Higher Education*, 17, no. 2(1992).

39| Dinesh D'Souza, *Illiberal Education*(New York: Free Press, 1991); Robert Hughes, *The Culture of Complaint: The Fraying of America*(New York and

Oxford: New York Public Library and Oxford University Press, 1993); Sande Cohen, *Academia and the Luster of Capital*(Minneapolis: University of Minnesota Press, 1993).

40| Gilles Deleuze and Felix Guattari, *A Thousand Plateaus*, tr. Brian Massumi (Minneapolis: University of Minnesota Press, 1987).

41| 이런 의문 제기는 자기현전 관념(자기가 말하는 것을 들을 때 사람은 자신과 하나라는 착각으로, 사실 이때 자기의식은 다른 곳에서 비롯된 언어적 표상에 의해 매개된다)에 대한 비판의 형태로, 그리고 실제로는 남성, 백인, 이성애자 등인 이성의 주체가 중립성과 '표식 없는' 위상을 자임하는 데 대한 거부로 수행되어왔다. 이런 비판의 훌륭한 두 사례는 *Who Comes After the Subject?* ed. Eduardo Cadava, Peter Connor, and Jean-Luc Nancy(New York and London: Routledge, 1991); Judith Butler, *Bodies That Matter*(New York and London: Routledge, 1993)를 참조하라.

8장 탈역사적 대학

1| Theodor W. Adorno, "Cultural Criticism and Society", in *Prisms,* tr. Samuel and Shierry Weber(Cambridge, Mass.: MIT Press, 1990).

2| Cary Nelson, "Always Already Cultural Studies: Two Conferences and a Manifesto", *Journal of the Midwestern Modern Languages Association,* 24, no. 1(Spring 1991) 참조.

3| Wilhelm von Humboldt, "Sur l'organisation interne et externe des etablissements scientifiques superieurs a Berlin"(1809), in *Philosophies de l'Université: L'idealisme allemand et la question de l'Université,* ed. Luc Ferry, J.-P. Pesron, and Alain Renaut(Paris: Payot, 1979), p. 323, 저자의 번역.

4| Johann Gottlieb Fichte, "Deductive Plan for an Institution of Higher Learning to be Founded in Berlin", in *Philosophies de l'Université,,* pp. 180~181, 저자의 번역.

5| Friedrich Schleiermacher, "Pensées de circonstance sur les Universités de conception allemande" in *Philosophies de l'Université,* p. 283, 저자의 번역.

6| Robert Young, "The Idea of a Chrestomathic University", in *Logomachia: The Conflict of the Faculties,* ed. Richard Rand(Lincoln: University of Nebraska Press, 1992), p. 122.

7| Leo Bersani, *The Culture of Redemption*(Cambridge, Mass.: Harvard University

Press, 1990).

8| 이의 철저한 입증으로는 Gerald Graff, *Professing Literature*(Chicago: University of Chicago Press, 1987) 참조.

9| 'differend'에 대해서는 졸저 *Introducing Lyotard: Art and Politics*(London and New York: Routledge, 1991) 참조.

9장 공부의 시간: 1968년

1| 이 장에서 나의 초점은 주로 프랑스에, 그리고 어느 정도까지는 미국에 할애될 것이다. 그렇지만 프랑스나 미국에서 있었던 일이 나머지 세계에서도 두루 일어났다고 함축하는 식으로 이 10년 시기의 복잡성을 생략을 통해 부정할 생각은 없다. 국경을 가로질러 어느 정도 유사성이 존재하는 것은 사실이지만, [예컨대 인도의 낙살라이트 봉기(1967년 토지와 소출에 대한 정당한 권리를 주장하는 낙살바리 농민들의 시위 및 강경 진압으로 촉발된 전국적 봉기―옮긴이)] 그럼에도 존재하는 차이들과 함께 유사성들의 정확한 성격을 추적하는 일이 중요할 것이다. 이 일을 책임 있게 수행하는 것은 이 장의 범위를 넘어서니, 이 장에서는 야심을 줄여 프랑스의 1968년 사태를 논지의 제유(提喩)로 사용하고자 한다. 이런 지구적 연관성을 일부 수립하기 시작하는 분석으로는 George Katsiaficas, *The Imagination of the New Left: A Global Analysis of 1968*(Boston: South End Press, 1987) 참조.

2| 리오타르가 지적하는 대로 근대 프랑스 국가는 "대학과 고등학교보다는 일차 교육의 정치학"에 집중했다. *The Postmodern Condition*, tr. Geoff Bennington and Brian Massumi(Minneapolis: University of Minnesota Press, 1979), p. 31. 1993년에 클로드 알레그르(Claude Allègre)는 프랑스 대학을 "아테네식 과두제"로 기술한다. *L'âge des savoirs: pour une renaissance de l'Université*(Paris: Galliard, 1993), p. 15.

3| 알레그르는 "대학의 자율성과 독립의 전통은 중세에서 물려받은 것이다"(16)라고 지적한다. 그는 공화국 개념이 공화주의의 모델로서의 근대 국민국가와 관련되기보다는 중세 길드나 르네상스 도시국가(그 공화국은 본질적으로 도시민의 길드였다)와 더 관련된다는 점을 분명히 하지 않은 채 '교수들의 공화국'을 언급함으로써 이 문제에 약간의 혼란을 초래한다.

4| W. B. 카너컨은 "20세기 초기 및 중기의 미국 대학에서처럼 학생들이 수동적이었던 적도 거의 없었다"라고 지적한다. *The Battleground of the Curriculum:*

Liberal Education and the American Experience(Stanford: Stanford University Press, 1993), p. 95. 같은 취지에서 최근의 《선데이 타임스》 부록판에 실린 〈조용한 혁명가들〉이라는 기사는 '신실용주의'의 틀로 현재 영국 학생들의 무관심을 설명하고자 한다. "젊음의 개념은 현재 급진주의 이념에서 거의 완전히 분리되어 있다"고 지적하면서 이 기사는 나아가 학생 정치가 "이념보다는 쟁점 중심"인 반면, 보수당이 아니라 노동당을 위해 일하는 것을 경력 전망의 맥락에서 바라보고 있다고—마치 이 둘 사이에 분명한 차이라도 있다는 듯이—설명한다. Sean Langan, "The Quiet Revolutionaries", *Sunday Times*, October 23, 1994, pp. 10.4~10.5.

5| Pierre Bourdieu, *Homo Academicus*, tr. Peter Collier(Stanford: Stanford University Press, 1988), p. 188.

6| 앞의 책, pp. 190, 168 참조. 부르디외가 이런 종류의 주장을 펴기 위해 어디까지 나아가려 하는지 보여주려면, 그의 지적을 길게 인용할 필요가 있겠다. "생도 수의 증가가 가지고 온 주된 효과를 언급하지 않고서는 위기를, 적어도 위기의 등장과 일반화의 구조적 조건들을 설명할 수 없다. 이 효과란 계급 하락의 일반화를 초래하는 대학 학위의 평가절하로……이는 이전 상태의 체계에서는 실질적으로 상응하는 기회를 제공하였던 지위 및 학위에 내재된 법령상 기대치와 우리가 살펴보고 있는 이 시기에 이런 학위와 지위가 실제로 제공하는 기회 사이에 구조적 틈을 만들어낸다."(162~163)

7| John Guillory, *Cultural Capital: The Problem of Literary Canon Formation*(Chicago: University of Chicago Press, 1993), pp. 248~255.

8| Julien Benda, *The Treason of the Intellectuals*, tr. Richard Aldington(New York: Norton, 1969).

9| 예컨대 다음 참조. Jacques Derrida, *Du Droit à la philosophie*(Paris: Gallimard, 1990); Paul de Man, *The Resistance to Theory*(Minneapolis: University of Minnesota Press, 1986); Samuel Weber, *Institution and Interpretation*(Minneapolis: University of Minnesota Press, 1987); Barbara Johnson, *A World of Difference* (Baltimore: Johns Hopkins University Press, 1987).

10| *The Phantom Public Sphere*, ed. Bruce Robbins(Minneapolis: University of Minnesota Press, 1993).

11| *The Phantom Public Sphere*에 수록된 Arjun Appadurai, "Disjuncture and Difference in the Global Cultural Economy"와 Michael Warner, "The Mass Public and the Mass Subject."

12| 원문은 Humanus sum, nihil humanum me alienum puto.

13| Immanuel Kant, "Answering the Question: What Is Enlightenment?" in *Foundations of the Metaphysics of Morals*, tr. Lewis White Beck(Indianapolis: Bobbs-Merrill, 1959), p. 87.

14| Jürgen Habermas, *The Structural Transformation of the Public Sphere*, tr. Thomas Burger(Cambridge, Mass.: MIT Press, 1989).

15| Warner, "The Mass Public and the Mass Subject", p. 243.

16| 여기서 나는 워너로부터 약간 벗어나는 듯한데, 그는 이어서 정체성 정치를 본 질주의와는 다른 것으로, 공공 영역의 자유로운 주체의 가장된 중립성의 거부 로 재규정한다. 그의 교정은 중요한 것이지만 그것이 환기하는 작업은 내가 보 기에는 정체성 정치의 가능성에 대한 단순한 수긍이 아니다. 그보다는 의미 가 산출되는 조건의 일반적 분석은 개개인이 자기 삶에 의미를 부여하는 기준 이 되는 심급인바 정치적인 것이 상대적으로 쇠퇴하고 있음을 인식하면서 이 루어져야 한다. 이 문제틀에 대한 더 확장된 논의는 Jean-François Lyotard, *Political Writings*, tr. Bill Readings and Kevin Paul Geiman(Minneapolis: University of Minnesota Press, 1993)에 저자가 붙인 서문 "The End of the Political", 특히 pp. xviii-xxi and xxiii-xxvi 참조. 나의 주장은 '정치적인 것'의 사라짐, 리오타르의 말로는 '탈정치화'란 정치의 종말과는 거리가 멀고, 그보다 는 '큰 정치(big politics)'의 종말, 즉 정치 영역을 함께 있음(being-together)의 문 제가 제기되는 유일한 곳이자 철저한 답이 나오는 장소로 설정하는 발상의 종 말을 뜻한다는 것이다.

17| David Caute, *The Year of the Barricades: A Journey through 1968*(New York: Harper and Row, 1988), p. 214.

18| Christopher Fynsk, "Legacies of May: On the Work of Le Doctrinal de Sapience", *Modern Language Notes*, 93(1978), pp. 963~967.

19| 어떤 면에서는 나는 대학 기관을 사유할 필요가 있다는 교훈을 해체론으로부터 끌어내는 셈이다. 데리다는 우리에게 환기시킨다. "따라서, 우리가 대충 해체론 이라고 부르는 것이 도대체 효력을 가지려면, 그것은 결코 일련의 기술적인 담 론 절차가 아니며, 특정한 안정된 기관의 보호하에 있는 아카이브나 진술들을 다루는 새로운 해석학적 방법은 더더구나 아니다. 해체론은 또한 적어도 우리의 실천, 우리의 역량, 우리의 수행을 구성하고 규제하는 정치·제도적 구조에 대하 여 바로 그것이 수행하는 작업 속에서 하나의 입장을 취하는 행위이기도 하다. 그저 의미화된 내용에만 관심을 두지는 않았다는 바로 그 이유에서 해체론은 이 정치·제도적 문제틀과 불가분한 것이 되어야 하며, 책임에 대한 새로운 심문, 정 치나 윤리의 상속된 관례를 반드시 신뢰하지는 않는 심문을 요하는 것이 되어야

한다."(Du Droit à la Philosophie, p. 424, 저자의 번역) 여기서 데리다는 해체론이 분석과 비판 작업의 틀을 지우는 제도적 문제틀에 맹목적이지 않으며 맹목적이어서도 안 되고, 그렇지 않다면 고급스러운 분석 양식에 불과한 것이 되고 만다는 점을 강조하고 있다.

20| 이는 해체론이 단순히 우리가 **바깥에서부터** 기관들에 수행할 작전은 아니라는 말과 마찬가지다. 따라서 기관들에 대한 해체론의 관계를 폭격이나 주름 제거 수술 따위로 보는 것은 부적절하다.

21| Daniel and Gabriel Cohn-Bendit, *Obsolete Communism: The Left-Wing Alternative*, tr. Arnold Pomerans(New York: McGraw-Hill, 1968), p. 256.

22| 콘벤디트가 피력하는 불확실성이 단순한 혼란이나 우유부단은 아니라는 점을 인식하지 못했기에, 예컨대 데이비드 코트는 1968년이 제기하는 〈역사*History*〉 자체에 대한 도전을 전혀 보지 못하는 것이다. 따라서 그의 《바리케이드의 해 *The Year of the Barricades*》는 학생운동(그리고 더 나아가서 그가 그 역사에 대해서 구태여 쓰는 일)의 초점 없음을 끊임없이 되뇌는 것 이상을 하지 못하는 것이다. 역사적 연속성의 관점에서 보면 그것이 아마도 초점이 없었을 수 있는 한편, 5월 사태는 리오타르가 3월 22일 운동의 공개되지 않은 '반역사'에 대한 미완의 소개에서 암시하고 있다시피 역사를 주체가 실현되는 대서사로 보는 근대주의적 개념 바깥에서 그리고 그것에 맞서서 작용한다. "3월 22일에 대한 역사책을 썼다는 데 대한 유일한 변호는, 그것이 역사에 대한 책이 될 수 없다는 것, 그것이 착란, 정당화할 수 없음, 그리고 단순한 현상으로 몰두해 들어간 정열을 용해하여 이해될 수 있게 하지 않는다는 것이다. 오히려 이런 책이 하나의 사건이 되어야 마땅하다."("March 23", *Political Writings*, p. 60)

10장 가르침의 현장

1| 이를 환기시킨다는 점에서 Jean-François Lyotard의 *The Postmodern Condition*, tr. Geoff Bennington and Brian Massumi(Minneapolis: University of Minnesota Press, 1984)은 중요하다. 리오타르의 이 저작이 교육 문제에 상관된다는 사실이 항시 인정된 것은 아니다. 《포스트모던의 조건》이 획득한 명성이 그것이 퀘벡 주정부의 대학위원회에 제출할 보고서로 집필되었다는 사실을 흐리는 경향이 있었다. 리오타르가 서장에서 밝히듯 이 책은 "특별한 용도를 지난" 텍스트, 서구 사회에서 지식이 갖는 현대적 성격에 대해 대학 행정가들에게 보여주기 위해 작성된 보고서로, 인식론적 정당성의 분석을 "자리매김하는" 텍스트다

(xxv). 한 가지 의미심장한 몸짓은 이 책이 처음부터 전문가의 역할을 거부하며 자기가 무엇을 알고 모르는지 확신하지 못하는 철학자의 불확실성을 택하는 것이다(xxv). 이것은 단순히 인식론적 겸손의 문제만이 아니다. 그것은 또한 《포스트모던의 조건》의 필자가 자신이 분석하는 기관의 바깥에 선 초월적인 위치에 놓이기를 거부하는 것이기도 하다. 기관의 바깥에 있지도 그 안에 완전히 안착하지도 않으면서 리오타르는 기관을 단순한 지식의 대상으로도 삶의 방식으로도 간주하지 않은 채 제도의 문제를 전면으로 끌어낸다. 《포스트모던의 조건》에 대한 제임슨(Jameson)의 널리 수용된 비판의 아이러니 가운데 하나는 정치적 진지성의 부족을 그가 비난하면서 이 고도로 "실천적인" 담론적 위치를 간과한다는 점이다(Foreword to *The Postmodern Condition*, p. xx). 사실, 행정 부서들에 대고 말할 때에는 매우 조심스러워야 하는 것 아닌가.

1968년 파리 사태에서 리오타르가 취한 전투적 입장은 이제는 조금 더 널리 인정받는 것 같다. 피터 듀스처럼 그의 저술을 정치적 행동의 가능성을 무너뜨리는 발상과 익히 연관지어온 사람들에게는 매우 놀라운 사실이겠지만 말이다. Peter Dews, *Logic of Disintegration: Post-Structuralist Thought and the Claims of Critical Theory*(London: Verso, 1987). 여기서 듀스가 한 주장의 문제점을 검토하지는 않겠다. 그 대신 듀스의 비난을 설득력 있게 논박하는 비어즈워스의 탁월한 글을 참조할 것을 독자들에게 권하고자 한다. Richard Beardsworth, "Lyotard's Agitated Judgement", in *Judging Lyotard*, ed. Andrew Benjamin(London and New York: Routledge, 1992).

1968년 사태에서 비롯된 리오타르의 글들은 "낭테르, 여기, 지금(Nanterre, Here, Now)"에서처럼 전투적 행동이라는 구체적 사실을 강조한다. 이 글에서 그는 경찰과 치른 전투에 대한 학생들의 서술을 자신이 교원 노조 그룹들의 회합을 위해 작성했던 상황 분석 텍스트와 나란히 배치한다. 리오타르는 보안 요원들의 개입으로 인해 이 연설을 하지 못했다는 사실을 지적하는 것으로 시작하며, 학생 항거의 일차적 효과 중 하나는 발화나 성찰의 어떤 제도적 공간도 정치적 갈등의 폭력과 혼란에서 완전히 독립적이지는 못하다는, "이 사회에서 지식은 늘 권력과 타협하고 있다"는 사실의 증거를 제공한 데 있음을 강조한다.

그리하여 리오타르의 1968년 분석은 프랑스 대학을 "최신화"하겠다는 푸셰 플랜에서 제시한 선택을 거부한다. 푸셰의 선택은 박학한 학구적 지식을 산출하는 의사봉건적 기관과 선진 자본주의 사회에서 요구되는 기술공학적 전문 지식을 산출할 현대화된 실용적 기관 중 택일하는 것이었다. 그가 〈현장 서문*Preamble to a Charter*〉에서 주장하듯, 대학의 전통적 상과 근대적 상은 겉보기와 달리 사실상 상당히 결탁되어 있다. 즉 인문학은 대학과 사회의 분리를 강조하고 그럼으로써 학자 산출에 비판적 에너지를 분산하는 한편, 사회과학은 사회 현실을 기계공학화하여 전문가를 산출한다. 《포스트모던의 조건》 서장에서 리오타르가 기술하는 철학자의 역할이란 다름 아닌 전문가가 되는 것도 학자가 되는 것도 거부하는 것이다. 인문학에서 학자의 산출과 사회과학에서 전문가의 산출이 결합하여 사회적 비판을 가로막는다. 비판적 에너지를 분산해서든, 아니면 기성 사회질서의 작동을 개량하기 위해 이 에너지를 복원해서든 말이다.

2| 이것은 새뮤얼 웨버(Samuel Weber)가 *Institution and Interpretation*(Minneapolis: University of Minnesota Press, 1987)에서 모범적으로 이론화한 경고다.

3| 여기서 내가 특히 염두에 둔 것은 《율리시즈*Ulysses*》의 끝에서 두 번째 절(節)의 대화 형식으로, 여기서 문답 시간은 레오폴드 블룸(Leopold Bloom)과 스티븐 디덜러스(Stephen Dedalus)의 헤브라이즘 전통과 헬레니즘 전통의 종합으로 이어진다.

4| V. N. Volosinov(M. Bakhtin), *Marxism and the Philosophy of Language*, tr. L. Matejka and I. R. Titunik(Cambridge, Mass.: Harvard University Press, 1986), p. 118.

5| 블라트 고드치히의 말대로, "국가권력을 장악한 사람들은 먼저 개인들을 끌어들이고 그럼으로써 이들을 사회의 나머지 사람에 대해 타자가 되게 만든다. 그리고 그 다음에는 권력 장치로서 국가가 사회적인 것의 배치를 결정하도록 한다. 이처럼 타자의 생산도 사회적인 것의 생산도 집단적이지 않다." "Afterword: Religion, the State, and Post(al) Modernism", in Weber, *Institution and Interpretation*, p. 161.

6| 피히테는 이를 이렇게 기술했다. "공동의 정신적 삶……거기서 그들은 서로 깊이 알고 서로 존중하는 법을 일찍부터 배웠고, 거기서 그들의 모든 성찰은 모두가 똑같이 알고 있고 논란의 여지가 없는 토대에서 시작된다." "Plan déductif d'un établissement d'enseignement supérieur à fonder à Berlin", in *Philosophies de l'Université*(Paris: Payot, 1979), pp. 180~181, 저자의 번역.

7| 리오타르는 *The Differend*, tr. Georges Van Den Abbeele(Minneapolis: University of Minnesota Press, 1988)에서 이 네 극들을 길게 다룬다.

8| Saul Kripke, *Naming and Necessity*(Oxford: Blackwell, 1980) 참조.

9| 리오타르는 이를 이렇게 기술한다. "가끔씩 반대 증거가 나오기는 해도 과학적·기술적 사안에서의 능력은 착각이 아니며 과학자와 공학자, 기술자가 정말로 조예가 깊다는 점을 인정한다고 해서 모든 문제에서 똑같은 이야기가 통한다는 증거는 되지 않는다. 예컨대 정의로움(the just)은 지식의 대상이 아니며 정의의 과학이란 없다는 것은 엄밀하게 입증해낼 수 있다. 아름다움이나 쾌(快)에 대해서도 똑같은 입증을 할 수 있다. 따라서 이런 영역들에서는 진정하고 확실한 능력

이란 없는데, 그렇지만 이들은 일상의 삶에서는 매우 중요한 영역들이다. 이 영역들에서는 의견만이 존재한다. 그리고 이 모든 의견들은 토론되어야 한다." "A Podium without a Podium", in *Political Writings*, tr. Bill Readings and Kevin Paul Geiman(Minneapolis: University of Minnesota Press, 1993), p. 94.

10| 여기서 내가 하이데거를 언급한 것은 우연이 아니다. 그라넬을 따라 나도 이 총장 연설을, 대학을 민족과 기술공학을 매개하는 기관으로 자리매김하려는 마지막 진지한 이론적 시도로 본다. 그렇지만 이것이 하이데거의 나치즘을 근거로 그를 무시할 구실이 되지는 못한다. 하이데거가 제기한 도구적 이성 비판은 나치즘에 의해 전적으로 규정되지도, 나치즘을 전적으로 규정하지도 않는다. 이 점을 이해했다면 《뉴욕 타임스》에 실린 수많은 독자 기고들을 보지 않아도 되었을 것이다. 하이데거의 《사유란 무엇인가? *What Is Called Thinking?*》(tr. F. Wieck and J. Gray, New York: Harper and Row, 1968)는 '사유(Thought)'를 하나의 재능/선물(gift. 내밀어 영접하며, 환호하고 환영받는 손들의 망에 포착된 무엇)로 그리고 하나의 소명(우리의 본질적 존재를 사고에 연결시키는 무엇이라는 의미에서)으로 자리매김한다. 두 경우 모두, 핵심적인 것은 '사유'가 주체를 전유하지 그 역(逆)이 아니라는 점이다. '사유'가 주는 재능/선물은 다름 아닌 사유 그 자체이며, 사유하라는 불림을 받는 것은 소명을 받는 일이자 사유를 무엇이라고 부를지 생각하는 일, 사유에 이름을 부여하려 시도하는 일이다. 다시 말해 무엇이 '사유'인지 미리 알지 못한 채 사유하기에 진입하는 일이다. 따라서 '사유'의 이름에 관심을 둔다 함은 사유를 가장 넓은 의미에서 질문하기로서의 제 위치에 보존함이다.

11| Maurice Blanchot, *The Unavowable Community*, tr. Pierre Joris(Barrytown, N.Y.: Station Hill Press, 1988). 이런 관심의 성격은 따져볼 문제다. 이 관심은 라캉의 분석 장면의 관심일 수도 있는데, 이 분석 장면은 미켈 보르쉬야콥슨(Mikkel Borch-Jacobsen)의 말을 활용하자면 "절대적 장악"이라고 특징 지을 수 있다. *Lacan: The Absolute Master*, tr. Douglas Brick(Stanford: Stanford University Press, 1991). 발언(address)의 다양한 극들에 관심을 두는 교수법과 라캉의 분석의 차이는 라캉이 주목하는 '타자'가 피분석자가 아니라 무의식이라는 점이다. 따라서 라캉의 분석 담론의 화용(pragmatics)은 수신자라는 극이 억압된다는 점에서 여전히 근대주의적이다. 즉 수신자의 극은 거세의, 부재의 자리를 표시하는 텅 빈 계전기(繼電器), 그 주위에서 분석자인 선생과 기표의 무의식적 층위의 특권적 만남이 일어나게 되는 블랙홀이 되는 것이다. 물론 이 기표의 활동은 순전히 지표적(indexical)이다. 자신이 의미화 연쇄를 따라 미끄러짐을 가리킬 뿐, 그것은 기의의 부재 이외의 어떤 의미작용(signification)도 가지지 않는다. 그리하여 분석적 장악은 단순한 해석이나 해독(解讀)의 문제는 아니다. 오히려 뒤팽(Dupin) 탐

정의 사례가 환기하듯 그것은 해석학적 장악의 환상에, 즉 경시청 경감을 얼어붙게 만드는 내용적 의미의 추구라는 유혹에 걸려들지 않으면서 기표의 협로들을 따라갈 수 있는 특권적 능력이다. "Séminaire sur *La Lettre volée*", in Lacan, *Écrits*(Paris: Seuil, 1966). 그러나 이처럼 한 종류의 장악을 포기하는 것은 또 다른 장악으로 보상된다. 즉 그런 의미란 없다는 특권적 지식으로, 이 지식으로 무장한 분석자는 피분석자를 눈멂 내지 거세의 자리에 고정시킬 수 있으며, 이는 무의식적 기표와의 만남에 대한 구실이자 소극적 지지대가 된다.

나는 라캉의 몸짓이 나타내는 모범적인 반휴머니즘을 상찬하지만, 피분석자에게는 어느 정도 부당하다고 생각한다. 피분석자는 (라캉에 대한 페미니즘적 읽기의 풍부한 전통에서 지적해왔듯) 거세를 결핍과 부재와 선뜻 동일시하기를 주저할 수도 있기 때문이다. 이런 점에서 제인 갤럽(Jane Gallop)의《딸의 유혹*The Daughter's Seduction*》(Ithaca: Cornell University Press, 1982)은 심층심리학에 대한 라캉의 거부의 틀 속에서 피분석자/수신자를 재천명한 모범적인 경우로 보이며, 이 책이 교실에서 사용하는 텍스트로 대단한 성공을 거둔 이유도 여기에 있는 듯하다. 그렇지만 갤럽의 라캉적 분석의 한계는 듣는 자의 출현이 전이와 역전이의 변증법 속에 갇힌다는 점이다. 이 변증법은 교육의 영향에 대해 조종하는 유혹(manipulative seduction)이라는 도구적 수사(instrumental rhetoric)에 너무 쉽게 들어맞는 설명을 산출하는 경향이 있는데, "탐욕적인 교수" 못지않게 학생도 이 수사를 끌어들여 자신을 쉽게 희생물로 그려낼 수 있다. 욕망은 주체들 사이의 거래로 남게 되고, 그런 만큼 권력과 너무 쉽게 결탁할 수 있으며, 그 흐름은 위계적인 자리 분배 내에서 관리된다.

12| 내 지적은 에마뉘엘 레비나스(Emmanuel Levinas)의 작업과 매우 밀접한 유사성이 있는데, 그의 작업은 프랑스에서 윤리적인 것에 대한 오늘날의 설명─영미 철학에서 보는 것과는 현격히 다른 윤리 개념─을 정식화하는 데 중요한 역할을 하였다. 레비나스의 작업이 왜 그렇게 중요한지에 대해서는 리오타르가 가장 잘 요약한 것 같다. "그것은 타자, 즉 그가 말하는 '절대적으로 '타자'(the absolutely Other)'의 '타자'와의 관계에서는, 타자가 나에게 말한다는 그 단순한 사실로 인해 부과되는 타자의 요구는 요구로서 결코 정당화될 수 없는 것이 된다. Jean-François Lyotard and Jean-Loup Thébaud, *Just Gaming*, tr. Wlad Godzich(Minneapolis: University of Minnesota Press, 1985), p. 22.

13| 여기서 타자는 (각성된 비평가가 식별할 수 있는) 제도적인 국가 장치가 아니라 타자성이라는 순전한 텅 빈 사실이라는 점에서, 이것과 알튀세르가 설명한 이데올로기적 호명과는 확연히 구별해야 한다. 이 부름은 주체를 (운전면허증과 같은) 가공의 자율성에 위치 짓거나 주체를 '봉합'하는 게 아니라, 자율성의 환상을 박탈함

으로써 주체에 상처를 입힌다.

14| 여기서 나의 입장은 교육을 소외의 치유책이자 순수한 자기현전으로 복귀 하는 수단으로 생각하려 드는 브루스 윌셔 같은 사람들과는 상당히 거리 가 있는 게 분명하다. Bruce Wilshire, *The Moral Collapse of the University: Professionalism, Purity, and Alienation*(Albany: SUNY Press, 1990). 앞 장에서 ─학생은 너무 일찍 그리고 너무 늦게 태어난다고 주장하는 대목에서─한 지 적에서도 짐작할 수 있겠지만, 윌셔 논의의 토대가 되는 원초적인 자기현전이라 는 형이상학적 가정(우리가 소외되지 않았던 때, 교육을 통해 그리 돌아갈 수 있는 그런 때 가 있다는 가정)은 나로서는 동의할 수 없는 것이다. 그리하여 윌셔는 대학의 중심 으로 유기적인 인간적 공동체를 주창하는 것으로 끝맺는다. "인간적인 관계 및 현전, 경청함, 침묵과 경이의 나눔, 보살핌을 대체할 수 있는 것은 없다."(282) 그 가 말하는 인간적 공동체는 훔볼트의 것보다 조금 더 정서적이고 구체적이며, 구원적 종교성의 언약도 이에 상응하여 강화된다.

15| 이것이 파울로 프레이리의 "비판적 교육학"에 개재되는 위험인 듯하다. 즉 일종 의 마오주의적 제3세계주의가 갖는 위험으로, 여기서는 피억압자가 소진된 산 업 프롤레타리아트를 대신하여 역사적 의미에 대한 부르주아의 관념론적 희망 을 담지하는 존재가 된다. Paulo Freire, *Pedagogy of the Oppressed*(New York: Seabury Press, 1973).

16| "대학은 체제에 속한다. 그 체제가 자본주의적이고 관료적인 한." Lyotard, "Nanterre, Here, Now", p. 56.

17| Pierre Bourdieu, *Homo Academicus*, tr. Peter Collier(Stanford: Stanford University Press, 1988); John Guillory, *Cultural Capital: The Problem of Literary Canon Formation*(Chicago: University of Chicago Press, 1993) 참조.

11장 폐허에 거주하기

1| Gerald Graff, *Beyond the Culture Wars: How Teaching the Conflicts Can Revitalize American Education*(New York and London: Norton, 1992).

2| Stanley Fish, *There's No Such Thing as Free Speech: And It's a Good Thing Too*(Oxford: Oxford University Press, 1994). 내가 특히 염두에 둔 것은 미국 밀턴 학 회에 대한 피시의 논문인데, 그는 "제도적 삶은 와해나 혁명의 어휘가 시사하는 것보다 더 지속성이 있다"라고 주장한다(271). 따라서 모든 새로움과 차이는 자 동조절을 해가는 전통에 흡수되는데, 이 전통의 기반은 오로지 그 자체의 자동

조절의 역사뿐이다.

3| 한 가지 간단한 예로, 인터넷이 학술 출판 구조를 비합법화할 위험에 대한 고찰은 졸고 "Caught in the Net: Notes from the Electronic Underground", *Surfaces*, 4, no. 104(1994)를 참조하라. 몬트리올 대학교 고퍼 사이트에서도 구해볼 수 있다.

4| 캘리포니아 대학교에도 지역적으로는 '스톤헨지'로 알려져 있는 폐허 더미들이 있는데, 역시 어울리지 않는 문화적 참조다.

5| 르네상스의 발명과 역사의 가시성 문제에 대한 더 발전된 설명으로는 졸고 "When Did the Renaissance Begin?" in *Rethinking the Henrician Era*, ed. Peter Herman(Chicago: University of Illinois Press, 1993) 참조.

6| Sigmund Freud, *The Interpretation of Dreams*, ed. and tr. James Strachey (New York: Avon Books, 1965), p. 530. "[꿈과 낮에 하는 공상의] 구조를…… 검토해보면, 우리는 그것들의 생산에 작용하는 소원 충족적 목적이 그것들을 짓는 재료를 뒤섞고 재배열하여 하나의 새로운 전체로 빚어내는 방식을 볼 수 있을 것이다. 그것들이 그 연원인바 어린 시절의 기억들과 갖는 관계란 로마의 일부 바로크풍 궁전들이 고대의 폐허와 갖는 관계와 매우 흡사하니, 그 폐허의 포장 도로와 기둥들이 더 최근의 구조물들에 재료를 제공했다."

7| Sigmund Freud, *Civilization and its Discontents*, tr. James Strachey(New York and London: Norton, 1961), pp. 16~17.

8| 여기에는 제도적 실용주의, 즉 새뮤얼 웨버가 "해체적 화용론"이라 부르는 것이 함축되어 있다. *Institution and Interpretation*(Minneapolis: University of Minnesota Press, 1989), 특히 제2장 "The Limits of Professionalism" 참조. 스탠리 피시와 리처드 로티가 실제적 실천의 지위를 강조하면서 제도적 존재라는 역사적 사실을 상찬하는 경향이 있는 데 비해, 웨버는 분과학문의 자율성과 그에 부수되는 전문적 장악의 이데올로기에 대한 반론의 윤곽을 그려낸다. 그는 퍼스의 '조건적 가능성' 개념에 의존하여 이렇게 함으로써 분과학문 경계의 고정성을 거부하려 한다. 분과학문의 경계를 벗어나는 이런 위반은 전문적 권위와 능력의 토대가 되는 공포증적 배제를 폭로한다. 웨버가 지적하듯, "근대 대학은 전문가가 능력을 독점해야 한다는 주장을 확립하고 유지하는 제도적 수단이었다".(32) 이에 맞서 그는 추상과 경계에 대한 총체적 거부가 아니라 "해체적 화용론"을 제안하는데, 이것은 "다양한 분과학문들의 '내부'에서부터 작용하며 각 경우마다 그 분야로부터 경계를 없앨 때 어떻게 실천의 가능성이 열리는지를 구체적으로 보여준다".(32) 내가 보기에 이는 알리바이에 의존하지 않는 제도 비판의 모범적 사례다. 즉 완전한 제도라는 알리바이에도 모든 제도의 잠재적 부재라는 알리바이

에도 의존하지 않는 것이다.

9| Leonard Cohen, "First We Take Manhattan", from *I'm Your Man*(CBS Records, 1988).

10| 앤드루 로스(Andrew Ross)가 《이상한 날씨*Strange Weather*》(London: Verso, 1991)에서 지적하는 것도 바로 이런 것이다. 다만 그는 그것이 과학적 실천과 규범에 미치는 비합법화 효과를 과장하는 면은 있다.

11| Gerald Graff, *Professing Literature*(Chicago: University of Chicago Press, 1987), pp. 19~36 참조.

12| 그라프가 상기시키듯, "다들 알다시피 문학 연구에서 전문화의 전위부대는 독일에서 훈련된 학자 '조사관'들의 핵심 그룹으로, 이들은 과학적 연구라는 개념과 근대 언어들의 문헌학적 연구를 장려했다".(*Professing Literature*, p. 55)

13| 이 구분의 기원들에 대해서는 Georges Bataille, "La notion de dépense" in *La part maudite*(Paris: Minuit, 1949) 참조.

14| 이 논쟁의 간명하고 계몽적인 설명으로는 W. B. Carnochan, *The Battleground of the Curriculum: Liberal Education and American Experience*(Stanford: Stanford University Press, 1993) 참조.

15| 포괄 범위에 대한 나의 시적들은 특히 중세 학자들을 비방하는 것이 절대 아니다. 내가 보기에는, 근대성이 황혼에 접어들면서 전근대적인 것은 계몽주의가 아닌 사고 구조가 어떤 모습일지 이해하는 데 핵심적인 거점이 되고 있다. 나의 요지는 오히려 분과학문의 포괄 범위에 대한 주장들이 지닌 상대적 약점은 대학을 일차적으로 이데올로기 기관으로—실제로는 그렇지 않은데—전제한다는 사실에서 비롯한다는 것이다. 더 나아가 나는 내 제안이 목하 소멸의 위기에 처한 고대와 중세의 텍스트들을 보존하는 중요한 수단이라고 말하겠다. 또한 여기서는 영년직 논의로 들어갈 여유가 없는 관계로, 그저 단기적으로는 그것이 존속한다고 전제하기만 하겠다. 그렇지만 교수 집단이 갈수록 프롤레타리아화하는 것을 볼 때 미래에는 영년직이 반드시—강조 표시를 한 것은 그저 하나의 가능성을 생각해보려는 것뿐임을 독자들에게 환기하기 위해서다—교수들의 이해관계를 위한 가장 효과적인 방어책은 아닐 수도 있다고 생각한다. 마지막으로 교수 학생 비율이라는 발상은 얼마든지 행정가들을 설득하여 잠재적으로 흥미로운 결과를 낳을 수 있는 경제적 논거라는 점에 주목하라.

12장 불일치의 공동체

1| Alfonso Borrero Cabal, *The University as an Institution Today*(Paris and Ottawa: UNESCO and IDRC, 1993), p. 130.

2| 이렇게 되는 까닭은, 지시의 가능성이란 오로지 언어적 투명성의 실패로, 언어의 내재적 불투명성 혹은 농밀화로 생각될 수 있기 때문이다. 여기서 세속적 지시성이 언어적 의미 아래 포섭되는 흠집 많은 과정이 생겨난다.

3| 이 점을 풍부하게 입증하는 책으로는 Jean-François Lyotard, *The Differend*, tr. Georges Van Den Abbeele(Minneapolis: University of Minnesota Press, 1988) 참조.

4| 이 공동체는 또한 주체성의 필연적인 상처를 표시한다는 점에서, 그리고 더 큰 주체를 산출함으로써 그 상처를 치유하고자 하지 않는다는 점에서 바타이유(Bataille)식으로 말하자면 머리가 없다고 할 수 있다.

5| Jean-Luc Nancy, *The Inoperative Community*, ed. Peter Connor, tr. Peter Connor, Lisa Garbus, Michael Holland, and Simona Sawhney(Minneapolis: University of Minnesota Press, 1990); Maurice Blanchot, *The Unavowable Community*, tr. Pierre Joris(Barrytown, N.Y.: Station Hill Press, 1988). 블랑쇼와 낸시는 바타이유와 초현실주의자들에 의존하여 정체성 없는 공동체, 사회적 결속의 토대를 이룰 공유하는 핵심이 없는 공동체를 생각하려고 한다.

6| Giorgio Agamben, *The Coming Community*, tr. Michael Hardt(Minneapolis: University of Minnesota Press, 1993).

7| Aristotle, *Nichomachean Ethics*, tr. Terence Irwin(Cambridge: Hackett, 1985), 1100a30.

8| 낸시는 정치적인 것의 두 유형을 구분하는데, 그것은 사회의 사회 기술공학적 조직과 "자신의 소통이 작동되지 않도록 스스로에게" 지시하는 공동체다(*The Inoperative Community*, pp. 40~41). 이러한 공동체로서 낸시의 비유기적 공동체는 리오타르가 언급하듯 "일인칭 복수 대명사가 사실상 인가(認可) 담론(the discourse of authorization)의 혹은 그것을 위한 핵심 인물"이 되는 공화민주주의자들의 집단적 정체성과 구별된다(*The Differend*, p. 98).

9| 일견 민주주의적으로 보이는 '우리'가 갖는 전체주의적 함의에 대한 리오타르의 설명에 대해서는 졸고 "Pagans, Perverts, or Primitives", in *Judging Lyotard*, ed. Andrew Benjamin(London and New York: Routledge, 1992), pp. 174~176 참조.

10| 타자와의 관계를 인지적 종합 아래 포섭하는 것이 불가능함에 대한 더 상세한 논의로는 Emmanuel Levinas, *Totalite et infini*(Paris: Livre de Poche, 1992), p. 71 참조.

11| Gianni Vattimo, *The Transparent Society*(Baltimore: Johns Hopkins University Press, 1992), p. 14.

12| 이것은 리오타르가 대서사에 대한 믿음의 상실과 일련의 비정형 소서사로의 전환을 설명하면서 지적한 과정이다. *The Postmodern Condition,* tr. Geoff Bennington and Brian Massumi(Minneapolis: University of Minnesota Press, 1984).

찾아보기

폐허의 대학

1판 1쇄 2015년 6월 30일

지은이 | 빌 레딩스
옮긴이 | 윤지관·김영희

편집 | 천현주, 박진경
마케팅 | 김연일, 이혜지, 노효선

표지디자인 | 석운디자인
본문디자인 | 글빛
종이 | 세종페이퍼

펴낸곳 | (주)도서출판 **책과함께**
　　　　주소 (121-896) 서울시 마포구 월드컵로 50 덕화빌딩 5층
　　　　전화 (02) 335-1982~3
　　　　팩스 (02) 335-1316
　　　　전자우편 prpub@hanmail.net
　　　　블로그 blog.naver.com/prpub
　　　　등록 2003년 4월 3일 제25100-2003-392호

ISBN 979-11-86293-21-8 93300

이 도서의 국립중앙도서관 출판시도서목록(CIP)은
서지정보유통지원시스템 홈페이지(http://seoji.nl.go.kr)와
국가자료공동목록시스템(http://www.nl.go.kr/kolisnet)에서 이용하실 수 있습니다.
(CIP제어번호 : CIP2015014601)